문화와
역사를
담 다
024

장
두
식 蔣斗植 Dusik Chang

교수, 문예평론가
단국대학교 자유교양대학 / 헝가리연구소
저서:『한·봉 서사문학의 비교와 해부』,『문학 속의 서울』(공저),『조선의 습속』(공역)

문화와 역사를
담다　024

근대를 읽다

Reading
the Korean
Modernity

장두식

민속원

머리말

우리 근대를 생각하면 항상 파르스름한 느낌이 든다. 그리고 '만약萬若'이라는 부사어가 자꾸 떠오른다. '만약'은 역사나 역사소설에서도 금기시 되는 단어다. 우리 근대사 속에 망국, 식민지, 분단, 전쟁이라는 사실史實을 축소해서 기록하여 희미하게 만들거나 다양한 수사를 통하여 윤색할 수는 있어도 삭제하거나 왜곡할 수는 없다. 우리 근대는 '슬픈 근대'일 수밖에 없다.

하지만 장정일의 시「지하인간」을 생각하면 그 슬픔이란 아주 부정적인 것만은 아니다.

내 이름은 스물두 살/한 이십 년쯤 부질없이 보냈네/무덤이 둥근 것은/성실한 자들의 자랑스런 면류관 때문인데/이대로 땅 밑에 발목 꽂히면/나는 그곳에서 얼마나 부끄러우랴?/후회의 뼈들이 바위 틈 열고 나와/가로등 아래에 불안스런 그림자를 서성이고/알 만한 새들이 자꾸 날아와 소문과 멸시로 얼룩진/잡풀 속 내 비석을 뜯어 먹으리/쓸쓸하여도 오늘은 죽지 말자/앞으로 살아야 할 많은 날들은/지금껏 살았던 날에 대한/말 없는 찬사이므로　　　　　　장정일「지하인간」전문

인간에게 현재는 항상 불완전하고 불만족스러울 수밖에 없다. 그런데 현재는 강물처럼 흘러가 과거로 변신하고 미래는 새로운 현재가

된다. 부정적인 현재가 흘러가 과거에 중첩되니 과거는 항상 우수어린 표정을 지을 수밖에 없다. 인간의 역사탄 숙명적으로 이렇게 우울한 것이다. 그러나 세상에는 현재의 모순을 타개하기 위해 노력하는 성실한 인간들이 존재한다. 그들에게 과거는 장밋빛 미래를 위한 초석이 된다. 헤겔의 발전론적 역사관이 유효한 것이다. "앞으로 살아야 할 많은 날들은/지금껏 살았던 날에 대한/말 없는 찬사이므로"는 역사의 본성을 확인해 주는 구절이다. 아무리 과거 역사가 암흑 같다고 하더라도 현재가 긍정적이면 별이 반짝이는 밤이 된다. 과거의 부정적인 사건들은 발전의 계기가 되고 반면교사가 된다. 우리 슬픈 근대는 그래서 주목될 수밖에 없다.

   이 책은 우리 근대에 대한 텍스트들을 찬찬히 살펴본 목격담을 모아놓은 것이다. 근대 초 기록물들을 읽다보면 그 당시 한국인들이 얼마나 열정적이고 성실했던 가를 알 수 있다. 그럴 때면 가슴 속에 서늘함과 뜨거움이 함께 쏴하고 밀려온다. 쿨우한 시대를 뛰어넘기 위한 수많은 노력과 희생들이 그 텍스트 속에 각인되어 있기 때문이다. 그러한 노력과 희생 속에 우리시대가 온 것이다. '슬픈 근대'는 백마 타고 오는 초인이 목 놓아 부르는 노래의 씨앗이 되는 것이다.

   이 책은 연설, 영화, 잡지와 같은 근대 매체에 관계되는 글들과 연애와 결혼과 같은 근대 제도에 관한 글들로 짜여있다. 그리고 마지막 편에는 개화기에서 1960년대 이전의 경성/서울에 대한 문학 텍스트를 고찰한 글들로 꾸며졌다. 필자가 예전에 발간했던 『문학 속의 서울』에 담고 싶었으나 여러 사정 때문에 게재하지 못했던 글들이다. 이 마지막 편은 이 책의 부록일 수 있지만 당대 문학 속에 형상화된 경성/서울을 통하여 우리 근대의 성격을 확인할 수 있기 때문에 제일 흥미로운 본문이 될 수도 있다.

  이 책이 발간되는 데는 곡절이 있다. 책의 원고도 오래전에 마무리되었고 민속원에서 초교본이 나온 것도 여러 해 전이었다. 그런데 퇴고를 하는 중에 갑자기 헝가리 부다페스트 ELTE 대학교에서 강의를 해야 할 상황이 발생했다. 예전에 친한 선배교수와 몽골리안 루트를 따라서 연구를 해보자는 계획을 세웠었다. 한국-몽골-중앙아시아-터키-헝가리로 이어지는 몽골리안들의 역사와 문학에 대해 추적해보자는 계획이었다. 그런데 계획의 마지막 종결점이었던 헝가리 부다페스트에서 공부할 기회가 생겼던 것이다. 고민에 고민을 거듭한 끝에 결국 부다페스트 행을 감행했다. 원고 교정은 두너강을 내려다 보면서 해도 될 것 같았다. 그런데 새로운 환경과 헝가리 학생들을 만나 생활하다 보니 한국에서 점점 멀어졌고 이방의 학자들과 토론을 하다 보니 새로운 연구주제가 떠올랐다. 특히 한국학과 학과장이었던 초머 모세 교수와 진지한 대화를 하다 보니 유럽에서의 한국학과 한국문화라는 새로운 주제 속으로 빠져들게 되었다. 고색창연한 거리를 매일 매일 산책하다 보니 헝가리라는 나라에 점점 젖어들게 되었다. 당연히 원고를 빨리 고정해야겠다는 생각이 약해졌다. 이번 주말에 끝내야지. 다음 주말에 끝내야지. 하면서 점점 미뤄지다가 한국에 돌아와서야 퇴고 작업을 시작했다. 그리고 이렇게 어렵게 책이 발간되었다. 이 글을 통해서 민속원 홍종화 사장님과 신나래 선생에게 죄송했다는 말과 정말 감사하다는 말을 전할 수밖에 없다.

　헝가리에서 돌아 와 퇴고작업에 집중할 수 있게 배려해 주신 장호성 총장님과 현준원 교수님께도 진심으로 감사를 드린다. 또한 좋은 사진을 제공해 주신 주한 헝가리 대사 초머 모세박사님과 필자가 추출한 난삽한 이미지들을 깔끔하게 정리해 준 허정은 작가님에게도 고마움을 전한다. 그리고 모든 지원을 아끼지 않으셨던 아버님과 항상 따뜻한 마음을 전해주시는 어머님께 감사의 큰절을 올린다.

2020년 11월
천사자 珊史齋에서 장두식

차례

머리말 4

제1장 자미있고 자미있네 오백년래 없던 연설   013

1. 서언_ 15
2. 대중 매체로서의 '연설'_ 18
3. 연설의 능동적 수용자_ 21
4. 집회 규율과 만민공동회_ 28
5. 결어_ 35

제2장 자유연애와 신식결혼을 디자인 한 소설   037

1. 서언_ 39
2. 신식결혼이란 담론_ 41
3. 구식혼인 타파 운동의 함의含意_ 45
4. 상상으로 만들어낸 결혼―자유연애 결혼의 창조_ 48
5. 신식결혼식의 탄생과 근대 결혼제도의 안착_ 57
6. 소설에 반영된 근대 결혼 제도_ 64
7. 결어_ 75

제3장   일상으로 강림한 활동사진/영화   077

1. 서언_ 79
2. 영화의 대중적 감수성과 스타_ 81
3. 활동사진 도입과 한국영화의 발전_ 88
4. '저급영화'라는 담론_ 93
5. 애활가愛活家 등장과 영화 문화 성숙_ 107
6. 영화문화의 일상화_ 116
7. 결어_ 123

제4장   애활가愛活家의 탄생   125

1. 기기괴괴별별奇奇怪怪別別한 신오락물_ 127
2. 극장이란 제도_ 131
3. 북촌과 남촌의 거리: '경성고등연예관'과 '으미관'_ 142
4. 극장 안 풍경 – 애활가와 변사의 갈등_ 154
5. 결어: 호명하는 극장과 호명된 관객_ 166

제5장   애활가 임화林和의 영화단상   171

1. 서언_ 173
2. 실증實證의 시선視線 – 「조선영화발달소사朝鮮映畵發達小史」_ 176
3. 창안의 시선 – 「조선영화론朝鮮映畵論」_ 191
4. 결어_ 197

제6장 취미실익 잡지 『별건곤』과 대중서사물   199

1. 서언_ 201
2. 계몽담론에서 취미담론으로_ 203
3. 호명되는 독자와 호명하는 독자_ 206
4. 취미·실익과 서사물_ 208
5. 결어_ 210

제7장 새로운 광고전략 『박문博文』의 「출판出版토픽」   213

1. 서언_ 215
2. 『박문』이라는 월간 잡지_ 217
3. 「출판토픽」이 만든 출판계 토픽_ 227
4. 결어_ 236

제8장 문학 속의 경성京城/서울   239

1. 타인 의식하기의 설움 : 한성―서울_ 241
2. 찬탄한 슬픔의 경성 : 김동인의 「약한 자의 슬픔」_ 245
3. 경성의 빈곤 : 조명희의 「땅 속으로」_ 248
4. 상그주의자의 30년대 경성 읽기 : 이태준의 「장마」_ 252
5. 모더니스트 이상李箱의 아주 모던한 경성 : 「날개」 기타_ 255
6. 카메라의 눈으로 응시한 경성 : 박태원의 「천변풍경」_ 259
7. 영등포 애가哀歌 : 채만식의 수필 「귀향도중」_ 263
8. 경성의 우울 : 백석의 수필 「마포」_ 267
9. 하방된 서울과 친일 모리배 : 비판 혹은 풍자 텍스트_ 270
10. 특별 자유시 서울의 병리 : 오장환의 시 「병든 서울」_ 274
11. 서정이자 서사인 서을 : 박노갑의 「역사」_ 279
12. 한국전쟁과 서울 : 종군 문학 텍스트_ 283
13. 번영의 텃밭 서울의 이면―박경리의 「불신시대」_ 288
14. 로스트 파라다이스 명동 : 최슨규의 「포인트」_ 293

참고문헌 298
찾아보기 302

01

자미있고 자미있네
오백년래 없던 연설

01

자미있고 자미있네
오백년래 없던 연설

1. 서언

　연설이란 연사演士가 자신이 주장하는 바를 청중에게 실현하기 위하여 행하는 구두口頭 커뮤니케이션이다. 연설도 청중의 호응이라는 피드백 feedback이 일어남으로 일방적인 의사소통은 아니다. 하지만 연단에 선 연사의 주장은 청중의 반응에 크게 영향을 받지 않는다. 근대계몽기에 유행했던 연설은 피드백 보다는 일방적인 메시지 전달을 특징으로 하고 있다.

　금세기 초부터 1930년대 말까지 대중매체는 대중들에게 직접적이고 강력한 영향력을 행사한다고 믿어졌다. 이러한 대중매체의 강强효과 이론[1]의 실체를 근대계몽기 한국에서 찾아 볼 수 있다. 조선왕조라는 전근

1　사람들에게 대중매체가 어떤 메시지를 보내면 똑같이 직접적이고 강력한 영향을 받는다는 대중매체 효과에 대한 초기 이론 강력효과 이론, 대중매체 효과의 피하

대적 사회구조 해체기에 들어선 한국은 재래의 법·관습·이데올로기 등의 사회적 통제에서 벗어나 있었다. 전대의 모든 것은 모두 인습과 야만으로 인식되기 시작했다. 때문에 당대 민중들은 근대 대중매체에 영향을 강하게 받을 수밖에 없었다.

당시 계몽의 주체는 근대의 세례를 받은 지식인들이었다. 그들의 사상적인 뿌리는 갑신정변을 일으킨 개화파였다.[2] 갑신정변은 불완전하지만 근대 시민 혁명적 성격을 가지고 있었다. 하지만 일반 민중과 연대하지 않은 지배 엘리트들만의 혁명이었기 때문에 삼일천하로 끝날 수밖에 없었다. 정변의 실패로 개화파는 현실 정치권력에서 밀려났지만, 근대 학교와 독립협회와 같은 사회단체, 저널리즘과 같은 이데올로기적 국가기구의 헤게모니를 장악할 수 있었다. 세계사의 대조류는 문명개화文明開化 즉 서구식 근대화였기 때문에 개화파가 헤게모니를 장악하는 것은 당연한 것이었다. 그런데 개항에서부터 일제 강점까지 한국의 정치적 역학관계는 복잡다단複雜多端했다. 개화파 지식인들의 헤게모니 장악은 봉건적 전제왕조와 수구파 지배세력과의 치열한 권력 투쟁 속에서 이루어졌다.

근대계몽기는 모든 주체들을 '민족·국민·국가'란 이름으로 호명 interpellation하던 시기였다. 호명의 주체는 서구적 근대였다.[3] 또한 개화파 계열의 지식인들에게 계몽은 자신들의 이데올로기를 보편화시키는

주사이론, 마법의 탄환이론으로 불리기도 한다. 이효성, 『정치언론』, 이론과 실천, 1989, 40~41쪽.
2 독립협회와 『독립신문』에서 주도적인 역할을 한 서재필·윤치호와 『서유견문』을 집필하여 근대의 당위성을 강조한 유길준 등이 모두 개화파와 연결이 된 인물들이었다.
3 Louis Althusses, Ben Brewster trans., *Lenin and Philosophy and other Essays*, NY & London : Monthly Riview Press, 1971, p.182.

운동이기도 했다. 때문에 이 시기 지식인들은 저널리스트이자 선동가 demagogue였고 동시에 사상가이기도 했다.⁴ 이러한 계몽의 담론화 과정 속에서 중세의 미몽迷夢에 빠져있던 당대 민중들은 점차 근대적 주체로 자리매김 되었다. 즉 민족국가라는 시스템 속으로 국민으로 새롭게 배치된 것이다. 이러한 주체화subjectification과정은 다양한 근대 다중매체/제도에 의해서 이루어졌다.

근대계몽기는 신문이 보편적인 대중매체로 정착되지 못한 시기였다. 최초의 근대신문인 『한성순보漢城旬報』는 집권 수구파의 방해로 우여곡절 끝에 1883년에 창간⁵되었지만 대중매체의 역할을 제대로 못하였고, 신문 탄압법인 "광무신문지법光武新聞紙法"이 1907년에 제정되는 등 많은 어려움을 겪고 있었다.⁶ 또한 이 시기는 구화口話 커뮤니케이션에 의존하는 문화와 활자문화가 중첩되는 시기였다.⁷ 때문에 계몽을 위하여 신문·잡지·회보 등의 활자매체들과 함께 신민요·개화가사·노래·연설 등 소리매체와 구비전승 매체 등 다양한 대중매체들이 활용되었다.⁸

이 시기 연설에 주목하는 이유가 여기에 있다. 신문 등 저널리즘이

---

4 정선태, 『개화기 신문 논설의 서사 수용양상』, 소명, 1999, 37쪽.
5 『한성순보(漢城旬報)』는 한성부 판윤 박영효가 고종의 재가(1883.2.28)를 얻어 준비하였으나, 그가 광주유수로 전보되는 사이 집권 수구파에 의해 신문발행이 저지되다 6개월 후인 1883.10.31에야 겨우 발간을 하였다.
6 1907년 7월 24일 이완용 내각이 법률 제 1호로 제정 반포. 가혹한 신문 탄압법으로 『황성신문』 등 민족지의 예봉을 무디게 만들었다. 유재천, 『한국의 언론』 1, 한국언론연구원, 1991, 22쪽.
7 커뮤니케이션을 문화의 발전단계를 살펴보면 구화(口話) 커뮤니케이션에 의존하는 문화, 인쇄된 문자 커뮤니케이션에 의존하는 활자 문화, 라디오·영화·텔레비전 등의 시청각적 미디어에 의존하는 대중문화로 나눌 수 있다. 마에다 아이, 유은정·이원희 역, 『일본 근대 독자의 성립』, 이룸, 2003, 178쪽.
8 안중근의사의 동지였던 우덕순의 4음보 가사인 「거사가」가 1920년대 까지 구비 전승되면서 안중근의사의 의거를 민중들에게 알렸던 것처럼 당시 노래 또한 다중매체의 역할을 하였다. 최원식, 『한국 계몽주의 문학사론』, 소명출판, 2002, 265쪽.

정립되지 못한 상황에서 연설은 계몽담론을 전파하는데 가장 적합한 매체이자 제도였기 때문이다.

2. 대중 매체로서의 '연설'

연설은 지령 언어 전달을 극대화시킨 표현 방법이다. 지령 언어는 인간의 현재에 영향을 미치고 미래에 일어날 일을 조정하거나 방향을 고정시킨다. 지령 언어를 적극 활용한다면 인간 삶을 변화시킬 수 있다. 그런데 지령 언어만 가지고 발신자의 의사가 효과적으로 전달되지는 않는다. 비언어적이며 감화적 표현 방법을 병행해야 의사가 효과적으로 전달될 수 있다.[9] 연설은 적절한 시간과 장소, 정확한 자기의사 표현, 몸말을 활용함으로써 지령 언어를 효과적으로 전달하는 매체이다.[10]

연설은 일상생활에서 사용되는 것이 아니다. 특수한 상황에서 특수한 목표를 획득하기 위해서 사용되는 표현 방법이다. 때문에 연사가 효과적인 연설을 하기 위해서는 특수한 학습과 수련과정이 필요하다. 케이

배재학당 건물(현 배재학당 역사박물관)

---

9   S. I. Hayakawa, 김영준 역, 『의미론』, 민중서관, 1974, 92~93쪽.
10 Paul Krieger · Hans-Jurgen Hantschel, 백미숙 역, 『스피치 핸드북』, 일빛, 2000, 23~24쪽.

오의숙의 미타연설회三田演說會와 배재학당의 협성회연설회協成會演說會는 모두 이런 수련 과정이었다.

서양에서 연설 역사는 매우 오래되었다. 고대 그리스 시대 아테네에서는 정치적·경제적·사회적·법적 주요사안에 대해서 토론을 통해 의사 결정을 하는 전통을 가지고 있었다. 시민들은 법에 따라 자신의 주장을 펼칠 수 있었고, 소송을 통하여 침해된 자신의 권리를 찾을 수도 있었다. 시민들이 공공문제에 대해 자신의 주장을 펼치는 공간이 아고라agora였다. 아고라에서 시민들은 토론에 참여하기도하고 연설을 통해서 자신의 주장을 자유롭게 펼칠 수 있었다.[11] 이러한 사회적 환경에 의해서 연설 형식과 내용이 갖추어지기 시작하였다. BC 3세기에 들어서면서 아리스토텔레스가 레토릭rhetoric을 체계화시킴으로써 연설은 보다 심화 발전 되었다. 아리스토텔레스는 레토릭을 '설득의 모든 가능한 수단'으로 간주하였다. 즉 레토릭은 대중 앞에서 말하는 것, 또는 연설하는 것을 의미하였다.[12] 그리스의 연설 전통은 로마로 이어졌고 신문과 라디오와 TV가 등장하기 이 전까지 중요한 대중매체의 역할을 했다.[13]

동양에서 연설은 근대 사회 운동 특히 민족주의와 민주주의 운동과 밀접하게 관련되면서 발전하였다. 일본 근대주의자 후쿠자와 유키치福澤諭吉는 1874년에 간행한 「학문을 권함」에서 "연설이란 영어로 '스피치speech'라고 부르는 것으로, 많은 사람들을 모아 설說을 풀어 석상에서 자신의 생각하는 바를 사람들에게 전달하는 방법"이라고 정의하였다. 그는 대중에 대한 의사전달 수단으로 구두적인 방법(연설·토론·회의)과 문

---

11 조맹기, 『커뮤니케이션의 역사』, 서강대출판부, 2004, 82쪽.
12 위의 책, 81~83쪽.
13 Nick Morgan, 안명희 역, 『파워 오브 스피치(Working the Room : How to Move People to Action through Audience-Centered Speaking)』, 세종서적, 2004, 31쪽.

자적인 방법(신문·잡지)의 중요성을 미리부터 인식하여 이를 일본에 소개 보급하는데 전력을 다했다.[14]

일본에서 연설이 크게 유행한 것은 후쿠자와의 노력과 함께 자유민권운동의 흥기에 따른 대중들의 정치의식 고양 때문이었다.[15] 메이지유신 이후 일본 사회는 개인의 주체적 표현이 활성화되고 사회적 이슈가 공론화되기 시작하였다. 이러한 사회 환경에 의해서 자연스럽게 토론과 연설이 확산되었다.

그런데 연설이라는 새로운 매체는 다중이 모일 수 있고 일대다對多의 음성전달이 가능한 시설을 갖춘 장소, 즉 고대 그리스의 아고라와 같은 공간을 필요로 한다. 그리하여 케이오의숙에 연설관이 신축되고 문부성에서 칸다바시神田橋 근처에 강의실이 신축되었다. 이 강의실은 이후 고등교육기관 건물의 기본형이 되었다. 이렇듯 메이지 시대 일본에서 연설은 공간을 재배치할 정도로 주류적인 대중매체가 되었다. 일본의 연설은 문서를 통하여 상의하달上意下達하는 게 전부였던 정치형태에서 말로 논의를 펼치는 새로운 정치형태를 탄생시켰다.[16] 봉건적인 정치형태에서 민주적인 정치형태로 전환하는 계기가 되었던 것이다.

한국에서 연설 또한 일본과 마찬가지로 민주주의와 민족주의 발전과 관련이 깊다. 당시 한국은 제국주의 열강에게 침탈당하고 있는 위기 상황 속에서 민족과 국가 그리고 근대화라는 담론이 초점화 되고 있었다. 서재필·윤치호 등과 같은 개화파 지식인들의 지도로 결성된 협성회, 독립협

---

14 차배근, 『개화기일본유학생들의 언론출판활동연구』 (1) – 1884~1898, 서울대출판부, 2000, 107쪽.
15 유모토 고이치, 연구공간 수유+너머 동아시아 근대 세미나팀 역, 『일본 근대의 풍경』, 그린비, 2004, 72쪽.
16 코모리 요이치, 정선태 역, 『근대 국민국가와 '국어'의 발견 일본어의 근대』, 소명출판, 2003, 61쪽.

會獨立協會와 같은 단체들은 계몽활동을 통해 당대 민중들을 민족·국가·국민으로 호명하며 근대적 시스템 속으로 배치시키려고 노력을 하였다. 독립협회는 연설회, 토론회, 협회, 민회 등이 언론자유를 실현하고 창달하는 방법이라고 보고 집회 자유를 강력하게 주창했다.[17] 독립협회 활동의 중심은 연설 매체였다.

토론과 연설은 협성회나 독립협회 내부에서만 행해진 것이 아니라 가두연설회나 만민공동회萬民共同會와 같은 대중 집회로 까지 확산되었다. 당시 가두연설은 "연설이 있다고 하면 무슨 잔치가 있는 것으로 오인하여 많은 사람이 모였다. 혹시 청중이 모이지 않으면 동료 회원 4~5명이 편싸움 하는 시늉을 하여 사람을 모았다"라는 진술에서 읽을 수 있듯이 청중을 모으는 데 다양한 노력을 기울여야 했다.[18] 연설이 아직 보편화되지 않은 상황 속에서 군중을 모으는 것이 연설회의 성패를 가름했기 때문이다. 점차 연설은 가두연설회나 집회와 같은 새로운 문화를 만들었고, 연설과 토론은 민중들의 정치행위를 상소上訴라는 형식의 문서 청원에서 신체적이며 물리적인 행동을 통한 실천으로 바꾸어 놓았다. 연설이 만개한 것은 만민공동회였다.

3. 연설의 능동적 수용자

연설의 주체는 근대 세례를 받거나 근대교육을 받은 학생과 지식인들이었다. 그들은 연설이란 매체 및 제도를 능동적으로 수용하고 이를

---

17 전영우, 「근대 국어교육에 관한 사적 연구」, 성신여대 박사논문, 1989, 51~52쪽.
18 위의 책, 43쪽.

적극적으로 확산시켰다. 당시 지식인들은 연설 매체의 능동적 수용자들이면서 동시에 창조적 활용자들이었다.[19] 이들은 매체의 '강효과이론' 안에서 이해할 수 있다. 연설 매체에 대한 반성 없이 무비판적으로 수용하고 있기 때문이다.

연설을 능동적으로 받아들인 초기 수용자들은 서재필과 윤치호 등 미국 유학생들이었다. 1896년 1월에 귀국한 서재필은 배재학당에서 '역사·지리·경제·정치·종교·만민회의 통상규칙萬國會議通常規則' 등을 강의 하였는데 매주 토요일 강연회를 개최하여 학생들에게 개화와 독립정신을 일깨워주었다. 그는 후쿠자와 유키치와 같이 입헌 의회정치를 꿈꾸었다.

서재필(1864~1951)

의회정치에 대한 그의 생각은 "백성이 마음대로 선거해서 정치를 움직이는 세상이 된다면 전제가 없어질 뿐만 아니라, 온갖 타락과 무력은 저절로 없어지고 참으로 나라를 좋게 해보려는 열성과 힘도 자연히 생길 것"[20]이란 연설에서 집약되어 있다. 그는 배재학당에 학생 중심의 협성회를 조직하고 회원들의 민주적인 정치역량을 키워주기 위해서 매주 토요일 오후 학내에서 연설회를 개최하였다. 이 연설회를 위해 회원들에게 연설법·토론법·회의진행법을 지도하였다.[21]

---

19 S.W. 리틀존, 김홍규 역, 『커뮤니케이션 이론』, 나남, 1993, 601~603쪽. Frank Biocca는 능동적 매체 수용자의 특성을 매체의 자율적인 선택, 목표를 위한 매체의 사용, 목적을 위해 미디어 내용을 활용, 매체에 대한 영향에서의 탈피 등으로 정리하고 있다.
20 전영우, 앞의 책, 44쪽.
21 1896년 10월 협성회 결성됨, 차배근, 앞의 책, 2000, 105쪽.

우리는 협성회協成會라는 것을 조직했습니다. 그러나 회의를 할 줄 알아야지요. … 그래서 먼저 언권言權을 얻으려면 회장을 불러 언권言權을 얻은 후에 나서서 말하고 의견이 있으면 동의動議라는 것을 하고, 또 재론再論이라는 것을 해서 거수가결擧手可決하는 것을 배우게 됐습니다.[22]

당시 배재학당 학생이었던 신흥우의 진술처럼 협성회 활동을 통하여 회원들은 근대적인 토론과 연설하는 기술을 익혀나갔다.

또한 그는 일반대중을 계몽하기 위해 독립협회를 결성하는데 주도적인 역할을 하였다. 독립협회는 토론과 연설을 할 수 있는 독립관獨立館을 설치하여 연설을 계몽의 도구로 적극 활용하였다.

윤치호는 일본과 중국 그리고 미국의 유학생활을 통하여 문명개화의 중요성을 일찍부터 인식한 인물이었다.[23] 그는 미국 밴더빌트Vanderbilt 대학 유학시절 '연설Speech'에 대해서 체계적으로 공부하고 교회 신도와 법과 토론회 회원으로 설교, 토론, 연설 등에 적극적으로 참여했었다.[24] 1897년 독립협회에 가입한 그는 독립협회를 민중을 계도하는 계몽단체로 전환시키고자 서재필 등과 많은 논의를 하였다. 그리하여 1897년 8월 5일 협회 내 토론회를 개조하고, 8월 29일 '조선의 급선무는 인민의

---

22 전택부, 『인간(人間) 신흥우(申興雨)』, 기독교서회, 1971, 44쪽; 위의 책, 42쪽 재인.
23 어윤중의 수행원으로 신사유람단을 따라서 일본의 신문물을 시찰하였고, 동경의 동인사(同人社)에 입학하여 일본어와 영어를 배우고, 미국 공사 프트(Foote)의 통역으로 귀국해 활동하다 갑신정변에 참여를 하였고, 정변 실패 후 일본으로 망명해 후쿠자와 유키치 등과 교류하였다. 미국 밴더빌트(Vanderbilt) 대학과 에모리(Emory)대학에서 수학하였다.
24 전영우, 앞의 책, 62~66쪽.

교육으로 작성함'을 논제로 하는 제 1회 토론회를 개최되었다. 그 후 독립협회 토론회는 회원과 방청인이 수백 명씩 참석하는 큰 행사로 발전하였다. 이렇듯 독립협회 토론회는 토론과 연설을 한국에 정착시키는데 중요한 역할을 하였고 아관파천俄館播遷으로 촉발된 제 1차 만민공동회의 초석을 놓았다.

다음으로 연설의 능동적 수용자들은 배재학당에서 결성된 협성회 회원들이었다. 서재필이 지도하는 협성회는 연설과 토론을 훈련하는 수련장이었다.

윤치호(1865~1945)

> 얼마 전 배재 학생들의 새 토론회가 진행됨을 보았다. 회원들의 질서정연한 모습, 의회규칙의 엄격한 적용, 회중의 성실한 토론, 전 회원의 열성적인 토론 참가, 자기주장을 주저 없이 표현하는 과감한 태도 등이 한국의 안녕을 바라는 사람들의 마음을 즐겁게 했다.[25]

위와 같은 『독립신문』의 영문판 기사를 보면 당시 협성회 회원들이 회의진행 · 토론방법 · 연설 등 연설의 기술에 어느 정도 숙달되어 있다는 것을 알 수 있다. 『독립신문』은 협성회 회원들에게 연설 · 토론의 학문을 다른 조선 학생들과 일반인들에게 전파해 달라는 주문을 하고 있다.[26] 이는 협성회 회원들의 토론과 연설 활동이 배재학당 커리큘럼

---

25 『The Independent』, 1897.12.3.
26 배재학당 학도들이 학원 중에서 협성회를 모아 일 주간에 한 번씩 의원회 규칙을

차원에서 머무는 것이 아니었음을 의미한다.

협성회의 토론회는 회가 거듭될수록 대성황을 이루어 토론회가 열리는 배재학당 운동장은 초만원을 이루었다. 독립협회도 협성회의 토론회에 자극을 받아서 같은 형식의 토론회를 개최하기 시작했다.[27] 토론회에서 토론과 연설 기술을 연마한 협성회 회원들은 1897년 여름부터 광화문, 종로 등에서 가두연설회를 개최하였다.[28]

국내 지식인들과 학생들이 협성회와 독립협회를 통하여 연설 매체를 통한 민중계몽을 활발하게 전개시키고 있을 때, 일본 유학생들도 토론과 연설을 통하여 모국의 문명개화와 자주독립 사상 고취에 힘을 쓰고 있었다.[29] 1895년 5월 12일 결성된 대조선인 일본유학생 친목회大朝鮮人日本留學生親睦會에서 유학생들은 일본의 각종 신문·잡지들을 회람하고, 매월 한 번씩 전체회원들이 모여 통상회通常會를 개최하여 주요사항을 결정하고, 토론·연설·연구발표회를 정기적으로 가졌다.[30] 친목회의 일차적인 목적은 문명개화에 뒤져 제국주의 열강들의 침탈侵奪 대상이 되고 있는 조국을 지키고 부국강병을 위한 지식을 습득하는 것이었다.

대부분의 유학생들이 다니고 있었던 케이오의숙慶應義塾은 당시 일본에서 연설의 메카라고 할 수 있었다. 후쿠자와 유키치는 연설의 중요성을

공부하고 각색 문제를 내어 학원들이 연설공부(演說工夫)를 한다니 우리는 듣기에 너무 즐겁고 이 사람들이 의원회 규칙과 연설하는 학문(學問)을 공부하여 조선 후생들에게 선생들이 되어 만사를 규칙이 있게 의논하며 중의를 좇아 일을 결처하는 학문들을 퍼지게 하기를 바라노라. 『독립신문』 제1권 103호, 1986.12.1.

27　김성렬, 『도포 입고 ABC 갓 쓰고 맨손체조』, 학민사, 2004, 157쪽.
28　『협성회 회보』 제1호(1898, 광무 2년 1월 1일), 4쪽. '회중잡보'에 기술된 협성회 토론의 주제 중 '우리 회원들은 인민을 위하야 가로상에 나가 연설흠이 가홈'을 통하여 협성회 회원들이 적극적으로 가두연설을 했음을 알 수 있다.
29　대조선인 일본유학생 친목회는 대학제국 정부의 외교·문교 정책변화에 영향을 받아서 1898년 9월에 해체된다.
30　차배근, 앞의 책, 135쪽.

인식하고 1873년 케이오의숙에 미타연설회를 만들어 자신의 문하생들에게 연설과 토론을 집중적으로 연마시켰다.[31] 이러한 케이오의숙의 분위기는 당시 한국 유학생들에게 연설과 토론 문화를 쉽게 수용할 수 있게 만들었다.

> 제형諸兄은 목금目今 세계상 형세가 엇더ᄒᆞ오 복복僕은 생각ᄒᆞ오니 탄식歎息할일이 다다하오이다. 제일第一 동서東西양세를 말ᄉᆞᆷᄒᆞ랴면은 기중 동양에 아대조선국외에 또 어디잇소. 그러ᄒᆞ나 사세事勢가 불여의不如意ᄒᆞ와 지금至今을 당當ᄒᆞ야 외이外夷에게 애국愛國ᄒᆞᄂᆞᆫ가시오 제일第一은 영국英國에서 무례無禮히 아국유명我國有名ᄒᆞᆫ 거문도巨文島를 점령占領ᄒᆞ랴하고 북부北部로ᄂᆞᆫ 아俄가 OOᄒᆞ랴하고ᄒᆞ니 그러ᄒᆞᆫ 무법無法ᄒᆞᆫ ᄂᆞᆯ를 아모조록 아대군주我大君主의 정화政化로써 교육敎育ᄒᆞ지안이치 못ᄒᆞᆯ지라 어시於是에 동양열국東洋列國을 통솔統率ᄒᆞ야 일을 ᄒᆞ랴면은 먼져 저 청국급일본양국淸國及日本兩國과 결연結連ᄒᆞᆫ후 양기養氣ᄒᆞ야 ᄎᆞᄎᆞ로 원근지방遠近地方에 ᄭᅳ지 급及ᄒᆞ게 ᄒᆞ야 발호跋扈ᄒᆞᄂᆞᆫ 자者를 제어制御ᄒᆞ고 무례無禮ᄒᆞᆫ 자者를 교육敎育ᄒᆞ야 사해평온四海平穩ᄒᆞ도록 아니치못할 거시오[32]

1895년 11월 9일 개최된 통상회에서 행한 홍석현의 연설 내용을 살펴보면 당시 친목회의 성격을 알 수 있다. 영국이 거문도를 강제로 점령하고 러시아가 한국의 북부지방을 호시탐탐 노리는 무례를 범하고

---

31 위의 책, 107쪽.
32 홍석현(洪奭鉉), 「대조선군주국형세여하(大朝鮮君主國形勢如何)」, 『친목회회보(親睦會會報)』 제1호, 1896.2.15.

있으니 청과 일본과 결속하여 힘을 키운 후에 무례한 외국 오랑캐들에게 교훈을 주어야 한다고 주장하고 있다. 일본 유학생들의 친목회이니 만큼 친일적인 성격을 가지고 있지만 일·청과의 졷연을 강조하고 있는 것이 주목된다. 이 시기 한국인들은 청이나 일본 제국주의에 대한 경계보다는 서구 제국주의 국가들의 침략야욕에 더 관심을 가지고 있었던 것이다. 이인직의 「혈血의 누淚」(1906)에서 그려지고 있듯이 일본은 근대화로 나가기 위한 모델처럼 생각하고 있었다. 이 연설문은 당시 지식인들이 얼마나 국제적인 역학관계에 어두웠던가가 고스란히 드러나고 있다. 이렇듯 친목회 회원들은 통상회에서 연설과 토론을 통하여 각자의 지식과 의견을 교환하고, 개화사상과 자주독립사상을 고취하고 있었다.[33] 회원들에게 연설이 유용한 매체였던 것이다.

친목회 회원들은 1896년 2월 15일 『친목회회보親睦會會報』를 발간하여 활동의 폭을 더욱 넓혀나갔다.[34] 『친목회회브』에 대하여 『독립신문』은 "이 책을 우리가 자셔히 늙어본즉 그속에 매우 지각잇는 말도만히 잇고 말을 늙어보면 죠션학도들도 분한 무음이 나셔 죠션을 문명 진보ᄒ게 ᄒ랴는 무음도 잇는 것 갓고"[35]라고 긍정적으로 기술하고 있다. 이 회보는 우리 손으로 만든 최초의 잡지로서 의미가 있다.[36] 일본 유학생들은 친목회를 통한 토론과 연설을 통하여 실력양성과 애국심을 고취하였고, 『친목회회보』라는 잡지 매체를 통하여 자신들이 활동을 모국에 알림으로써 근대화 담론의 확산에 기여 했다.[37]

33 차배근, 앞의 책, 224쪽.
34 『친목회회보』는 1898년 4월까지 모두 6호를 발간한다.
35 『독립신문』, 1896.10.3.
36 차배근, 앞의 책, 262쪽.
37 회보는 모국의 여러 곳에 배포하였고, 『독립신문』에 보내 기사화시켰다. 앞의 책, 262쪽.

계몽기 연설의 능동적인 수요자들은 연설이란 매체를 적극적으로 수용하는 한편, 연설을 계몽의 도구로 효과적으로 활용하고 있다. 특히 연설은 이들에게 스스로를 근대적 주체로 호명하게 만드는 매체였다.

4. 집회 규율과 만민공동회

연설이란 박래된 매체는 연설이 행해지는 시공간 속에서 능동적 수용자나 수동적 수용자 모두에게 새로운 규율을 강제했다. 연설이 행해지기 위해서는 연설을 하는 연사가 있어야 하고 연설을 듣는 청중이 있어야 한다. 그리고 다중이 모일 수 있는 연설회장이 있어야 하고 연사와 청중이 분리되어 있어야 한다. 또한 협성회 첫 가두연설 때 목공소에서 발판을 만들어 가지고 나갔다는 기록에서 읽을 수 있듯이 연설을 행하기 위한 연단도 필요했다.[38]

연설이 시작되면 청중들은 연사의 연설을 경청해야 한다. 경청하는 사이사이 연사 주장에 공감을 하면 박수로써 호응도 해야 했다. 이러한 규율은 당대인들에게 낯선 문화였다.

만민공동회에서 연설하는 이상재(1850~1927)

---

38 김세한, 『배재팔십년사(培材八十年史)』, 배재학당, 1965, 210쪽; 전영우, 앞의 책, 88쪽 재인.

아국我國은 소국小國이며 또 민빈民貧하다고 하니 복僕은 조금도 그 말을 듯지 아니하오 그일을 말하랴면 아국인구我國人口가 이천만동포二千萬同胞요 지적地積이 팔만이천만영리八萬二千万英哩이오 위치位置가 온대溫帶인고로 불한불열不寒不熱이오 소산所産은 금은동철 급 곡석탄 등金銀銅鐵及木材石炭等이오 기외其外에도 피물 어물 등皮物魚物等은 부지기수不知其數로 생출生出하니 타국他國버덤 소국小國이라지 못할거시오 타민他民버덤 빈貧하다할수업소 제형諸兄들도 만국지리萬國地理를 아시니 서양西洋에 잇는 서사극 급瑞士國及, 백이의정말포규국 등白耳義丁抹布規國等을 생각하시야보시오(대갈채大喝采) 그러케 말은 하얏스나 불연不然한 일도 잇소 백의기정말白耳義丁抹又혼 국國이 엇지하야 보수保守하야가기를 용이容易히하는고하니 인민人民들이 공부工夫가 대단大端하고 노력勞力하는 자者이 일야불식一夜不息하고 취리取利하는 바닥이오 그런대 아국我國셔는 공부工夫가 불급不及하며 노력勞力하난 자者이 희귀稀貴하니 엇지 취리取利할 수가 잇소 연즉然則 인민人民이 취리取利를 아니하고 공부工夫를 아니하는고로 연連하야 그 나라이 빈貧하야지는거시오[39]

홍석현의 연설문을 게재한 회보에는 괄호 속에 '대갈채大喝采'가 기술되어 있다. 연사의 주장에 동조하는 청중들이 박수로 호응 했다는 사실을 기록한 것이다. 이렇듯 연설이란 매체는 연사와 청중들에게 새로운 규율을 요구하였다. 이러한 규율은 의병이나 동학농민군들의 집결지에서 격문 낭독을 할 때와 형식이 비슷했기 때문에 당대 민중들에게 크게 낯설지 않았을 수 있지만 박수를 치는 것은 매우 낯설었을 것이다. 박수치기는 학습과정이 필요했다.

---

39 홍석현, 앞의 책, 21쪽.

토론회는 연설회보다 더욱 섬세한 규칙이 요구되었다.

> (협성회의) 토론회는 가편可便과 부편否便으로 갈라서 각 편에서 연사演士를 셋씩하거나 넷씩 하여 편을 가르고, 연제演題는 반드시 상대相對가 되는 개념槪念을 잡아 놓고 부편否便의 연제演題를 가졌을지라도 변론辯論이 잘되면 형식상으로 이기게 되는 것이었음, 청중聽衆들은 공명共鳴되는 편을 따라서 연사演士에 따라 잘한다는 뜻으로 손뼉을 치게 하였으니, 우리나라에서 손뼉을 치는 법이 없었으나 이때부터 손뼉을 치는 법이 또한 시작되었다.⁴⁰

위의 인용은 서재필이 협성회원들을 훈련시키던 토론 방법을 기술한 것이다. 이러한 토론방법은 당시 미국에서 보편화된 고전적 토론방식 classical debate method이었다. 토론자들에게는 토론 규칙이 엄격하게 적용되었고, 청중들은 연설회와 마찬가지로 주의 깊게 경청을 하면서 토론자들의 의견에 동의할 때는 박수로서 표현을 해야 했다.⁴¹ 이렇듯 박수치는 행위는 연설과 토론과 함께 박래된 문화였다.

연설과 토론은 당시 사람들에겐 낯선 매체이자 제도였지만 연설회와 토론회에 참여한 사람들은 이를 긍정적으로 받아들였고 적극적으로 수용하려고 노력하였다. 『독립신문』에 게재된 다음과 같은 「연설가演說歌」를 통해서 연설에 대한 당대 수용자들의 반응을 알 수 있다.

> 자미있고 자미있네/오백년래 없던 연설/독립협회 연설이어/오늘이

---

40 신영묵 편, 『배재사(培材史)』, 배재중학교, 1955, 85쪽; 차배근, 앞의 책, 105쪽 재인.
41 차배근, 위의 책, 106쪽.

야 처음 듣네/듣기 좋은 의리 연설/추호 일분 사정 없디/코기 좋은 국기 서젹/공평정직 하답하고/일심 협력 위국 애민/토론 연설 장한 셩명/자주독립 견고 연설/육대주에 진동하네/우리 대한 신민들아/효제 충신 반자하고/독립협회 입참하여/인의예지 도배하셰/여민동락 연설가로/우리 셩상 만만세라.⁴²

「연설가」는 전주 사람 이차응이 서울에 올라와 독립협회에서 개최하는 연설과 토론 및 회의 진행 과정을 지켜본 뒤에 감동하여 지은 느래다.⁴³ '효제충신孝弟忠信', '인의예지仁義禮智', '여민동락與民同樂', 셩상 만만세聖上萬萬歲 등 중세봉건적인 가치관이 노래 속에서 작동하고 있지만 새로운 매체인 연설의 정확성과 합리성을 예찬하고 있다.

독립협회는 1898년 2월 21일 구국선언 상소를 올린 것을 시발로 하여 본격적으로 정치운동을 전개하였다. 그 해 3월 10일 종로에서 제1차 만민공동회를 개최하였는데 학생, 상인, 일반시민 등 만 여명이나 모였다. 그런데 만민공동회에 참여한 군중들은 수동적인 구경꾼들이 아니었다. 다수결로 싸전 상인 현덕호를 회장으로 선출한 후 백목전 다락 위에 연단을 만들고 시민, 협회회원, 학생들이 자발적으로 애국 연설을 했다. 연설 내용은 주로 러시아와 일본 제국주의의 한반도 침략 정책에 대한 규탄이었다.⁴⁴ 오세를 규탄하는 연사들의 연설에 호응하여 박수를

---

42 『독립신문』, 1898.6.11.
43 전영우, 앞의 책, 12쪽.
44 만민공동회를 통한 독립협회의 개혁운동은 러시아의 절영도 석탄고 조차 저지, 일본의 석탄고 기지 회수, 노한은행 철거, 러시아 재정고문 및 군사교관 철수, 서재필 추방 반대, 국민의 생명·재산의 자유권 수호, 프랑스의 광산이권 요구 반대, 의학교 설립, 언론·집회의 자유 보장, 개혁파 정부 수립, 의회 설립 운동 등이었다.

치는 장면 속에서 근대 국민의 모습을 찾을 수 있다. 연설을 통하여 민중들이 스스로 자신들을 근대 국민으로 호명하고 있는 것이다. 이러한 민중들의 단결된 모습은 제국주의 열강의 침탈 야욕을 견제하는 장치로 작동하였다. 한국 민중들의 일치된 목소리 때문에 러시아와 일제는 한반도를 직접 침탈하지 못하고 러일전쟁이 일어나기 전까지 상호 견제만 하였다.[45]

만민공동회 성공을 발판으로 하여 독립협회는 개혁파 정부를 수립하고, 의회를 개설해 입헌 군주제를 정체政體로 하는 민주적 국민국가를 추진하였다.[46] 그러나 이 개혁운동은 의회설립 하루 전인 11월 4일 밤에 고종과 수구파가 동원한 공권력의 개입으로 좌절되었다.

만민공동회를 통한 독립협회의 개혁운동 과정 속에서 민중들은 자신들의 힘을 자각하였고, 근대 민주주의의 구체적인 실체를 발견하게 되었다. 연설을 통하여 직접 학습을 했기 때문이었다. 관민공동회官民共同會 단상에 오른 백정 박성춘朴成春의 연설을 살펴보면 그가 연설이란 매체를 능동적으로 수용했음을 알 수 있다.

> 이놈은 바로 대한大韓에서 가장 천한 사람이고 매우 무식합니다.

---

45 러시아와 일본은 상호견제를 위해 1898년 4월에 '로젠·니시 협정(Rosen·Nishi agreement)'을 맺었다. 이후 러·일간의 세력 균형은 러일전쟁이 일어난 1904년 2월까지 만 6년간 지속되었다. 신용하,「개화당과 독립협회」,『한민족독립운동사』 1, 국사편찬위원회, 1987, 150쪽.
46 독립협회는 1898년 10월 1일부터 12일간 빠짐없이 궁궐 앞에서 철야 상소 시위운동을 하였다. 결국 10월 12일 친러 수구파 정부가 해체되고, 박정양·민영환을 중심으로 한 개혁파 정부가 수립되었다. 그 후 10월 28일부터 11월 2일까지 6일간, 서울 종로에서 독립협회와 개혁파 정부의 관료들과 시민들이 모여 관민공동회를 개최해 자주적 개혁정책 실천을 다짐하고 의회설립 운동을 전개하였다. 전영우, 앞의 책, 123~125쪽.

그러나 임금께 충성하고 나라를 사랑하는 뜻은 대강 알고 있습니다. 이제 나라를 이롭게 하고 백성을 편리하게 하는 방도는 관리와 백성이 마음을 합한 뒤에야 가능하다고 생각합니다. 저 차일遮日에 비유하건대, 한 개의 장대로 받치자면 힘이 부족하지만 만일 많은 장대로 힘을 합친다면 그 힘은 매우 튼튼합니다. 삼가 원하건대, 관리와 백성이 마음을 합하여 우리 대황제의 훌륭한 덕에 보답하고 국운이 영원토록 무궁하게 합시다.[47]

박성춘은 강한 나라가 되기 위해서는 관리와 백성이 하나가 되어야 한다고 주장하고 있다. 관리와 백성을 차일을 받치는 두 개의 장대로 비유하며 관민이 힘을 합쳐 무궁한 나라를 만들자는 주장은 매우 설득적이다. 신분상으로 가장 하층민이었던 백정이었음에도 불구하고 연설기법은 학생들과 비교하여 뒤지지 않는다. 당연히 그의 연설은 많은 박수갈채를 받았다. 갑오개혁 이후 법제적으로 신분지도가 철폐되었기 때문에 당당하게 연설을 할 수 있었다.[48]

이렇듯 만민공동회의 경험은 민중들에게 연설과 토론의 의미와 방법을 터득하게 만들었다. 11살 먹은 소학교 학생 장용남張龍男까지 연단에 올라 다음과 같은 연설을 하고 있는 것을 보면 연설이 안착되었음을 알 수 있다.

> 제가 며칠 전에 학교에 갈 때에 종로를 지나게 되었습니다. 태극기는 높이 걸렸고, 흰 구름 같은 천막이 울타리 담장처럼 넓게 펼쳐져 있

---

47 정교, 조광 편, 김우철 역주, 『대한계년사』 3, 소명출판, 2004, 248쪽.
48 고숙화, 『형평운동』, 독립기념관 한국독립운동사연구소, 2008, 9~10쪽.

었습니다. 나무 울타리 안에 수많은 사람들이 모여 있었습니다. 제가 구경하는 사람에게 '이 곳에 무슨 일이 있길래 떼지어 모였습니까?'라고 물으니, 그 사람은 '정부의 여러 대신을 초청하여 묻고 토론하는 일이 있어 관민공동회官民共同會가 열린다'라고 대답했습니다. 그 다음날 또 그곳을 지나가다 보니, 관리와 백성들이 이전처럼 모여 있었는데 정부의 여러 대신들도 참석해 있었습니다. 제 어린 소견으로는 그 까닭을 이해하지 못했습니다. 그런데 들어보니 여러 백성들은 모두 "옳소"라고 했고, 정부의 여러 대신들도 모두 그 이름 밑에 "가可"자를 썼다고 하니, '논의한다는 것은 분명 나라에 매우 좋은 일일 것이다.' 라고 생각했습니다. 그런데 오늘은 무슨 이유로 이런 일이 발생한 것입니까? 옛말에 '오늘이 올바르고 지난날이 틀렸음을 깨달았다'라는 것은 있습니다만, '지난날이 옳았는데 오늘이 옳지 않다'라는 말은 듣지 못했습니다. 이것은 붙잡힌 10여명만이 죄 지은 것이 아니라 2천만 동포가 함께 받아야 할 죄입니다. 우리들도 함께 붙잡혀 벌을 받는 것이 옳습니다.[49]

연설의 내용은 수구파에 의해서 독립협회 인사들이 체포당한 것에 대한 항의였다.[50] 어린 소년의 연설에 감동하여 모였던 사람 중에서 눈물을 머금지 않는 사람이 없었다고 한다. 관리였던 김정근·이호익 같은 사람과 집회를 해산하러 온 경무관·총순 등도 눈물을 흘렸고 다른 회원들도 의를 확실하게 다지기 위해 '죽을 사死'자로 맹약을 같이하고, 함께 죽는 것을 영광으로 생각하자는 동조 연설을 했다. 이때 순검 한 명이

---

49 정교, 조광 편, 김우철 역주, 『대한계년사』 4, 소명출판, 2004, 26~27쪽.
50 이 때 체포당한 독립협회 사람은 부회장 이상재, 회원 윤하영·유맹·방한덕·염중모·김귀현·현제창·이건호·정항모·김두현·홍정후·정교·남궁억·한치유·유학주 등이었다.

칼을 빼들어 회원들을 치려고 하자 회원들이 모두 가슴을 드러내어 자기를 베라고 외치자 순검이 달아나기도 했다. 이대 임병길林炳吉이 청중들에게 "순검이 칼을 차고 다니는 것은 도둑을 막고 인민들을 보호하려는 까닭입니다. 그런데 지금 순검의 이런 행위는 정해진 법을 크게 어겼을 뿐만이 아닙니다. 그 숨겨진 속뜻은 여러 백성들을 위협하는데 그치지 않고 정말로 무고한 백성을 죽이고자 한 것입니다. 더욱이 그 순검은 바로 탁지부 대신 민영기의 집 청지기입니다. 간사하고 흉악한 자의 부하로써 이처럼 흉악한 행동을 하게 된 것입니다"라고 연설하여 공분을 일으켰다.[51]

이렇듯 간민공동회에 참여한 사람들은 남녀노소 모두들 연설을 활용하여 자신의 뜻을 구체적으로 군중 앞에서 표현하였다. 만민공동회/관민공동회에 참여함으로써 연설의 수동적 수용자들이 모두 능동적 실천가로 성장하였다. 만민공동회에 참여한 민중들은 연설을 통하여 근대담론 내부로 미끄러져 들어온 것이다.

5. 결어

근대 계몽기 연설은 지령적 언어와 몸짓언어 그리고 연설회장이라는 특수한 공간 때문에 당시 다른 대중매체에 비해서 강력한 호소력을 지니고 있었다. 문명개화가 세계적인 대세임을 읽은 서재필·윤치호 등이 연설에 주목한 이유가 여기에 있었다. 근대 계몽기 연설은 매체의 능동적 실천가나 수동적 수용자 모두를 근대시스템으로 재배치시키는 역할을

---

51 정교, 조광 편, 김우철 역주, 『대한계년사』 4, 28쪽.

하였다.

만민공동회/관민공동회라는 성공적 대중 개혁운동에서 연설이 행했던 경험은 연설의 제도화를 불러왔다. 1905년 이후 연설회는 개화와 계몽을 위한 일상적인 행사로 자리 잡았다. 『대한매일신보』(1909.1.16)의 기사에 따르면 당시 지식인들은 잇따라 연설회를 개최하였는데 방청객 수가 1천명에서 2천명을 넘나들었다고 한다.[52] 이렇듯 연설은 근대 계몽기 중요한 대중매체로 자리 잡았다. 안국선의 『연설법방演說法方』의 출간은 연설이 제도화되었음을 보여주는 좋은 사례다. 『연설법방』은 1907년 11월 창신사에서 초판이 발행되었고, 다음 해 8월 현공렴의 명의로 3판이 발행되었다. 70여 페이지의 소책자이지만 내용은 연설의 기술에 관해서 체계적으로 정리되어 있다.[53] 짧은 기간에 3판까지 발행되었던 것을 보더라도 이 책이 당대 독자들에게 매우 인기 있는 책이었음을 알 수 있다.

하지만 연설은 시공간적인 제약과 지배층에 의한 견제와 탄압, 그리고 신문이라는 강력한 대중매체의 등장으로 인하여 활용의 폭이 점차 약화되었다.[54] 점차 대중매체의 중심은 신문과 잡지라는 활자 매체로 옮겨갔다. 당대 지식인들은 담론 생산의 물적 토대를 신문·잡지 등 저널리즘으로 옮겨 놓기 시작한 것이다. 그리하여 연설은 활자 매체에 의해서 급속하게 주변부로 내몰리게 되었다.

---

52 이승원, 『소리가 만들어낸 근대의 풍경』, 살림, 2005, 9쪽.
53 이 책 목차는 '웅변가의 최초', '웅변가가 되는 법망', '연설자의 태도', '연설가의 박식', '연설과 감정', '연설의 숙습', '연설의 종결'으로 짜여있다.
54 광무 2년 11월 6일 의정부 참정 조병식의 '당취자를 단속하는 건'(조칙)을 살펴보면 "회라 이름 붙인 것은 일체 혁파했는 바 근일에 이르는 바 만민공동회란 어떠한 명목이길래 어리석은 백성을 선동유혹하고 부와를 주장하고 있어서 거조의 해패함이 이보다 심한 것이 없는지라 조칙을 내린 뒤 만약 전처럼 무리를 모으는 자가 있으면 법부에서 엄히 나포해 조율할 것이며…" 등을 내용으로 가지고 있는데 이렇듯 집회에 대한 탄압은 연설의 설자리를 빼앗는 것이었다.

02

자유연애와 신식결혼을
디자인 한 소설

02

자유연애와 신식결혼을
디자인 한 소설

1. 서언

　　세계 모든 민족들에게 결혼은 중요한 통과의례이자 가족을 재생산하는 중요하고도 특별한 행사이다. 때문에 결혼은 사회 구성원들 사이에 제도화되어 있고 고유한 문화를 가지고 있다. 한국 결혼제도는 개화기와 일제강점기를 거치면서 커다란 변용과정을 거쳤다. 즉 혼례식이 신식결혼식으로 바뀌고 가부장적 일부다처제에서 일부일처제로 바뀌었다.

　　원래 한국의 전통적인 결혼은 가족과 제사의 영속을 위한 제도였다.[1] 중세 봉건시대 가족은 부계의 초시간적인 제도체인 집家에 종속된 집단이었다.[2] 여기서 집은 사회의 기초 단위이며 개인보다 우선하는 집단체를 말한다. 그러므로 모든 개인들은 집(가문)과 집의 전통을 계승한 가-장家長

1　최재석, 『한국가족연구』, 일지사, 1990, 523쪽.
2　위의 책, 541쪽.

의 통제를 받았다. 개인은 집에서 독립된 자유로운 주체가 아니라 어느 집의 누구라는 객체적인 구성원으로 존재했던 것이다. 때문에 한국의 과거 구식 혼인은 단지 새로운 가족 구성원을 가장의 지배에 편입시키는 제도라 하여도 과언이 아니었다.[3]

이러한 구식 혼인제도는 20세기 초에 들어오면서 흔들리기 시작했다. 서양 선교사들은 서양의 결혼풍습을 신도들에게 소개하였고, 계몽주의자들은 저널리즘을 통하여 구식 혼인제도의 폐단을 비판하고 개혁의 당위성을 공론화시켰다. 신식 결혼제도 도입을 주창하고 있는 계몽주의자들과 저널리즘의 행동은 정치적인 것이었다. 1876년 개항 이후 근대 국민국가 수립을 궁극적인 목표로 삼고 있던 그들에게 결혼은 국가를 지탱할 국민을 생산하는 제도라고 인식되었다. 그리하여 그들은 구식 혼인에 대해 맹렬히 공격하고 서양의 결혼을 적극적으로 소개하였다.

그런데 한국인들에게 신식 결혼제도는 구체적인 모습으로 소개된 것이 아니라는데 문제가 있었다. 일반적으로 한국에서 근대는 근대 상품―근대 인식―근대 생산 단계라는 순서로 전개되었다.[4] 그런데 제도는 물건도 형상도 아니었다. 제도란 인간의 일상생활에서 형성된 규범이나 가치들의 복합적인 무형의 규범 체계였다. 눈에 보이지 않고 실지로 경험해볼 수 없었던 제도를 만들어 내고 정착시킨다는 것은 난제일 수밖에 없었다.

때문에 근대 결혼제도가 한국에 정착되는 데는 저널리즘과 문학의 역할이 중요하였다. 이광수의 장편소설 「무정」을 비롯한 근대 소설 텍스

---

3 위의 책, 545쪽.
4 최공호, 「근대는 우리에게 어떻게 다가왔나」, 『대한제국 ― 잊혀진 100년 전 황제국』, 민속원, 2011, 231~232쪽.

트들은 자유 연애결혼이란 표상을 창출하면서 동시에 자유 연애결혼의 당위성을 보편화시켰다. 이 시기 작가들은 상상으로 만들어 낸 이상적인 결혼을 형상화함으로써 재래 관습이 안고 있는 결함들을 보충하는 역할을 하였다.[5] 텍스트 속에서 그려지는 결혼 형상은 대부분 서양식 결혼을 기반으로 하였다.

2. 신식결혼이란 담론

유길준 『서유견문』(서울대 도서관 소장본)
출처 : 한국학디지털 아카이브

서양 결혼제도를 한국에 처음 소개한 것은 유길준의 『서유견문西遊見聞』(1895)이라고 할 수 있다. 서양 결혼에 대해서 저자는 "청혼하는 방법을 이야기하자면, 우리나라의 예절과 아주 달라서 비판할 거리가 많다"고 지적하면서 "다른 나라 풍습이니 그냥 덮어 둔다"[6]고 비판적으로 기술하고 있다.

저자가 목격한 서양 결혼은 아직까지 낯선 이국 풍물이었던 것이다. 그가 정리한 결혼 절차는 다음과 같다. 20세 이후 성인 남녀가 연애를 통하여 상대를 배우자로

---

5 W. Iser, *Der implizite Lesr*, München : Fink, 1972, p.56; 페터 지마, 허창운 역, 『문예미학』, 을유문화사, 1992, 302쪽 재인.
6 유길준, 허경진 역, 『서유견문 – 조선 지식인 유길준, 서양을 번역하다』, 서해문집, 2004, 404쪽.

선택하고 결혼하기로 결정하면 남자는 지방법관에게 결혼을 허락하는 법문을 얻어야 한다. 법관은 법문을 내어주기 전에 양가 부모의 동의를 얻어야 한다. 결혼장소는 일정치 않은데 법관이 주례를 할 경우 법관 사무실에서 거행되고 지방관이 주례를 할 경우 지방관청에서 거행된다. 또한 사제가 주례를 할 경우 예배당에서 거행된다. 가난한 사람은 일반 주례자를 정해 결혼을 하기도 하는데 이때는 주례자 집에서 결혼식을 한다. 결혼식은 꼭 결혼 중인이 있어야 한다.[7] 주례자는 성혼선언을 한 후 혼서지와 같은 결혼 명문을 신랑신부에게 내어준다. 신랑은 검은 연미복을 입고 신부는 흰색의 긴치마와 두건을 주로 쓰고 주례인을 따라 행진하고 뒤에는 친척 처녀들이 들러리를 선다. 이혼 시 여자가 허물이 없으면 남자는 여자가 재혼할 때까지 생활비를 지급하고 사별했을 때는 재혼이 자유롭다. 일부일처를 어기는 사람은 국법으로 금하고 있다.[8] 신랑은 결혼이 끝난 후 법문을 사법관청에 반납한다. 『서유견문』에서 기술하고 있는 결혼은 어느 나라 제도인지 특정하고 있지 않지만 연애를 통한 결혼과 주례 앞에서 혼약을 한 후 법률적으로 인정을 받는 과정으로 정리할 수 있다.

『독립신문』 논설들도 『서유견문』에서 기술하고 있는 서양의 결혼을 범박하게 재정리하고 있다.

① 뇸의 나라에셔는 사나희와 녀편네가 나히 지각이 날 만흔 후에 서로 학교든지 교당이든지 친구의 집이든지 못고지 ᄌ혼대서 만나 만일 사나희가 녀편네를 보아 ᄉ랑훌 생각이 잇슬것 ᄌ흐면 그 부인 집

---

7 위의 책, 405~407쪽.
8 위의 책, 410~412쪽.

으로 가셔 자죠 차자 보고 셔로 친구 갓치 이삼년 동안 지내 보아 만일 셔로 츔스랑 ᄒᆞᄂᆞᆫ ᄆᆞ음이 생기것 갓흐면 그때ᄂᆞᆫ 사나희가 부인 드려 주긔 안해 되기를 쳥ᄒᆞ고 만일 그 부인이 그 사나희가 ᄆᆞ음에 맛지 은 할 것 ᄌᆞ흐면 안허 될 슈가 업노라고 대답 ᄒᆞᄂᆞᆫ 법이요 만일 ᄆᆞ음에 합 의 ᄒᆞᆯ 것 ᄀᆞᆺ으면 허락ᄒᆞᆫ 후에 몃 ᄃᆞᆯ이고 몃해동안을 또 셔로 지내 보아 영령 셔로 단단한 ᄉᆞ랑을 ᄒᆞᄂᆞᆫ ᄆᆞ음이 잇으면 그때ᄂᆞᆫ 혼인 택일하여 교당에 가셔 하ᄂᆞ님께 셔로 맹세하되 셔로 ᄉᆞ랑ᄒᆞ고 셔로 공경ᄒᆞ고 셔 로 돕겟노라고 ᄒᆞ며, 관가에 가셔 관허를 맞아 혼인ᄒᆞᄂᆞᆫ 일ᄌᆞ와 남녀의 셩명과 부모들의 셩명과 거쥬와 나흘 다 정부 문젹에 긔톡 ᄒᆞ여 두고 만일 사나희든지 ᄋᆡ편네가 이 약쇽ᄒᆞᆫ대로 행신을 아니ᄒᆞ면 그때ᄂᆞᆫ 관 가에 쇼지ᄒᆞ고 부부의 의를 ᄭᅳᆫᄂᆞᆫ 법이라9

　② 셔양에 기경ᄒᆞᆫ 나라 사ᄅᆞᆷ들은 남녀 간에 어렷슬 째브터 ᄒᆞᆫ 학 교에 다니며 공부ᄒᆞ야 년긔가 이삼년二三十이 되도록 피ᄎᆞ에 샹죵ᄒᆞ기 를 여러 희를 훔ᄋᆡ 셔로 학문과 지덕이며 모양과 심지의 엇더ᄒᆞᆫ 것을 ᄌᆞ셰히 안 연후에 百년 회로ᄒᆞ기를 단단히 약됴ᄒᆞ되 교인들은 ᄌᆞ긔 집 에셔나 회당에셔나 혼례를 힝ᄒᆞᄂᆞᆫᄃᆡ 젼도 목ᄉᆞ가 신랑과 신부를 좌우 에 셰우고 샹뎨ᄭᅴ 긔도ᄒᆞᆫ 후에 부부될 이가 셔로 말ᄒᆞ되 부ᄒᆞ던지 가 란ᄒᆞ던지 악ᄒᆞᆫ 병ᄋᆞ 잇던지 편안ᄒᆞ던지 다른 ᄉᆞᄅᆞᆷ의게 쟝가들고 시집 가지 안켓다고 굿지 밍셔ᄒᆞ야 여러 사ᄅᆞᆷ으로 ᄒᆞ여금 증참이 되게 ᄒᆞ고 교외 사ᄅᆞᆷ들을 혼인ᄒᆞᆯ 째에 관가에 고ᄒᆞ면 법관이 그 남녀를 압헤 셰 우고 쏘흔 이ᄀᆞᆺ치 약됴를 쏘 ᄒᆞᄂᆞᆫ고로 사ᄅᆞᆷ마다 ᄂᆡ외 간에 셔로 ᄉᆞ랑 ᄒᆞ고 셔도 공경ᄒᆞ야 죽기ᄭᆞ지 조곰도 두 ᄆᆞ음을 두지 안코 엇던 ᄉᆞᄅᆞᆷ

9　『독립신문』, 1896.6.6

이던지 만약 안히된 이가 남편을 비반ᄒ거나 남편된 이가 안히를 바리는 이가 잇슬 디경이면 법관이 곳 잡아 다스릴 샏 아니라 그 남녀는 사름마다 쳔딕ᄒ야 셰샤에서 힝셰를 못ᄒ는 법이니 그런고로 누구던지 부부 간에 시죵이 여일ᄒ야 집안이 화목ᄒ고 만ᄉ가 여의ᄒ니 이것은 다름아니라 당쵸에 부부될 사름들이 각긔 ᄌ긔 ᄆᆞ음에 비필되기를 질겨홈으로 명혼홈이라.[10]

이 논설들이 소개하는 서양의 결혼은 연애가 전제되어 있음을 알 수 있다. 남녀가 소년시절이나 성인이 된 후에 사랑하는 마음을 확인하고 교제기간을 거쳐 결혼을 하는 것이다. 만약 마음에 들지 않으면 교제를 거부할 수 있었다. 또한 『서유견문』에서 기술되었던 다양한 장소에서의 결혼식이 예배당 결혼식으로 압축되어 있는 것을 알 수 있다. 즉 연애를 통한 결혼과 예배당에서 주례목사를 앞에 두고 혼약을 한 후 법률적으로 인정을 받는 결혼식 과정이 기술되어 있다. 결혼 한 후에는 남편을 배반하거나 아내를 버리는 등 가정에 충실하지 않으면 사회에서 행세를 못하는 것과 같이 모노가미monogamy 결혼제도를 기술하고 있다.

서양결혼을 비판적으로 바라보는 유길준의 거리감은 약화되고 서양 결혼에 경사되는 시선이 드러나고 있다. 이를 통하여 개화기 계몽의 진의가 어디에 있었는가를 확인할 수 있다.

---

10 「혼인론」, 『독립신문』, 1899.7.20.

3. 구식혼인 타파 운동의 함의舍意

개화기 저널리즘은 구식 혼인제도에 대해 줄기차게 공격을 하였다. 이는 구습·구사상 타파 운동의 일환이었다. 그런데 구식 혼인제도 비판을 조금 더 세밀하게 살펴보면 당대 계몽주의자들과 대중매체가 자신의 소명을 근대적 국민국가 형성에 두고 있었기 때문이라는 것을 발견할 수 있다. 애국계몽과 부국강병을 목표로 한 계몽운동은 무엇보다 먼저 국민국가를 목표로 한다. 결혼은 국민국가의 국민을 생산하는 기본 제도였던 것이다.

구식 혼인제도에 대한 비판은 주로 조혼과 강제결혼(중매혼)에 초점을 맞추고 있다.

『황성신문』논설「조혼의 폐해를 통론함」에서 조혼은 인종人種의 감소減少, 인재人才의 결핍缺乏, 교육敎育의 타락墮落, 산업産業의 조잔凋殘, 사기志氣의 박약薄弱, 가정家庭의 괴화乖和, 책망責望의 과중過重케 하여 나라를 망하게 하고 민족을 멸하게 한다고 강하게 비판하고 있다.[11]

문상우文尙宇도 조혼의 폐해를 성훈聖訓의 멸기蔑棄, 육체상肉體上의 장애障碍, 의뢰심依賴心의 발생發生, 의지意志의 박약薄弱, 뇌수腦髓의 부패腐敗, 가정家庭의 결렬決裂, 청상靑孀의 원천源泉, 적서嫡庶의 상천相賤, 인구人口의 감손減損, 망국亡國의 전구前驅[12]로 보았고, 『권업신문』기사「조혼의 악습을 신칙」에서도 조혼은 우리나라에서 제일 좋지 못한 습관으로 가정을 문란하게 하고 여러 가지 폐해를 발생시킨다고 비판하고 있다.[13]

---

11 『황성신문』, 1909.9.3~4.
12 문상우,「조혼의 폐해」, 『대한학회월보』, 1909.5.
13 『권업신문』, 1914.7.5.

한국의 조혼풍습을 바라보는 선교사들의 시선은 더욱 신랄했다. 선교사 제이콥 로버트 무스는 조혼으로 혼인을 하는 소녀들을 도살장에 끌려나오는 양으로 묘사하기도 했다.[14] 기독교적인 세계관과 서양인의 시선으로 보면 조혼은 야만적인 제도일 수밖에 없었다. 계몽주의자들의 펜 속에는 이러한 타자의 목소리가 틈입해 있었다.

그런데 조혼에 대한 저널리즘의 비판과 부정적인 여론에도 불구하고 조혼은 근절되지 않았다. "조혼으로 참흉극─십오세 어린 색시 남편이 싫어서 도끼로 목 찍어 살해",[15] "여수女囚는 대개 살인방화, 원인은 조혼의 비극"[16]과 같은 신문기사처럼 3, 40년대까지도 조혼제도 때문에 발생한 사건기사가 신문에 빈번하게 등장하고 있다. 이는 아직까지 구식 혼인이 지배문화dominant culture를 차지하고 있었고 근대적인 결혼은 부상문화emergent culture로 아직까지 주류가 되지 못했기 때문이다.[17]

『독립신문』은 논설에서 조혼 극복방안을 다음과 같이 제시하기도 했다.

> 세계각국들이 오날늘 백성들이 즈쥬독립한 마음이 잇고 인종이 강셩ᄒ며 신톄 골격이 츙실 ᄒ것은 얼마큼 혼인 ᄒᄂ 법률이 엄히 션 ᄭ돍 이라 외국셔는 혼인을 허락ᄒ난 법이 첫재 남녀의 나히 뭇당 ᄒ여야 ᄒᆯ터인대 사나히는 이십 일 셰 이상이요 녀인은 십구세 이샹이라[18]

---

14 제이콥 로버트 무스, 문무홍 역, 『1900, 조선에 살다 Village Life in Korea』, 푸른역사, 2006, 224쪽.
15 『매일신보』, 1936.10.14. 석간.
16 『매일신보』, 1936.12.20. 석간.
17 Raymond Williams, *Problems in Materialism and Culture*, London : Verso, 1980, 40~42쪽
18 『독립신문』, 1898.2.12.

조혼 폐해를 타파하기 위해서는 결혼할 수 있는 나이를 제한하는 '엄한 혼인법률'이 있어야 한다는 것이다. 공권력을 수반한 법률로 새로운 결혼제도를 정착시키자는 주장이다. 궁극적으로는 근대적 법률혼주의 도입을 요구하고 있는 것이다.

조혼 폐해를 비판하는 『황성신문』의 다음과 같은 논설을 살펴보면 당대 결혼이 가지고 있는 함축적인 의미를 읽을 수 있다.

> 부혼인자夫婚姻者는 생민生民의 시始오 만복萬福의 원원源原이라 시이是以로 자고성인自古聖人이 혼례婚禮를 신중愼重히 하며 배필配匹을 신택愼擇홈이곳 가정家庭의 화기和氣로써 사회社會의 화기和氣와 국가國家의 화기和氣를 도영조제導迎調劑하는 지의소재至意所在라 가정家庭의 화기和氣를 보존保存코져 홀진딘 기자녀其子女의 배필配匹을 구구홀 시時에 기덕성여하其德性如何와 품행여하品行如何를 상심숙지詳審熟知하고서 방가의혼方可議婚홀지니 덕성德性과 품행品行은 성인이상자成人以上者라야 가이득지可以得知홀지라 금금今今에 불과십세이상不過十歲以上의 남녀男女는 덕성德性과 품행品行의 표저表著홈이 무無하니 비록 비범非凡호 조감藻鑑이 유유有호 자者라도 기장래其將來 여하如何를 예지預知키 난難하거늘 도연徒然히 무식無識호 매작媒妁의 언言을 신청信聽하고 인륜人倫의 대사大事를 경의輕議하니 기배필其配匹을 택택擇하는 규모規模가 심甚히 소홀疎忽하도다 소이所以로 불행不幸히 경박輕薄호 남자男子는 정처正妻를 소대疎待하며 한투悍妬호 부녀婦女는 구고舅姑를 불순不順하는 악풍惡風으로 가정家庭의 화기和氣를 손상損傷하는지라 일가一家의 실화失和가 사회社會와 국가國家의 연급延及하는 영향影響이 유유有호 니 기왈豈曰 세고細故리오 차차此는 가정家庭의 괴화乖和가 조혼早婚의 폐해弊害로 유由홈이오[19]

인용된 논설에서는 가정의 화목한 분위기가 곧 사회와 국가의 화목을 인도하고 조정할 수 있다고 보고 있다. 가정의 갈등을 불러오는 조혼을 타파하고 성인 남녀의 정상적인 결혼을 통하여 가정의 화목을 도모하는 것이 중요하다는 것을 강조하고 있다. 계몽주의자들은 한국 근대화를 위해서 혼인 제도를 시급히 혁신해야 할 과제로 보고 있었다.

그런데 당시 계몽주의자들과 저널리즘에서 주창하고 있는 새로운 결혼 제도는 개인의 열정이나 욕망이 소외되고 있다. 그들의 결혼 담론은 본능적 욕망으로 인한 일탈은 허용하지 않았다. 혼외에서 이루어지는 불륜은 가족과 국가 전체를 위협하는 위험요소로 간주되었다. 그리하여 첩이나 기생 등 일탈적 성의 대상들은 비난의 표적이 되는 반면 아내의 지위는 공고해졌고, 정절의 미덕은 더욱 강조되었다.[20] 서구적 모노가미가 바로 국민을 생산하는 가장 효과적인 제도라는 신념이 반영되어 있기 때문이었다. 구식 혼인이 집家門을 유지하기 위한 제도였다면 개화기 이후 계몽기획 속에서 창안된 새로운 신식 결혼은 국가를 유지하기 위한 제도였다.

4. 상상으로 만들어낸 결혼 - 자유연애 결혼의 창조

1910년대 자유연애라는 담론은 개혁과 해방이라는 함의를 가지고 있었다. 가문을 중심으로 하는 과거 구식혼인의 주체는 혼인하는 당사자들이 아니라 가장과 가문어른들이었다. 당사자들의 의견이나 사랑이 개

---

19 『황성신문』, 1909.9.4.
20 김지영, 『연애라는 표상』, 소명출판, 2007, 37~38쪽.

청춘남녀의 만남. 『별건곤』 1928.7. 삽화

입할 수 없었다. 이러한 구식 혼인제도는 개인을 가문과 봉건질서에 묶어놓는 억압적인 제도였다. 그러므로 구식 혼인제도로부터의 해방은 근대화와 사회개혁의 첫걸음이었다. 자유연애가 근대화 동력이라고 할 수 있는 것은 이 때문이다.

초기 자유연애는 근대문물을 접한 지식인 계층의 전유물이었다. 연애는 근접성의 원리가 전제되어야 한다. 즉 연애 당사자들이 접촉하여 상대방을 파악하고 선택할 수 있는 기회가 있어야 한다. 이러한 조건이 갖추어지지 않으면 연애는 성립할 수 없다. 남녀가 유별하고 부부끼리도 내외를 하는 전 시대 남녀 관계는 연애를 하고 싶어도 할 수가 없는 구조였다. 그런데 교회나 학교는 성별과 계층 차이가 무화되는 공간이었다. 때문에 교회신도나 학생이 되면 어느 정도 연애 조건을 갖추게 된다고 볼 수 있다. 1910년대 동경 유학생을 중심으로 형성되기 시작한 지식인 계층에게 연애는 더욱 유리했다.[21]

송진우는 봉건적인 강제결혼을 타파하는 것이 자연적인 진리이며 인간사회의 올바른 길이라고 역설하며 『학지광』에 다음과 같이 자유연애의 정당성을 주장하였다.

---

21 최혜실, 『신여성들은 무엇을 꿈꾸었는가』, 생각의 나무, 2000, 83쪽.

강제결혼强制結婚을 타파打破홈은 자연적自然的 진리眞理요 인사상人事上의 정로正路라. 시이是以로 오인吾人은 자玆에 자유연애自由戀愛를 고취鼓吹코자 ᄒ노니 원래元來 연애戀愛는 이론理論이 아니요 정열情熱이며 객관客觀이 아니요 주관主觀이라 유시由是로 빈부貧富의 한계限界가 무無ᄒ며 귀천貴賤의 계급階級이 무無ᄒ며 토지土地의 원근遠近이 무無ᄒ며 지식知識의 비교比較가 무無ᄒᄂ니 환언換言ᄒ면 만금萬金의 부富가 연애戀愛를 횡단橫斷홀 수 업스며 삼군三軍의 위威가 연애戀愛를 쟁투爭鬪홀 수 업스며 백옥白屋의 빈貧이 연애戀愛를 변개變改할 수 업스며 천리千里의 원遠이 연애戀愛를 소격疏隔할 수 업스며 지식知識의 력力이 연애戀愛를 해부解剖홀 수 업ᄂ니 차此ᄂ 우주宇宙의 신비神秘요 인정人情의 기미幾微라 만일萬一, 식음食飮을 강요强要치 못홀진대 연애戀愛도도 강제强制치 못홀지며[22]

그는 먹고 마시는 것을 강요하지 못하는 것처럼 연애도 강제하지 못한다는 말 속에서 연애는 본능과 같다고 주장하고 있다. 빈부귀천이나 국경이 연애를 막을 수 없고 권력이나 지식이 있고 없음 또한 연애를 막을 수 없다는 그의 주장은 현재에도 유효하다.

근대화의 세례를 먼저 받은 동경유학생들이 선택한 자유연애 결혼을 대중화시킨 사람은 이광수였다. 이광수 소설 대부분은 사랑 문제를 제재로 하거나 사랑이 중요한 요소로 작용 하고 있다. 그는 긍정적이든 부정적이든 연애 문제를 문학에 정착시킨 대표 작가라고 할 수 있다.

혼인婚姻에 득得하여 행복幸福이라 함은 개인個人으로 보면 연애戀愛

---

22 송진우, 「사상개혁론」, 『학지광』, 1915.5, 5~6쪽.

와 원만圓滿한 가정家庭의 두 가지요, 사회社會로 보면 이 두 가지에서 나오는 호영향好影響이지요. 개인個人의 행복중幸福中에 최대最大한 행복幸福도 연애戀愛라고 합니다. 인생人生 백년百年의 노역勞役은 오직 연애戀愛와 행복幸福에 대한 대가代價라 함은 얼마큼 시인詩人의 과장誇張이라 하더라도, 적어도 연애戀愛의 행복幸福이 인생人生의 행복幸福의 총화總和의 반半에 과過함은 사실이겠지요.[23]

인용된 논설처럼 그는 연애를 통한 결혼과 원만한 가정을 이루는 것이 개인의 최대 행복이라고 설파하고 있다. 그는 당사자의 자율적인 선택에 의한 자유연애를 통해서 혼인이 이루어져야 한다는 것을 강조하면서 혼인은 ① 양인의 건강, ② 유전적 병력이 없는 정신력, ③ 양인의 충분한 발육 ④ 경제적 능력, ⑤ 당자 상호간의 연애라는 조건이 전제되어야 한다고 주장하였다.[24]

자유연애를 통한 결혼 즉 신식결혼으로 탄생하는 가족은 모성 중심의 근대가족, 즉 핵가족이라고 할 수 있다.[25] 혼인을 가족과 제사를 영속시키는 가문 중심의 제도로 보고 있던 당대 사람들에게 이러한 신식결혼은 쉽게 받아들일 수 없는 것이었다.

저널리즘 논설로 자유연애가 주창되고 있을 때 초기 동경 유학생들 사이에는 종종 연애사건이 벌어지곤 하였다. 하지만 자유연애나 신식결혼은 대다수 한국인들에게 경험하지 못한 모호한 담론이었다. 이러한 상황을 타개打開한 것이 소설작품들이었다. 이광수를 비롯한 근대 초 작

---

23 이광수, 「혼인에 대한 관견(管見)」, 『학지광』 12호, 1917.4; 『이광수 전집』 10, 삼중당, 1971, 42쪽.
24 위의 책, 42~43쪽.
25 최혜실, 앞의 책, 2000, 97~99쪽.

가들은 연애담론을 형상화하였다. 그리하여 당대 독자들은 소설을 통하여 자유연애를 구체적으로 경험할 수 있었다. 문학의 본질이 다의적이고 구체화할 수 있는 도식이며 미적 체험을 통해 구체화할 수 있는 미적 객체였기 때문에 가능한 일이었다.[26] 소설에 등장하는 자유연애와 신식 결혼은 현실적인 형상으로 독자들에게 침투할 수 있었다. 소설이 독자들에게 연애라는 개념을 실감나는 경험으로 변신시켜 준 것이다.

이광수는 장편소설 「무정無情」[27]에서 이형식과 김선형 그리고 박영채의 삼각관계 갈등을 통하여 봉건적인 구식 혼인제도에서 일탈한 인물 형상을 그리고 있다. 이 텍스트는 연애 보다는 계몽 담론이 전면에 나서고 있지만 남녀 간의 애정 심리를 세밀하게 묘사하고 있다.[28] 영어교사 형식과 신여성 선형은 자신의 배우자를 스스로 선택하고자 하는 주체적인 성격을 보이고 있다.

물론 선형이가 형식을 사랑하는 것은 아니다. 그렇게 이삼일 내로 사랑이 생길 까닭이 없을 것이다. 장차 어떤 정도까지 사랑이 생길는지는 모르거니와 적어도

박기채 감독의 영화 〈무정〉의 한 장면(1939)

---

26 R. Ingarden, *Von Erkenner des literarischen Kunstwerks*, Tübingen : Niemeyer, 1968, 206쪽; 페터 지마, 앞의 책, 1993, 288쪽 재인.
27 「무정」은 『매일신보』 1917.1.1~6.14 연재되었고, 신문관에서 1918.7.20 단행본 발간. 이 장에서 분석한 텍스트는 「무정」, 『이광수 전집』 1(민중서관, 1971)이다. 앞으로 각주에는 작품명과 쪽수만 명기함.
28 윤홍로, 『이광수 문학과 삶』, 한국연구원, 1992, 93쪽.

아직까지 사랑이 생긴 것이 아니다. 형식이나 선영이가 피차 성질을 모를 것은 물론이다. 형식이가 선형이를 사랑하는 것도 다만 아름다운 꽃을 사랑함과 같은 사랑이다. 극히 껍데기 사랑이다. …(중략)… 피차의 정신은 아직 한 번도 조금도 마주 접하여 본 적이 없었다. 형식은 선형을 바라보며, 선형은 형식을 바라보며 속으로 저 사람의 속이 어떠한가 할 터이다. 그리고 저 사람의 속이야 지내보아야 알지 할 터이다.[29]

전지적 서술자가 선형과 형식의 심리를 자세하게 묘사하고 있는 장면이다. 두 사람은 사랑은 일시적인 감정이나 외모 때문에 생기는 것이 아니고 서로의 마음이 통할 때 생기는 것이라고 생각한다. 엘렌 케이[30]가 주장했던 영육靈肉 일치로서의 연애를 형상화하고 있는 것이다. 특히 선형은 배우자를 스스로 선택하겠다는 마음을 드러내고 있다. 아직 봉건적인 구식 혼인제도가 주류였던 당시 한국사회에서 자유로운 연애를 주장하는 것은 '선구자적 행위'였다. 신교육을 통해 스스로 근대적인 개인임을 자각하지 못한 사람은 이러한 주장을 할 수 없었다.[31] 초기 근대소설 주인공들의 근대적인 자각과 그들이 표상하는 연애의 정체는 모호하고 불완전한 모습이었다.[32] 하지만 선형의 생각처럼 배우자를 스스로 선택하겠다는 의식만은 단호했다. 「무정」은 이중의 연애 자습서라고 할 수 있다. 즉 텍스트 내에서는 주인공들의 연애 배우기 과정이 서사되고 있다면 당대 독자들은 이 텍스트를 통하여 구치적인 연애를 학습할 수

---

29   「무정」, 142쪽.
30   엘렌 케이(Ellen Karolina Sofia Key 1849~1926)는 스웨덴의 교육자이자 여성운동가로 1915년부터 일본에 소개되기 시작하였고 1920년 대표작 『Love and Marriage』(1911)가 번역되었다.
31   김지영, 앞의 책, 137쪽.
32   위의 책, 145쪽.

제2장 자유연애와 신식결혼을 디자인 한 소설

있었다.

나혜석은 단편소설 「경희」는 연애를 직접적으로 형상화하고 있지 않지만 구식 혼인을 거부하는 여주인공을 통하여 연애결혼의 정당성을 드러나고 있다.

> 금수가 능能치 못한 생각을 하고 창조를 해내는 것이 사람이다. 사람이 번 쌀, 사람이 먹고 남은 밥찌꺼기를 바라고 있는 금수, 주면 좋다는 금수와 다른 사람은 제 힘으로 찾고 제 실력實力으로 얻는다. …(중략)… 오냐, 사람이다. 사람으로 보이지 않는 험한 길을 찾지 않으면 누구더러 찾으라 하리! 산정山頂으로 올라서서 내려다보는 것도 사람이 할 것이다. 오냐, 이 팔은 무엇하자는 팔이고 이 다리는 어디 쓰자는 다리냐?[33]

안락한 삶이 보장된 구식 혼인의 길을 거부하는 경희의 심리상황이 잘 묘사되어 있는 장면이다. 경희가 집안과 아버지의 강권을 거부할 수 있었던 것은 신교육을 통해 주체적인 자각을 했기 때문이었다. 텍스트 속에서 그녀는 사물과 세계를 세밀하게 관찰한 후 자신의 생각을 정리하고 있다. 이러한 이성주의적인 성격은 근대적인 교육을 통해 형성된 것이다. 교육을 통한 근대적인 자각이 인습의 굴레에서 벗어 날 수 있게 만든 것이다. 이광수의 「개척자」[34]에 등장하는 성순 또한 경희와는 선택이 달랐지만 자신을 사랑을 지키려고 한 비련의 여성 주인공이다. 오빠와

---

33 나혜석, 「경희」, 『여자계』 2호, 1918.3; 『한국여성소설선』 1, 갑인출판사, 1991, 41~42쪽.
34 『매일신보』(1917.11.10~1918.3.15) 연재.

가족을 위해 희생만 하다 애인 민을 만나면서 자신이 가족의 종속물이 아니라 하나의 자유로운 인간 즉 '성순은 성순이다'라는 근대적인 자각을 했다. 그러나 가족에 대한 의무감 때문에 결국 자살을 선택한다. 이러한 여주인공 형상들을 통하여 구식 혼인의 악습이 보다 확실하게 드러나고 있다.

1920년대는 낭만주의적인 연애담론이 대량으로 생산되었다.[35] 이러한 연애담론을 실감나게 형상화한 소설 중의 하나가 나도향의 단편소설 「별을 안거든 우지나 말걸」이다. 이 텍스트는 주인공 DH가 만하누님에게 자신이 겪은 일을 전해주는 형식으로 짜여 있다. 작가의 초기작으로 습작 수준의 작품으로 완성도가 떨어지지만 DH가 MP를 짝사랑하는 심리묘사와 MP를 두고 친구 R과 삼각관계 갈등을 겪는 장면을 통해서 근대적인 연애 감정이 잘 형상화하고 있다.

아아 그러나 누님 제가 어찌하여 이와 같은 말을 쓸가요? 사랑보다 더 큰 신앙이 이 세상에 또 어대잇슬가요. 자기自己의 성명生命까지 희생犧牲하는 사랑이 잇슬 뿐이지요. 사람이 사랑으로 나고 사랑으로 죽고 사랑으로 살기만 하면 그 사람의 생生은 참 생生이 되겟지요. 그러나 저희는 사랑을 생각할 때마다 마음이 두근거립니다. 처음으로 이성에게 사랑을 구求하는 자者가 누가 주저하지 않은 자가 있고 누가 가슴이 떨리지 않은 자者가 잇슬가요? 그러면 사랑이란 죄악罪惡일가요? 죄지은 자者와 똑같은 떨림과 불안不安을 깨닫는 것은 어찌 함일까요[36]

---

35 C생(生), 「결혼의 목적은 무엇이냐」, 『여자시론(女子時論)』 6호, 1920.1; 옥로(玉露), 「결혼과 연애」, 『여자계(女子界)』 6호, 1921.1; 기전(起田), 「남자(男子)의 중애(重愛)와 여자(女子)의 애교(愛嬌)에 대(對)하야」, 『신여성(新女性)』 제3권 10호, 1926.10.

독자들은 주인공 DH를 통하여 연애에 빠진 사람의 고통을 느낄 수가 있다. 롤랑 바르트가 사랑에는 맨 처음 고백에서 오는 고통과 연적에 대한 질투에서 오는 고통과 자신만큼 연인이 자신을 사랑하고 있을까 하는 번뇌에서 오는 우수의 고통이 있다고 정리하고 있다. DH의 고통은 '나는 그 사람이 아프다'와 같이 자기 상실 속에서 나오는 것이다. 이러한 DH의 고통은 연애에 빠진 자만이 누릴 수 있는 것이다.[37]

이렇듯 문학작품 속에서 형상화되고 있는 연애 사건들은 아직까지 자유연애와 근대결혼을 경험하지 못한 독자들에게 하나의 규범으로 작용을 할 수밖에 없었다. 자유연애와 신식 결혼의 대중화는 저널리즘 소개보다는 소설의 영향이 더욱 컸다. 주인공들의 연애감정과 결혼에 관한 내면세계를 세밀하게 묘사함으로써 당대 독자들에서 근대적 결혼제도를 실감하게 만들었다. 또한 자유연애와 신식 결혼의 정착에는 활동사진의 영향도 무시 못했다. 은막에서 꿈처럼 펼쳐지는 청춘남녀의 연애장면과 서양식 결혼식 영상들을 본 당대 청춘남녀들에게 정맥주사를 놓듯이 새로운 감수성을 주입시켰다. 당시 『동아일보』는 자살사건 원인이 그 다음이 생활고라는 기사를 게재하고 있다.[38] 1920년대 초에 들어오면 자유연애는 청춘 남녀의 사랑 방식으로 확산되고 있었다. 하지만 신식결혼은 아직까지 저널리즘, 활동사진, 소설 등의 매체에서만 호명하는 실정이었다.

---

36 나도향, 「별을 안거든 우지나 말걸」, 『백조』 2호, 1922.5, 18쪽.
37 롤랑 바르트, 김희영 역, 『사랑의 단상』, 문학과 지성사, 1991, 83~85쪽.
38 「경성시내 일월 이래의 자살자 삼십칠명, 자살미수자도 삼십여인 : 원인은 연애사건이 제일 많고 다음이 생활고」, 『동아일보』, 1922.6.25.

5. 신식결혼식의 탄생과 근대 결혼제도의 안착

나혜석과 김우영의 결혼식. 정동예배당

1920년 4월 15일 '정동예배당'에서 교토제대京都帝大 법학부 출신 변호사 김우영과 여류 서양화가 나혜석 양이 결혼식을 올렸다. 진명여학교를 나와 동경미술학교를 다닌 나혜석에게는 원래 최승구라는 연인이 있었다. 소월素月 최승구는 게이오기주쿠 대학慶應義塾大學 예과생이면서 재동경 조선기독교청년회 부회장이었다. 그는 유학생 기관지 『학지광學之光』 편집에도 관여하고 있던 촉망 받던 시인이었다.

정의正義가 없어졌거든 평화平和가 있을게냐/다만 저들의 꿈속의 농담弄談이다//너, 자아自我 이외以外에는 야심野心 많은 적敵 뿐이요/패배敗北는 너의 정부政府 약弱한 까닭뿐이다//벨지엄의 용사勇士여!/최후最後까지 싸울 뿐이다!/너의 옆에 부러진 창槍이 그저있다(쿠분)[39]

『학지광』 제 2호에 발표한 시 「벨지엄의 용사」는 그의 민족주의적인 성격을 잘 보여준다. '벨지움의 용사'는 바로 조선의 용사의 비유인 것이다.

나를 생각하는 나의 님/저를 구름 나를 생각/차츰차츰 걸일며/저를

---

39 최소월(崔素月), 「벨지엄의 용사(勇士)」, 『학지광』 제 2호, 1914.11.3.

달에 나를 빗최려/휘소徽笑로 울어러봄에/검음으로 애를 태우고/누름으로 나를 울니라/빽빽한 운명運命의 줄에/에워싸인 나를 우는 나의 님/따듯한 품속에 나를 갖추려/그 깁흔 솔밧으로 오르리라(전문)

인용된 시 「보월步月」을 보면 다소 로맨티시즘적인 경향이 보이지만 식민지라는 상황을 생각하면 그 우울은 리얼리즘적인 배경을 가진 중의적인 의미를 이해할 수 있다. 그의 시는 한국 근대 자유시 형성에 중요한 역할을 했다고 논의 되고 있다.[40] 즉 최남선과 주요한의 교량적인 위치에 있다고 볼 수 있다.

활동적인 청년 문사와 감수성 예민한 미술학도 나혜석이 사랑에 빠지는 것은 당연한 일이었다. 두 사람의 연애는 동경유학생들 사이에 유명했다. 하지만 1917년 최승구가 폐결핵으로 사망하면서 사랑은 결실을 맺지 못했다. 이때 나혜석의 나이 19살이었다.

애인과 사별한 지 얼마 되지 않아 아직까지 비탄에 빠져있던 나혜석 앞에 젊은 변호사 김우영이 나타났다. 1918년 교토제대를 졸업하고 변호사로 활동하고 있던 그는 3.1운동으로 구속된 동포들을 변호하고 『동아일보』 창간 발기동인으로 활동하는 등 민족주의적 경향을 보이고 있었다. 나혜석은 그의 구애를 거부하지 않고 곧바로 약혼을 하는 파격을 감행하여 주위 사람들을 놀라게 하였다.

두 사람의 결혼식은 당시 한국 사람들에게는 경이로운 사건이었다. 『동아일보』 1920년 4월 10일자 3면에는 그들의 결혼을 알리는 기사와 사진도 게재되었다.

---

[40] 이성우, 「근대 자유시의 형성과 모국어의 의의 : 소월 최승구론」, 『어문논집』, 2002.

나혜석과 김우영의 결혼을 알리는 『동아일보』 1927년 4월 10일자 기사

예배당이란 이색 공간에서 제대 출신 변호사와 여류화가가 결혼식을 올린다는 것은 매우 상징적인 사건이었다. 예배당 결혼식은 저널리즘에서 자주 소개된 이상적인 결혼식 모델이었다. 이들의 결혼식은 신식결혼이란 이상理想이 현실現實로 전화된 의미 있는 행사였다. 이들이 결혼에 이르기까지는 많은 곡절이 있었지만 결혼식은 근대결혼이란 제도가 안착되고 있음을 보여주는 사례라고 할 수 있다.

당시 일반적인 신식결혼식 장면 출처: 부산박물관, 『사진엽서로 보는 근대풍경』 6 관광·풍속, 민속원, 2009, 403쪽

제2장 자유연애와 신식결혼을 디자인 한 소설

김우영과 나혜석 결혼식 두 달 후인 1920년 6월 2일 '정동예배당'에서 미국 파스터 백 부영사와 푸림톤 양 결혼식이 거행되었다. 결혼 피로연은 미국 총영사 관저에서 개최되었다.[41] 1923년 3월 28일 '승동예배당'에서는 계림흥산회사 지배인 이병훈과 박춘길 양이 결혼식을 올렸다.[42] 이렇듯 1920년대부터 예배당에서 올리는 신식 결혼식이 간헐적으로 거행되기 시작하였다. 아직까지 구식 혼인이 지배적이었지만 신식결혼이 부상하기 시작한 것이다. 1921년 4월에는 자유연애 결혼의 주창자였던 작가 이광수가 여의사 허영숙과 실재로 연애결혼에 성공한다.

김동인의 단편소설 「결혼식」(1931)을 보면 당시 신식결혼식의 모습을 구체적으로 그려볼 수 있다.

> 철수는 돈냥이나 잇는 녀석, 게다가 ⓐ <u>신식 마누라를 얻을랴고 그 처한 녀석</u>—이번 결혼식에는 제 빈약한 두뇌를 쪄내서 한 번 잘해보랴고 별 궁리를 다 햇지. 뭘? ⓑ <u>후행은 일곱 사람을 세우기로 햇다나?</u> 그러니깐 남녀 합해서 열 네 사람이지. ⓒ <u>ㅇㅇ례배당에서 식은 거행하기로 하고</u> 거기 대해서 별별 플랜을 다 세웟다나. ⓓ <u>행진곡에는 풍금은 너절하다고 오케스트라로 하기로 하고</u> 신랑신부가 탄 자동차가 길모퉁이에 나타만 나면, ⓔ <u>뽀이스카울들이 나발을 불어 환영하고 유치원 원아들이 축하 창가를 하고</u> ⓕ <u>활동사진 기계를 갓다 대이고 그 광경을 촬영하고</u>—우인의 두뇌로서 쪄내일만한 별별 지해를 다 쪄냇지. 그러고 알건 모르건 지명 명사에게는 모도 초대장까지 보내고.[43]

---

41 『동아일보』, 1920.6.3, 2면.
42 『동아일보』, 1923.3.6, 3면.
43 김동인, 「결혼식」, 『동광』 24호, 1931.8, 75쪽.

일곱 명을 세우려든 후행은 세 명이 되고 다른 것도 모두 예산대로 되지 않고 ○○예배당에는 아직 전등을 안들앗는데 본시 계획으로는 이날 뿐은 림시 가설을 하랴든 것인데 그것조차 그만두고 어득컴컴한 석유등 아레서 대스피드의 화촉의 전이 거행되게 됏네 그려. 스피드 스피드 한달사 이런 스피드도 쉽잔을걸.

ⓖ「남편은 안해를 버리지 말고」/「네」/「안해는 남편을 버리지 말고」/「네」/「쌈도 말고」/「네」/「때리지도 말고」/「네」

하하하하. 논팽이 신부의 얼굴도 아직 보지를 못햇는데 소위 ⓗ 예물 교환이라나 잇지 안나. 결혼 반지 교환. 그 때 손에 반지를 끼어주면서 힐긋 보니깐 머리를 폭 숙이고 잇으니깐 ⓘ 면사포 틈으로 다 보이지는 않지만 하얀 니마와 하얀 코등이 꽤 이뻐 보이더라나. 44 (기호와 밑줄은 필자)

이 소설 텍스트는 냉소적으로 전개된다. 근대 초기 연애와 결혼은 신성함과 영육의 조화로 계몽되었다. 하지만 20년대 말부터 자유연애는 점차 방종으로 흘러갔다. 이러한 세태를 비판하고 있는 것이다. 당시 남성들의 로망은 신여성과 연애 결혼하는 것이었고 결혼식은 예배당에서 올리는 신식결혼식이었다. 그러나 이러한 로망을 가진 남성들 다부분은 부모 강권에 의해서 조혼을 했거나 구식혼인을 한 유부남들이었다. 그리하여 구식 혼인으로 맺어진 처를 버리고 신여성을 택하여 새장가 가는 것이 일대 유행이 되었다. 이 소설 텍스트 주인공 철수도 ⓐ처럼 이러한 조류에 자발적으로 동참한 인물이다. 하지만 그가 배우자로 선택한 신여성 송선비는 모교의 교장 Q를 애인으로 두고 있는 팜프파탈Femme fatale이

---

44 위의 책, 77쪽.

었다는데 문제가 있었다. 당연히 어리숙한 철수는 대망신을 당하게 된다.

그런데 한 편의 소극笑劇인 소설 텍스트가 묘사하고 있는 결혼식 장면은 당시 신식결혼식 모습을 구체적으로 보여주고 있다는데 주목된다. 먼저 ⓒ처럼 결혼식장은 예배당이었다. 예식장이 보편화되지 않았던 당대에는 예배당이 신식결혼식의 성지였다. 신자가 아닌 사람들이 예배당에서 결혼하는 것은 '허위적 행동'이라는 비판도 있었지만 예배당 결혼은 이미 제도화되어 있었다.[45]

그리고 ⓓ처럼 신랑신부가 행진할 때 풍금연주를 하거나 오케스트라 연주를 하였다는 것을 알 수 있다. 주인공 철수를 희화화시키기 위하여 오케스트라를 등장시킨 것 같지만 실제 부유층 결혼식 때는 오케스트라 연주를 했던 것 같다. ⓑ처럼 신랑 신부의 뒤를 따르는 들러리를 두었다. 서양 결혼식의 모방이었다. ⓔ와 ⓕ처럼 신랑신부를 예배당 앞에서 환영하는 보이스카웃의 나팔연주와 유치원 아이들의 창가축가, 활동사진 촬영은 작가의 과장일 수 있지만 충분히 개연성 있는 장면이다.

ⓖ처럼 다소 희화화되었지만 결혼서약과 주례사도 오늘날 결혼식과 별반 다르지 않다. 보성전문학교 교수 안호상과 결혼한 시인 모윤숙은 독일음악인 사택에서 결혼식을 치렀는데 여러 절차는 생략되었지만 K목사 주례를 중심으로 결혼식이 진행되었다고 회고하고 있다.[46] 구식 혼례에서는 주례가 필요 없었지만 신식결혼식에서 주례와 주례사는 필수였다. 주례가 끝나면 ⓗ처럼 결혼반지 교환이 있었다는 것을 알 수 있다. 결혼반지도 제도화 되어 당시 대중매체에서는 예물반지를 소개하는 기사가 자주 등장하였다.[47]

---

45 「대개는 형식에 불과한 소위 신식결혼식」, 『동아일보』, 1925.11.17, 3면.
46 모윤숙, 「슬픈 인생의 숙제」, 『조광』, 1939.7, 228~231쪽.

신부 복장은 ⓘ처럼 면사포를 쓰고 있다. 일반적으로 신랑은 프록코트에 실크햇을 쓰고 신부는 조선 옷에 면사포를 썼다그 한다.[48]

소설 텍스트에는 나오지 않았지만 결혼식이 끝나면 대부분 피로연을 하였다. 1930년대 『동아일보』 기사를 살펴보면 피로연은 주로 '명월관明月館'과 '식도원食道園' 같은 최신 조선요리옥에서 개최되었다.[49]

식은 한시였다. 평양平壤 신공회당新公會堂— 바로 우리 집 근처에서 했다. 식을 하랴면 모두들 한번식 연습을 한다는데, 우리는 연습도 하지 않그 또 나는 동무의 결혼식 하는데도 별로 가 본 적이 없어서 몹시 서툴렀다. 발 다추는 법도 모르고, 더구나 아모러치도 않을 것 같드니 다리가 후들거리고 가슴이 두군거려서 발을 마추긴 고사하고 거름조차 제대로 거를 수 없었다. 많은 내빈 속에서 화환과 텐으 연해 흔날이는 속에서 단오端午나 추석秋夕 명절로 흥분하여지는 시간을 오래 끗냈다. 그러나 식이 끝나서 나올 적에도 발은 마찬가지로 잘 맞지 않았다.[50]

마라톤 손기정과 결혼한 강복신의 회고담이다. 결혼식장이 '신공회당'이라는 점이 주목된다. 결혼식장이 예배당에서 공회당이나 조선요리옥 그리고 예식장으로 확산되고 있다는 것을 살필 수 있기 때문이다.[51]

---

47 「약혼반지와 결혼반지 니야기」, 『매일신보』, 1931.10.3, 5면; 유자후 「가락지의 유래와 전설」, 『여성』, 1940.7, 86~89쪽.
48 방신영, 「여복제정의 필요」, 『별건곤』, 1930.5.
49 주영하, 「일제시대 경성의 조선요리옥과 조선음식의 근대성」, 『개화기에서 일제강점기까지 한국 문화전통의 지속과 변용』 Ⅵ, 제 14회 단국대 동양학연구소, 중점연구소 연구과제 학술회의, 2011.7, 61쪽.
50 강복신, 「결혼식장 행진기」, 『삼천리』, 1940.4, 148쪽.
51 주영하, 앞의 책, 67쪽.

김동인 소설 「결혼식」에서 신식결혼식의 정경이 구체적으로 묘사되고 있는 점에서 이 소설이 발표되기 이전에 벌써 신식결혼식의 형식과 절차가 제도화 되었다는 것을 추론할 수 있다. 1920년 나혜석의 결혼식 이후 신식결혼식은 구식혼인을 밀어내는 새로운 부상문화로서의 점차 자리를 잡아가고 있었다고 볼 수 있다.

6. 소설에 반영된 근대 결혼 제도

한국 사회에 신식결혼 제도가 안착되는 과정에는 결혼에 관한 법령이 크게 기여했다. 결혼에 대한 공식적인 규범화는 1912년 제령 7호로 공포된 '조선민사령'이었다. 이 법령은 한국 재래 전통과 관계가 깊은 관습법에 의거하였다. 그리고 1917년 4월 결혼 당사자 의사와 주혼자 의사를 동렬 놓는 조선고등법원 판결이 나왔다. 1921년에는 총독부령 99호 '내선인 통혼 법안'이 시행되었고, 1923년 7월 법률혼주의가 채택되면서 공락혼共諾婚만이 법률로서 인정을 받게 되었다. 결혼 신고는 당사자 본인 의사로 신고하도록 규정함으로써 호주나 부모는 동의권자의 지위로 물러나게 되었다. 결혼은 국가 승인을 받아야 효력이 발생하게 된 것이다.[52] 이헌구는 「결혼의식은 어떻게 할까」라는 글의 말미에 즉시 혼인신고를 하라고 권유하고 있다.[53] 법률과 혼인신고가 결혼을 규정하는 최종 심급이 되었다는 것을 보여주는 사례다.

---

52 김지영, 앞의 책, 164쪽.
53 이헌구, 「결혼의식은 어찌할까」, 『여성』 3호, 1938.11, 30쪽.

(1) 혼인은 일남일녀一男一女의 결합관계이다. 즉 현대 법률은 일부다처一夫多妻, 다부일처多夫一妻를 부인한다. 형법상 중혼重婚을 벌할 뿐 아니라 먼점 혼인은 이혼이 되고 나종 혼인은 취소가 된다. 그러나 절대적 일부일처주의一夫一妻主義는 아니니 한 번 혼인하엿다가 그 혼인이 해소된 후에 재취재가再娶再嫁는 무방하다.

(2) 혼인은 브처夫妻의 공동생활을 목적으로 하는 것이다. 반다시 자녀생식이 목적이 아니다. 녯날에는 여자가 무자無子하면 이혼할 수 잇섯스나 현대에는 그를 인정치 안는다.

(3) 혼인은 종생終生의 관계를 목적으로 하는 것이다. 그런 고로 일시적 남녀결합이라든지 엇더한 조건 밋헤 결합은 혼인이 아니다. 그러나 당츠의 종생終生 공동생활의 목적으로 된 결합이면 족하니 중도에 이혼이 되는 일이 잇서도 이혼되기까지는 혼인간계婚姻干係임에 틀님업다.

(4) 혼인은 결합되는 남자의 자유의사의 기인한 것이라야 한다. 그런 고로 현대에는 당자當者 모르게 부고들끼리만 혼인을 성립식힐 수 잇다. 또 당자當者에 의사가 엇던 강박 또는 착오에 인한 것이면 안된다.[54]

구식혼인 악습들은 일소되지 않았지만 법률에 의해서 조혼이나 축첩 등은 공식적으로 불법이 되었다. 개화기 계몽주의자들이 그렇게 주창했던 강제결혼 폐지와 일부일처제가 공식화된 것이다. 신문과 잡지에 게재되는 결혼 담론들도 당위를 강조하는 것보다는 결혼 준비 방법 소개나 결혼 후 생활 문제, 여성 직업문제 등 현실적이그 충실해졌다. 결혼과

---

54 변호사 양윤식, 「최근의 결혼과 법률관계」, 『삼천리』, 1931.11, 105쪽.

이혼의 법률적인 문제를 다룬 정광현의 글[55]이나 결혼의 진화進化를 고찰하고 있는 낙철생의 글,[56] 그리고 의학적인 입장에서 결혼문제를 설명하는 이갑수의 글[57]과 법학적인 입장에서 결혼문제를 설명하는 김준원의 글[58]들은 결혼 담론을 풍부하게 만들었다. 이러한 결혼 담론들은 자연스럽게 당대 소설들에 녹아들어갔다.

채만식의 장편소설 「탁류」[59]의 결혼식 장면을 살펴보면 근대화된 결혼제도를 읽을 수 있다. 정주사 맏딸 초봉은 고태수라는 악인에게 '야바위' 결혼을 당하게 되는데 두 사람의 결혼식은 신식으로 거행되었다.

> 그날 승재도 참례를 햇섯다. 그는 마음이 아퍼하면서 아름다운 축하를하기위하야 참례를햇든 것이다. 그러나 그는 다시 해로운슬픔 한 가지를 안고 도라오지아니치못햇다. 초봉이가 슯허함을 보앗기 때문이다. 힌 면사포에 백합꼬치며 이런것이 모두 초봉이의 슯흠을 소리업는 노래를 슯이 불른는것가텃다. 단을향하햐 고개를 기피 떠러트리고 천천히 천천히 걸어나가는 그 고요함이 어떠케도 슯흐든지 승재는 지금 초봉이가 눈물을흘리지시퍼 승재 저도 눈갓이 싸아하니 매윗다. 그는 제마음이 슯흠이 가득햇기때문에 그러나 그것은 몰으고서 초봉이가 슯허느니라고 잘못 생각햇다는것은 깨덧지를 못햇다.[60]

---

55 정광현, 「결혼과 리혼」,『조선중앙일보』 1934.12.8~1935.1.20) 15회 연재.
56 낙철생, 「결혼의 진화」,『매일신보』(1922.4.21~5.9) 15회 연재.
57 이갑수, 「의학상 결혼관」,『조선일보』(1930.11.26~12.17) 18회 연재.
58 김준원, 「법학상의 결혼관」,『조선일보』(1931.4.29~5.15) 15회 연재.
59 『조선일보』, 1937.10.12.~1938.5.17 연재.
60 『조선일보』, 1938.1.8.

「탁류」 연재 당시의 정현웅 삽화 『조선일보』 1938.1.8

초봉을 짝사랑하던 승재의 시선으로 그려지고 있는 초봉과 고태수의 결혼식은 앞 장에서 살펴보았던 신식 결혼식의 모습 그대로였다. 이 장면은 『조선일보』에 연재 될 당시에 정현웅 화백의 삽화가 삽입되어 있었다.

이 삽화를 살펴보면 당시 신식 결혼식 풍경이 어떠했는지 그려볼 수 있다. 신랑은 프록코트를 입었고 신부는 한복에 하얀 면사포를 쓰고 백합꽃 부케를 들고 있다. 이 들 앞 단상에는 주례가 서 있을 것이다. 하객들이 모두 앉아 있는 것을 보아서 예식장에서 식이 진행되고 있음을 알 수 있다. 당시 결혼식에서 주례가 결혼을 하늘에 알리는 고천문告天文을 낭독하는 것이 일반화되어 있었다.[61] 이는 기독교식 예배당 결혼식에

61　1955년도 『동아일보』에 게재된 아동문학가 윤석중의 다음과 같은 고천문을 통하여 당시 고천문을 추측해 볼 수 있다. "「하늘에 아뢰는 글월」, 「세계 인구 이십오 억오천만명 가운데에서 이 두 사람이 서로 만나 같이 살게 되었으니 이는 사람의 뜻이 아니요, 하늘의 뜻인 줄 아노라. 신랑 ○○○군과 신부 ○○○양은 오늘로 날을 받

서 유래한 절차로 추정할 수 있다.[62]

당시 결혼예복과 절차에 대해서 지식인들 사이에는 비판적인 의견들이 많았다. 신랑만 서양예복을 입고 신부는 한복을 입는 것이 어울리지 않고 한복에 면사포를 쓰는 것 또한 세련되지 못하다고 비판하며 한국식 예복이 필요하다고 주장하는 경우도 있었다.[63] "소위 사회식이든 비종교식이든 말하드래도 쑥스럽기 짝이 업다", "그 무슨 쑥스러운 작난인가"라고 고천문의 생경스러움을 비판하는 경우도 있었다.[64]

기분이 우울해진 승재가 피로연은 참례 하지 않겠다는 대목을 보면 결혼식 이후에는 조선요리옥에서 피로연을 열었다는 것을 알 수 있다. 이렇듯 소설 갈등을 암시暗示하며 당대 신식결혼식 모습을 반영하고 있다.

자유연애와 신식결혼식이 당대인들에게 전폭적인 지지를 받았던 것은 아니었다. 이태준 장편소설 「화관花冠」(1938)[65]은 제목에서 알 수 있듯이 자유연애와 신식 결혼에 대해 세밀하게 살피고 있는 텍스트이다. 이

아 하늘이 굽어보시는 아래 엄숙히 혼인식을 거행하고 뽕밭이 변하여 푸른 바다가 되더라도 두 사이의 사랑과 신뢰, 변치 않겠음을 굳게 맹세하노니, 이를 어여삐 여기시어 그들 앞길에 복을 내리시라.", 윤석중(尹石重), 「나의 고천문(告天文)」, 『동아일보』, 1955.4.23, 4면.

62 고영환(高永煥), 「신안 혼례식(新案 婚禮式) - 아울러 신구(新舊) 예식(禮式)의 검찰(檢察)」, 『동아일보』, 1931.9.2, 4면

63 신식 결혼이 조흔 점은 만흔대 몃가지를 개량하엿스면 합니다. 먼저 형식에 잇서서 신부의 조선옷에 면사포를 쓴 것이 어울니지가 안코 또 신랑은 후록코이트의 서양예복(西洋禮服)을 하고 신부는 조선옷을 닙은 것이 아모리하여도 서투른대 간단한 레복이 잇스면 합니다. 속에 의복이 빗칠만한 엷은 천으로 모양을 생각하여 만드러서 조선옷 우에 닙게 하고 신랑도 갓흔 천으로 모양을 남성에게 어울니게 만들어서 역시 조선옷 우에 닙엇스면 퍽 조흘듯 십흠니다. 방신영(方信榮), "예복제정(禮服制定)이 필요(必要)", 「우리가 가질 결혼예식(結婚禮式)에 대(對)한 명사(名士)의 의견(意見)」, 『별건곤』 제28호, 1930.5.1, 3~4쪽.

64 고영환(高永煥), 앞의 글.
65 『조선일보』(1937.7.29~1937.12.22) 연재.

소설이 발표된 시기는 자유연애나 신식결혼식이 당연하게 여겨지던 시대였다. 이는 작가가 소설 연재를 시작하면서 언급한 다음과 같은 글에서 확인할 수 있다.

연애는 즐거움만은 아니요, 결혼은 행복만을 가져오지는 않는다. 나는 연애함으로, 또 결혼함으로 말미암아 너무나 슬프게도, 깨끗하던 사람이 더러워지고, 용감하던 사람이 비겁해지고, 높던 사람이 낮은 데로 떨어지는 것을 허다하게 보고 듣는다.

이것은 연애나 결혼, 그 자체의 결점인가? 그것을 잘못 가진 당사자들의 죄인가? 여기에 한번 문제를 걸어봄은, 쓰는 나나 읽는 여러분이나 단지 흥미 만에 끄치는 노력은 아닐 줄 믿는다.[66]

연애와 결혼 때문에 일어나는 부정적인 형상들이 연애와 결혼 자체가 가지고 있는 문제인가 아니면 당사자들의 죄인가 라는 작가의 질문을 통해서 이제 연애와 신식 결혼이 당대 사회의 일반적인 제도가 되었음을 알 수 있다. '당위로서의 연애/결혼'이 아니라 '존재하는 연애/결혼'이 된 것이다.

이 텍스트는 신여성 주인공 동옥이 진정한 자신의 배우자를 주체적으로 찾아가는 탐색담探索談 구조로 짜여있다. 작가는 이 텍스트를 통하여 연애와 결혼에 대한 올바른 상을 그리려고 했다.

사람은 반듯이 부모를 떠나 이성에 합해야만 되는가? 둘이 한 몸이 된다 하였으나 여자는 여자대로, 남자는 남자대로 완전한 한 몸, 한

66　이태준, 「작자의 말」, 『신문연재소설전집』 4, 깊은샘, 1993, 259쪽

개의 인간이 아니란 말인가? 오--라 어떤 철학자의 말이 생각난다. 사람은 본래 하나이더랬으나 이 세상에 나올 때에 두 쪽이 갈라저 나왔다는, 그 한 쪽은 여자가 되고 다른 한쪽은 남자가 되었다는, 그래 결혼이란 갈라졌던 자기의 쪽을 찾는 것이란 한 말이 정히는 벌써 그 쪽을 찾은 셈이다. 그럼 나는 아직 반쪽 대로인가?[67]

동옥에게 연애결혼은 낯설거나 꺼리는 일이 아니라 당연하고 자연스러운 일이었다. 배우자를 중매를 통하여 구하는 것이 아니라 스스로 찾는 시대가 되었기 때문이다. '자신이 훌륭한 상대를 만나 사랑을 할 때 이를 금한다면 결코 용납할 수 없다고 생각을 하'[68]는 그녀에게서 이를 확인할 수 있다. 그녀에게 연애는 망설이거나 고민해야 하는 낯선 제도가 아니었다. 누구를 선택해서 어떤 연애를 할 것인가가 중요한 것이다.

그녀의 연애관 형성과정 속에는 '어떤 철학자'가 개입되어 있다는데 주목하게 된다. 한국인들에게 연애란 1910년대에 유입된 근대 담론이었다.[69] 원래는 존재하지 않았던 것이 외부에서 유입되게 되면 당연히 그것에 대한 반응이 나오게 된다. 전차電車가 들어오면서 근대적 시간개념이 형성되고 시계소비가 늘어난 것처럼 개화기에 박래된 연애 담론이 체화되기 위해서는 일련의 학습 과정을 겪어야 한다.[70] 교육이나 대중매체를 통한 지식 정보 습득과 문학작품과 영화를 통한 문화정보 수용과 같은 자기화 단계가 필요한 것이다. 이광수는 「혼인을 위한 관견管見」에서 이지적 연애를 주장하며 연애는 훈육을 통해 개발될 수 있다는 입장을

67　이태준, 『화관』, 삼문사, 1938, 11쪽.
68　이태준, 「작가의 말」, 앞의 책, 51쪽.
69　김지영, 앞의 책, 42~44쪽.
70　최공호, 앞의 책, 231~232쪽.

주장했고[71] 그의 소설 속 연애들이 대부분 육욕(肉慾)보다는 정신적인 결합을 강조하고 있다. 선교사들이 세운 미션스쿨의 청교도적인 분위기도 연애의 의미를 협소하게 만들었다. 한국에서 연애가 자연스럽고 본능적인 것이 아니라 이성적이고 교육적인 측면이 강한 것이 이 때문이다. '어떤 철학자' 속에는 한국사회의 연애와 근대결혼이 제도화되는 과정이 함축되어 있다.

이 소설 텍스트는 몇 개의 삼각관계 갈등을 겪다가 마침내 그녀가 진정한 연애 대상자를 찾는 것으로 결말이 난다. 작가가 의도한 대로 방종이나 일탈의 연애가 아니라 이성적인 연애의 가능성을 보여주는 대단원이다.

김남천의 장편소설 「사랑의 수족관」(1940)[72]은 남녀 주인공이 건전한 연애를 통해 혼사장애모티프 the motif of obstacle of marriage를 극복하고 결혼에 성공하는 연애소설이다. 이 소설은 '자기고발론'에서 '모랄론'과 '풍속론'을 거쳐 '장편소설 개조론'과 '관찰문학론'으로 심화된 작가의 리얼리즘 노정에서 두 세 걸음 정도 거리를 두고 있는 텍스트다. '재미와 교양을 겸비한 인기소설"[73]이라는 출판사 광고와는 다르게 흥미 위주로 짜인 통속소설로 평가 받고 있기 때문이다.[74]

---

71 김지영, 앞의 책, 130~131쪽.
72 『조선일보』(1939.8.1~1940.3.3) 연재 1940.11. 인문사에서 단행본으로 별간.
73 「출판부 소식」, 『인문평론』, 1941.1, 299쪽.
74 이덕화는 이 소설을 "장편이라는 장르적 특징과 신문연재 소설이라는 통속성이 교직되는 작품으로, 자본주의 사회의 돈과 성욕에 의해서 파탄되어 가는 인간성을 고발하고 있다고 보고 있다. 이덕화, 『김남천연구』, 청하, 1991, 강진호는 "김말봉 류의 통속소설과 별 차이점이 없는 듯 보이지만, 이 '작가 특유의 문제의식'이 개입하여 리얼리즘을 고수"하는 작품으로 보았다. 강진호, 「통속소설, 차선의 의미 – 김남천의 〈사랑의 수족관〉론」, 『金南天』, 새미, 1995, 김외곤은 "통속소설이지만 사상 전향 이후의 타락한 인간들이 살아가는 세태의 묘사와 관련하여' 일정 부분 긍정적인면도 있다고 보았다. 김외곤, 『한국 근대리얼리즘 비판』, 태학사, 1995.

작가는 "삼십 전후의 젊은이들이 공통적으로 가지고 있는 고민 감격 흥분 갈등 초조… 이러한 현대의 성격을 숨김없이 냉정하게 가혹하게 그리어 보겠다"[75]라고 집필 의도를 밝혔다. 여기서 현대라는 시대 명칭이 의미심장하다. 외연적인 의미로는 계몽기와 근대 모방 정착기를 벗어나 근대가 안착되었다는 의미로 사용하고 있는 것 같다. 한국사회가 이제 엄연한 근대사회가 되었다는 것이다. 하지만 식민지 자본주의 사회가 정상적인 근대사회라고 볼 수는 없다. 그런데 작가의 상황하고 연결하여 살펴보면 보다 함축적인 의미를 발견할 수 있다.

여기서 현대라는 시기구분은 세대의식이 작용하고 있다. 구세대와 신세대 간의 갈등을 초점화한 세대론은 어느 시대나 있지만 작가가 설정하고 있는 세대론은 전향(轉向) 문제와 연관되어 있다. KAPF[76] 핵심 맹원이며 사회주의 활동으로 복역까지 했던 작가는 1933년 임화와 벌인 '물 논쟁' 이후 「처를 때리며」(1937), 「춤추는 남편」(1937), 「제퇴선」(1937), 「경영」(1940), 「맥」(1940) 등 일련의 전향 소재 소설들을 내놓기 시작했다. 이는 일본 사회주의자들의 전향시기[77]와 맞물리면서 전향사조에 휩쓸리는 모습이었다. 그러므로 현대라는 시기 구분은 구세대와 신세대를 나누는 듯 보이면서도 전향 이후를 합리화하려는 의도도 읽을 수 있다.

이 텍스트가 통속소설로 읽히는 것은 갈등구조와 인물의 성격에 원인이 있다. 호모 파베르[78]와 같은 성격을 가지고 있는 주인공 김광호와

---

75 작품연재 광고 「현대의 성격을 진열한 김남천 작 사랑의 수족관」, 『조선일보』, 1939.7.31.
76 조선 프롤레타리아 예술가 동맹(Korea Artista Proleta Federatio) 1925년 8월 결성되어 1935년 6월 해산할 때까지 한국 문단 주도권을 장악했던 사회주의 문학예술 단체. 강경 소장파 맹원이었던 김남천은 1932년 임화와 함께 초기 지도부였던 김기진, 박영희 등을 밀어내고 동맹의 헤게모니(hegemony)를 쥐었다.
77 혼다 슈오고, 「전향문학론」, 『1930년대 문학연구』, 평민사, 1993, 188~192쪽.
78 공작인(homo faber). 인간과 동물 차이는 도구 사용 여부에 있다는 견해에 근거

대홍꼰체른[79] 사주 이신국의 딸 경희의 사랑은 TV 연속극soap opera에서 상투적으로 활용하는 신데렐라 모티프Cinderella motif를 보여주며 두 사람의 연애를 방해하는 경희 서모庶母 은주와 은주의 내연남 송현도가 만들어 놓은 치정극痴情劇들은 이 텍스트가 작가의 의도하고는 거리가 먼 통속구조로 짜이지 만들었다.

이 텍스트에서 먼저 주목되는 장면은 김광호 형 광준의 죽음이다. 광준은 아내를 버리고 빠의 여급인 박양자와 동거하다 결핵성 폐렴으로 병원에 입원을 한다. "삼십 여 년의 짧은 생애가 마치 한 세기나 되는 것 같다. 옛날 사람이 삼사세기에 걸쳐서 경험하던 것을 우리는 삼십여 년에 겪는 것 같다. 그러나…더 살아서 아무 소용이 없어졌을 때 알마쳐 나의 육체가 살 수 없게 되는 것이 나는 반갑고 기쁘다"[80]라는 그의 말 속에는 개항과 국권상실 그리고 3·1운동 실패 등 시대적인 아픔이 함축되어 있다. 텍스트는 광준의 일탈이 개인적인 것이 아니라 구조적 모순에서 비롯된 것이라고 합리화시키고 있다. 병실에 어머니와 아내 그리고 내연녀 양자가 함께 있을 수 있었던 것도 이 때문이다.

하지만 텍스트 속에서 맑은 물에 사는 은어銀魚로 비유되고 있는 광호 눈에는 이러한 상황이 낯설고 불건전하게 느껴질 수밖에 없다.

> 병실로 돌아와 어울리지안는 공기 속에 기름처럼 떠도는 제의 위치를 거북하게 생각하엿다. 형수와 양자와 어머니와 형과 동생—어쩐

한 인간 타입이다. 여지인(homo sapiens)과 대립한 개념이며 근대사회에 성립된 유물론과 프래그머티즘과 관련 깊은 인간 타입이다. 임석진, 『철학사전』, 중원문화, 2009.
79 콘쩨른(Konzern) 법률적으로 독립된 몇 개의 기업이 자본에 의해 지배·종속으로 결합된 기업집단. 한국식 재벌.
80 김남천, 「사랑의 수족관」, 『신문연재소설전집』 제 3권, 깊은샘, 1987, 10쪽.

지 이러한 분위기가 광호에게는 질식할 것 가트면서도 서먹서먹하다.[81]

광호는 형을 이해할 수 있으나 가정과 아내를 버린 행위는 받아들일 수가 없다. 축첩畜妾이 당연시 되던 구식혼인의 악습에 대한 신세대적인 반응이다. 하지만 광준에 대한 묘사는 연민이 담겨 있다. 가부장적인 봉건제가 지배적이었고 구식 혼인이 보편적인 현실 속에서 살아가는 작가 또한 시대적인 한계에서 벗어날 수 없었기 때문이다. 또한 구조적인 모순에서 비롯된 일탈이란 점에서 사회주의 이념을 가지고 있었던 작가 입장에서는 광준은 비판의 대상이기 보다는 이해의 대상이었다.

이 소설에서 주목해야 할 장면은 관상어觀賞魚로 비유되고 있는 경희의 성장 과정이다. 경희는 여자대학 가정과를 졸업한 신여성이었다. 텍스트 속에서 그녀는 건강과 미모와 재물 그리고 교양을 함께 갖추고 있는 이상적인 여성으로 그려진다. 토목기사 광호가 근무하는 니시다구미西田組가 대흥콘체른 자매회사였기 때문에 두 사람은 자연스럽게 만나 사랑하는 관계로 발전하였다. 광호에 대한 그녀의 사랑은 정략적인 것이나 집안 결정이 아니라 주체적인 것이었다. 은주와 현오가 꾸민 음모로 광호가 만주로 좌천左遷되었을 때도 그녀의 마음이 크게 변하지 않은 것은 이 때문이었다. 우연한 계기로 음모를 알게 된 그녀는 아픈 연인을 찾아서 만주의 길림까지 달려가는 적극성을 보여준다.

"광호씨가 말씀하시는대로 저는 불행햇습니다. 그러나 그 불행은 한달동안에 지나지 안헛서요. 그동안 광호씨에 대한 쓸데 업는 오해를 품었던 것은 불행중에서도 가장 큰 불행이엇습니다. 그러나 그 불행한

---

81 위의 책, 같은 쪽.

한달동안 온실 속에서 자라나서 외풍을 쏘이지 못하엿던 저는 새로운 경험과 귀중한 채험을 겪글수 잇섯습니다. 그동안의 제의 취한 행동에 대해서는 널리 용서해주시기 바랍니다"…(중략)…"저어 제가 당돌하게 청할 말씀이 잇는데 들어 주실수 잇슬까요?"

이러케 경희는 물엇스나 광호의 대답을 기다리지 안코

"만일 저이 집에서 청혼이 잇다면 승락해 주실 수 잇슬까요? …(중략)… 뒷날 다시 뵈옵겟서요. 그리구 혼담은 정식으로 아버지로부터 김 선생 백부댁으로 청하게 하겟습니다."[82]

경희의 프러포즈는 상당히 파격적이다. 여성이 남성에게 먼저 청혼하는 것은 당시 현실이나 소설 속에서도 희귀한 사건이었다. 작가가 소설 속에 그리는 현대 고습의 대표적 장면이라고 할 수 있다. 그런데 프러포즈를 현실화하는 과정은 다소 절충적으로 진행된다. 현대적으로 청혼은 하였으나 절차는 전시대로 다시 돌아간다. 아무리 신식결혼이 제도화되고 있다고 하더라도 여전히 구식혼인이 지배문화dominant culture였기 때문이다.

7. 결어

개화기 계몽주의자들과 저널리즘이 근대적 결혼제도를 갈망한 이유는 국민국가 진입과 부국강병이라는 목적 때문이었다. 재래 구식혼인이 봉건적인 백성을 생산하는 제도라면 자유연애를 기반으로 하는 신식결혼

---

82   위의 책, 78쪽.

은 근대 국민을 생산하는 제도로 인식되었다. 자유연애는 근대적인 개인만이 할 수 있는 사랑 방식이었기 때문이었다.

봉건시대에는 없었던 자유연애라는 사랑 방식을 보편화 시킨 것은 근대소설이었다. 소설 속에서 형상화된 선남선녀善男善女들의 연애 방정식과 주체적 결혼관 등은 당대 독자들에게 근대 결혼제도를 실감하게 만들었다.

근대 결혼제도는 1912년 '조선 민사령'과 여러 법령에 의해서 규범화 되었다. 기존 제도를 개선하거나 개혁하는 것보다 새 제도를 창안하거나 도입하는 것은 쉬운 일이 아니다. 법률이 효력을 발휘하기 위해서는 사회적 합의가 이루어져야 한다. 연애결혼과 신식결혼식을 한국인들이 자연스럽게 수용할 수 있게 만든 것은 저널리즘과 소설들이었다.

그런데 조혼과 같은 악습은 인습이 되어 사라졌으나 구식 혼례 절차는 지금까지도 계속 이어지고 있다. 어떻게 보면 신식결혼식이 아직까지도 우리사회에 완전하게 정착 하지 못한 것이라고 말할 수 있다. 아니면 외래적인 신식결혼식이 우리식의 결혼식으로 변용되었다고도 볼 수 있다.

03

일상으로 강림한
활동사진/영화

03

일상으로 강림한 활동사진/영화

1. 서언

    19세기에 탄생한 영화는 가장 뜨거운hot 대중매체이자 사회제도이면서 동시에 잘 팔리는 문화상품이다. 또한 영화는 기원을 정확하게 알 수 있는 유일한 예술장르이다.

    1895년 12월 28일 오후 9시. 파리 카퓌신 가의 그랑 카페Grand Café. 은색 스크린에는 「라 시오타 역으로 들어오는 기차」라는 영화가 상영되었다. 뤼미에르Lumière 형제[1]가 자신들이 발명한 시네마토그래프cinematograph로 최초의 상업영화를 상영한 것이다. 그 후 영화는 한 세기도 지나기 전에 전 세계를 자기 영토로 만들었다. 근대 초 한국도 당연히 영화의

---

1   오귀스트 뤼미에르(Auguste Lumière 1862~1954)와 루이 뤼미에르(Louis Lumière, 1864~1948). 카메라이자 영사기인 시네마토그래프(cinématographe)를 발명하여 최초의 상업영화를 상영하였다.

점령지가 되었다.

　박래품 영화가 한국사회에 정착하면서 한국인의 일상생활에 커다란 영향을 주었다. 영화가 가지고 있는 대중적 감수성은 한국인들을 스폰지로 만들어 이질적이고 낯선 근대 이미지들을 무조건 빨아들이게 만들었다. 이런 사실에 비추어 영화가 한국의 근대적 문화전통 확립에 일정부분 기여하였으리라는 것을 추정할 수 있다.

　한국에 영화가 정착된 시기는 일제 강점기였다. 영화는 일제 입장에서 보면 한국 지배의 정당성을 효과적으로 홍보할 수 있는 착한 매체였지만 동시에 한국인들에게 반일反日의식을 자라게 하는 나쁜 매체이기도 했다. 달리 말하면 영화는 한국인들에게 일제의 정당성을 세뇌 받는 나쁜 예술이면서 동시에 억압된 현실에 대한 비판의식을 키우고 지옥 같은 현실에서 벗어나게 만들어 주는 꿈의 예술이었다. 때문에 일제는 영화를 철저하게 통제하였다. 일제 강점기 내내 한국에서 제작되고 상영되는 모든 영화들은 일제의 가혹한 검열에 의하여 파행적인 길을 걸어야 했다. 1930년대 말부터는 한국영화는 일제 군국주의 정책을 찬양하는 친일 선전영화로 전락하게 된다. 일제 강점기 한국 영화를 비판적 거리를 두고 보아야 하는 이유가 여기에 있다.

　영화와 사회와의 영향관계를 이해하기 위해서는 영화 제도의 정착·변화와 함께 관객들의 영화 수용 양상을 살펴야 한다. 그동안 한국영화의 정착과 사적 변화에 대한 연구는 어느 정도 성과가 있었다.[2] 그러나 영화와 당대 관객들과의 관련양상에 대한 논의는 크게 진척이 되지 않았다.

2　이영일, 『한국영화전사(개정증보판)』, 소도, 2004; 이거용 외, 『한국영화의 이해』, 예니, 1992; 김려실, 『투사하는 제국 투영하는 식민지』, 삼인, 2006; 김미현 외, 『한국영화사』, 커뮤니케이션 북스, 2006.

이는 영화관객들이 변화·발전하는 동태적인 존재라는 점과 함께 일제강점기 영화 관객 구성에 대한 타당한 정보를 얻기가 용이하지 않았기 때문이다. 일제 강점기 영화 관람 효과에 대한 데이터가 전무한 상태이다. 현재 이러한 난제를 극복하려는 논의들이 활발하게 전개되고 있다.[3] 많은 연구자들이 관심을 가지고 찾으면 숨어 있던 자료들이 나올 수밖에 없다.

2. 영화의 대중적 감수성과 스타

영화가 대중성을 가질 수 있는 요인으로 먼저 회화적 재현pictorial representations을 거론할 수 있다. 회화적 재현은 언어 이전 단계에서 모든 인간들이 이해를 할 수 있는 이미지 기호에 의해서 소통이 이루어지는 것을 말한다.[4] 그림을 본다는 것은 글을 읽을 때와는 달리 즉각적이고 반사적인 인식작용이 일어난다. 영화가 대중적인 인기를 차지하게 되는 것은 이러한 회화적 재현에 기인하고 있다. 또한 영화는 단순한 회화적인 재현이 아니라 움직이는moving 회화적 재현이다. 움직이는 영상은 인간이 현실 생활에서 일어나는 사건을 파악하는 과정과 같은 구조를 가지고 있기 때문에 사건 재현을 더욱 사실적으로 만들어준다.[5]

---

3   유선영, 「황색식민지의 서양영화관람과 소비 실천 1934~1942 : 제국에 대한 문화적 부인의 실천성과 정상화 과정」, 『언론과 사회』(2005. 봄)와 같은 논의들이 발표되어 이를 극복하고 있다.
4   "회화적 인식은 언어의 인식처럼 다른 특별한 습득과정을 요구하지 않는다는 사실은 영화가 왜 세계의 교육받지 못한 누구에게도 쉽게 이해될 수 있는가를 설명한다." 오종환, 「영화 속에 나타난 허구의 인식론적 성격」, 『매체의 철학』, 나남출판, 1998, 209~210쪽.
5   위의 책, 210쪽.

둘째로는 다양한 프레이밍framing을 통하여 관객들의 시선을 조종할 수 있다는 점이다. 영화는 클로즈업close-up과 같은 초점의 변화와 여러 프레이밍의 변화로 관객의 관심을 일정한 방향으로 유도할 수 있다. 카메라가 한 인물이나 사물을 클로즈업시키게 되면 관객들은 자연스럽게 그 인물과 사물에 관심이 집중하게 된다.[6] 이러한 장치들을 통하여 영화는 관객들을 스크린에서 벌어지는 사건에 쉽게 빠져들게 만든다.

셋째로는 영화가 이야기 전달 매체라는 점이다. 영화는 질문형의 이야기erotetic narrative를 택함으로써 강력한 호소력을 가지고 있다. 앞 장면에서 제시되었던 난제들을 사건 전개과정에서 순차적으로 해결하기 때문에 관객들을 영화에 몰입하게 된다.[7] 특히 영화 이야기는 잘 꾸며놓은 허구fiction라는 점에서 강력한 흡입력을 가지게 된다.[8] 이렇듯 영화가 관객 심리에 미치는 강렬한 힘은 필름의 사실성과 함께 가장 효과적인 이야기 전달 매체이기 때문이다.[9]

그런데 영화는 이러한 세 가지 요인과 함께 스타a movie star라는 요인을 가지고 있다. 보다 대중적인 지지를 이끌어 내는 가장 강력한 요인이 스타라고 할 수 있다.

> 영화映畵가 스크린에 빗칠 때 제일 먼저 일반관객一般觀客에게 직각적直覺的으로 강대强大한 인상印象을 박어 주는 것은 무엇보다도 배우俳

---

[6] 프레이밍의 변화를 통한 관객의 주의를 유도하는 방식은 ① 가르키기(indexing), ② 괄호치기(bracketing), ③ 크기 변화(scaling) 등이다. 위의 책, 213쪽.
[7] 위의 책, 215쪽.
[8] 전통적으로 허구는 일반적으로 의식의 상실 또는 불신의 정지로 이해되거나 허구를 실화인 양 착각하고 허구를 그것의 지시체와 혼동을 한다는 것이다. 그런데 오종환은 허구를 월튼의 '체하기 이론'을 원용하여 정서적인 반응이 아니라 일종의 체하기(pretence)로 보고 있다. 위의 책, 216~221쪽.
[9] 위의 책, 234쪽.

優임니다. 실제實際에 잇서서 여러 가지의 아트리뿌트 예例를 드러서 말하면 음악音樂이나 해설解說 그리고 간단한 음향효과音響效果 감독자監督者의 몬타쥬(단별사單別寫) - 토키라면 싱크로나이즈에서 나온 세리후(대사臺詞) 음향音響 음악音樂 가튼 것이 직접直接으로 관객觀客의 감각感覺에 부대치게 합니다.

영화극장映畵劇場의 설비設備와 장치裝置도 어지간이 힘 잇는 영화감상映畵感想의 기분氣分에 관계되며 군중심리群衆心理에서 나오는 인간人間의 본성本性도 영향影響이 잇슴니다.

그러나 역시亦是로 영화映畵의 얼골은 배우俳優인 것 가튼 인상印象을 주는 것이 현재現在의 조선영화朝鮮映畵뿐만 아니라 외국영화外國映畵도 대부분인 것 갓슴니다. 이만큼 배우俳優의 존재存在가 위대偉大합니다.[10]

김유영의 글은 '영화의 얼굴을 배우'로 보고 있다. 영화 스토리라인과 다양한 장치 그리고 구성요소들도 관객들을 감동시키지단 즉각적이고 강대한 인상을 주는 것은 배우라고 주장하고 있는 것이다. 이러한 주장은 타당하다. 영화의 지속적인 힘은 대부분 영화스타들의 탄력 있는 의상으로부터 오는 것이기 때문이다.[11] 음악이나 해설, 음향효과와 여러 가지 영화기법 그리고 극장시설들이 관객들에게 자극을 주지만 영화에서 가장 강력한 자극은 주연배우에게서 나오는 것이다.

대부분의 관객들은 배우와의 동일시를 통해서 강한 감동을 얻는다. 때문에 영화 제작자들은 관객들이 선호하는 배우 이미지를 의도적으로

---

10 김유영(金幽影), 「영화여우희망(映畵女優希望)하는 신여성군(新女性群) - 조선영화감독자(朝鮮映畵監督者)의 입장(立場)으로써」, 『삼천리』, 1932.10, 70쪽.
11 G. 조엣 · J. 린톤, 김훈순 역, 『영화 커뮤니케이션』, 나남출판, 1994, 126쪽.

창출하려고 노력을 할 수밖에 없다. 급기야 할리우드는 '스타 시스템 star system'이라는 제도를 만들어 내었다.¹² 영화가 스타를 탄생시킨 이유는 상업적인 목적 때문이었다. 영화 산업 초기에 수요의 불확실성을 타개하기 위하여 관객 동원을 위한 확실한 유인책이 필요했다. 스타를 추종하는 팬들을 고정 관객층으로 만들기는 쉬웠다. 초기 영화배우들이 이름 없는 익명의 배우였었다. 하지만 1910년대부터 플로렌스 로렌스Florence Lawrence, 메리 픽포드Mary Pickford, 찰리 채플린Charles Chaplin과 같은 배우들이 스타로 부상하였고 루돌프 발렌티노Rudolph Valentino와 그레타 가르보Greta Garbo 같은 스타들이 뒤를 이었다.

영화에서 스타는 영화 영역에만 머물지 않고 자본주의 모든 영역에서 작용한다. 스타라는 문화상품은 사회가 생산해 낸 교환가치를 보다 빠르게 소통시키고 보다 높은 부가가치를 창출하게 만든다.¹³ 영화 제도가 스타를 만들었지만 스타가 영화를 이끄는 부메랑 현상boomerang phenomenon이 일어난 것이다.

당연히 한국에서도 스타에 대한 대중적인 관심이 높았다.

> 문예봉文藝峰씨 라면 내가 말치 않아도 조선에 귀한 존재다. 조선 영화계에 만일 제도制度가 있는 일이라고 하면 문예봉文藝峰씨에게 연기 상 쯤은 주어야 할 일이다. 내가 알기에도 문文씨의 초기시대는 빈곤과 싸우든 일이 눈앞에 선하다. 말이면 쉬운 일이다. 실제로 당하는 일이면 여성으로서는 도저히 용이한 일이 아니다. 남의 안해로서 어머니로

---

12 "스타시스템은 자본주의의 한 특수한 제도이다. 스타는 상품의 절대적인 품목이다. 시장에 내던질 수 없는 일인치의 육체, 정신의 단편, 생에 대한 하나의 기억도 있을 수 없다" 위의 책, 130쪽.
13 이주헌, 『미술로 보는 20세기』, 학고재, 1998, 293쪽.

서 여배우로서 문文씨 만하면 오날의 문文씨의 지위와 영광이 당연한 일이 아닐 수 없다. 문文씨는 언젠가 영화에 출연을 하면 출연을 할수록 작고 어려워진다고 말을 한 것을 드른 기억이 있다. 이가 문文씨에 대한 문文씨 스스로의 좋은 교훈이다 …… 김소영金素英씨는 예봉藝峯씨에게 비하면 아무런 고난도 격지 않고 현 조선 영화계에 귀한 존재가 된 분이다 …… 소영素英씨가 심청沈淸에서 보여준 연기는 가히 다른 여배우로서는 따를 수 없는 신기한 연기였었다. 그리고 소영素英씨간이 가진 여성적 매력은 오날의 소영素英씨의 구가驅歌가 아닐 수 없다 …… 여배우에게 청초淸楚와 매력은 여배우로서 그 생명이 아닐 수가 없다. 소영素英씨에게 이 모-든 점이 구비되었다. 앞날이 기대되는 김소영金素英씨 정진하고 노력하면 반듯이 조선 영화 여배우의 성좌星座가 소영素英씨에게 갈 것은 의심치 안는다.[14]

박기채 감독이 당대 최고의 여배우였던 문예봉[15]과 김소영을 평가한 글이다. 박감독은 문예봉이 결혼해서 아내와 어머니였지만 여배으 역할을 훌륭히 해나가고 있다고 진술하고 있다. 그녀가 영화에 출연하면 할수록 어렵다는 말을 할 정도로 연기에 혼신을 다하고 있다고 강조하고 있다. 김소영 또한 청초하고 매력적인 여배우로서 촉망받고 있다고 진술하며 그녀의 긍정적인 측면을 강조하고 있다. 이러한 진술은 '한국적 스타만들기'와 다름 아니다. 이러한 분위기 속에서 나운규, 문예봉, 독은기, 김신재, 신월선, 김연실, 복혜숙, 전택이와 같은 스타가 탄생하였다.

---

14 박기채(朴基采), 「조선(朝鮮) 남녀영화배우(男女映畵俳優) 인물평(人物評)」, 『삼천리』, 1941.6, 236~236쪽.
15 문예봉(文藝峰, 1917~1999).

루돌프 발렌티노
『동아일보』, 1925.12.10.

한국 스타에 대한 열광은 허리우드 스타에 비견할 만 했다.

서양 스타들에 대한 관객들의 반응은 매니아 수준이었다. 당대 극장의 주관객층은 외국 스타들의 회화와 동작에 참여할 수 있고, 클로즈업 된 서양 미인의 얼굴을 감상하는 재미로 영화관을 찾는 외국영화 팬들이었다.[16] 이러한 관객 취향에 맞춰 『동아일보』는 「지상地上최행복最幸福 스타생활生活」이라는 제목으로 무성영화 최고 스타 루돌프 발렌티노의 수기手記를 6회 연재하기도 하였다.

"판" 여러분이 이 두 "빠렌치노" 중 어떤 사람에게 흥미를 가지실 것입니까. 물론 "스크린"에 나타나는 다시 말하면 "묵시록의 사긔사"의 "쭈리오"나 "씩"의 주인공과 가튼 청년 "빠렌치노"일 것입니다. 그런데 영화에 나타나는 젊은 "빠렌치노"를 참말 "빠렌치노"와가치 보아주는 것에 대하야는 나로서는 감사합니다. 그러케 보아 주지 안이한다면 나라고 하는 사람은 참으로 뜻밧게 괴이한 사람으로 세상에 나타낫섯슬 것이니까요! "스크린"을 통하야 나타나는 "빠렌치노"가 참말 "빠렌치노"보다도 세상에서는 흥미를 갓게 되는 줄을 깨달은 나는 구

---

16   하소(夏蘇), 「영화가(映畵街) 백면상(白面相)」, 『조광(朝光)』, 1937.12, 231쪽.

타여 참말 "빠렌치노"를 들축여내이고자 생각지 안슴니다.[17]

영화팬들이 스크린에 등장하는 발렌티노가 현실의 발렌티노보다 훨씬 더 흥미를 나타낸다는 고백 속에서 스타 성격이 드러난다. 발렌티노는 자신의 영화 박 생활과 여자 팬들의 비판이 무서워 건전한 사생활을 해야 하는 고통 등을 토로하고 있는데 팬들의 감성을 자극하기 위한 의도된 진술이다. 원래 발렌티노는 수많은 염문을 뿌린 스캔들 제조기였다.

『신동아新東亞』 1932년 1월호를 보면 「혜성慧星가치 나타난 32년식年式 은막銀幕의 여왕女王」에서 '십세의 천재스타 밋치 그린양', '곡선미의 여왕 프란세스 데이', '에로 용출하는 쎌리 오네일', '집을 버리고 나선 케이 프란시쓰' 등 서양의 여배우들을 소개하고 있다.[18] 제목부터가 매우 도발적이다. 그런데 이 기사들에서 주목할 점은 소개한 배우들이 모두 1932년 전후에 데뷔한 신인여배우들이라는 것이다. 서양과 시차 없이 소개되고 있는 것이다. 서양 스타에 대한 대중적 호기심이 얼마나 강했던가를 읽을 수가 있다.

스타는 관객들이 가지고 있는 욕망의 대상이었고 대리충족의 매개체였다.[19] 이렇듯 스타는 관객들을 영화관으로 끌어 모으는 가장 강력한 동력이었다. 그런데 이러한 스타들을 "관중의 돈으로 생활하는 일종 피보호자"라는 비판적인 의식도 존재했다.[20] 영화를 진지한 예술장르로 인

---

17 「지상(地上) 최(最)행복(幸福) 스타생활(生活)」, 『동아일보』, 1925.12.05.
18 편집부, 「혜성(慧星)가치 나타난 32년식(年式) 은막(銀幕)의 여왕(女王)」, 『신동아(新東亞)』 1932.1, 105~109쪽.
19 스타에 대한 대리충족은 슈퍼맨 콤플렉스와 같은 동일시와 섹스 심볼과 같은 성적 대상화를 말한다.
20 하소(夏蘇), 앞의 책, 같은 곳.

식한 지식인들의 목소리였다. 하지만 이러한 목소리는 대중들의 합창에 쉽게 묻혀버렸다.

3. 활동사진 도입과 한국영화의 발전

한국에서 영화가 처음 선보인 것은 1900년경이었다. 한국 황실과 미국인 콜브란Colbran과 보스트윅Bostwick이 합자로 설립된 '한성전기회사 Seoul Electric Co.'가 전차승객을 끌기 위한 방편으로 활동사진을 보여준 것이 최초의 영화 상영이라고 할 수 있다.[21] 활동사진이 한국에 들어오게 되는 경위가 흥행이 아니라 상품 판촉을 위한 것이었다는데 특이점이 있다.[22]

> 활동사진活動寫眞 동대문東大門 전기회사電氣會社 기계창機械廠에서 시설施設ᄒᆞᄂᆞᆫ 활동사진活動寫眞은 일요급日曜及 음우陰雨를 제除ᄒᆞᆫ 외外에 매일每日 하오下午 팔시八時로 십시十時까지 설행設行ᄒᆞᄂᆞᄃᆡ 대한급大韓及 구미각국歐美各國의 생명도시生命都市 각종극장各種劇場이 절승絶勝ᄒᆞᆫ 광경光景이 구비具備ᄒᆞ외다. 허입장료許入場料 동화십전銅貨 十錢[23]

1903년 6월 24일자 『황성신문』 활동사진 광고다. '한성전기회사'가 신문에 광고까지 냈다는 것은 당시 활동사진 관객 수가 적지 않았음을

---
21 이중거, 「한국영화사 연구」, 『한국영화의 이해』, 예니, 1992, 20~21쪽.
22 김려실, 『투사하는 제국 투영하는 식민지』, 삼인, 2006, 35쪽.
23 『황성신문(皇城新聞)』, 1903.6.23.

보여주는 것이다. 매일 밤 천여명이나 되는 관객들이 활동사진을 보기 위해서 몰려들어 같은 해 7월 7일 밤부터 서대문 '협률사協律社'에서도 영사기를 배치하여 활동사진을 상영하였다는 『황성신문』 기사를 읽을 수 있다.[24] '협률사'는 1902년 고종황제 칭경예식을 위해 세워진 2층 500석 규모의 옥내 희대戱臺로서 최초의 극장이다.[25] 원래 판소리나 재인들의 공연공간으로 건설되었으나 연극 전용극장으로 활용되었다. 활동사진이 '협률사'에서도 상영되었다는 것을 보면 그 인기가 대단했다는 것을 확인할 수 있다.

근대적 카래품인 활동사진이 당시 대중들에게 인기를 얻게 되자 활동사진을 상영하는 활동사진소도 생기게 되었다. 1905년 남대문 안에 상동활동사진사무소가 생겨났고, 1906년 한미전기회사가 본격적으로 동대문 내 전기회사 활동사진소를 열었다. 1907년 마르탱이 서대문 밖에 활동사진소를, 안창묵安昌黙·이장선李長善의 합자로 단성사가 설립되었다.[26] 활동사진을 틀어주는 사진소들은 대중들에게 인기 있는 오락장이 되었다.

> 금번今番에 청국淸國 상해上海로부터 신도착新到着흔 활동사상活動寫相은 불란서佛蘭西와 미국米國과 일본日本에 유명有名흔 사진寫眞이오. 각종 잡극雜劇이 무불구비無不具備ᄒ오니 첨군자僉君子ᄂᆞᆫ 내왕림완상來往臨玩賞ᄒ심을 망망望흠. 금유월今六月 십오일十五日 하오下午 팔졈반八點半에 개설開設흠. 각종사진매일유이各種寫眞每日有異ᄒ야 특별선명特別鮮明흠.[27]

---

24 『황성신문(皇城新聞)』, 1903.7.10; 김려실, 앞의 책, 37쪽 재인.
25 김현숙 외, 『식민지 근대의 내면과 매체표상』, 깊은샘, 2006, 174쪽.
26 김려실, 앞의 책, 39쪽.
27 『황성신문(皇城新聞)』, 1909.8.1.

『황성신문皇城新聞』에 실린 광무대光武臺 활동사진 광고다. 프랑스, 미국, 일본 활동사진을 상해에서 수입하였고, 매일 다른 활동사진을 보여준다는 진술을 통해서 활동사진 보급과 상영이 매우 활발했음을 알 수 있다. 당시 사람들은 활동사진을 근대적 오락물로 인식을 하였고 이 신기한 볼거리를 보기 위해서 활동사진을 틀어주는 사진소나 극장으로 몰려들었던 것이다.

호적과 장구소리에 끌려서「사진이 나와 논다지」「사진이 나와 논대」하고 떠드는 틈에 끼여 답뱃갑(궐련갑卷煙匣) 열장을 들고 드러가니 무대에 미국긔와 됴선긔를 그린 휘장을 처놋코 그 휘장 압헤 굵은 줄을 가로매여 놋코 맨—먼저는 소녀少女광대가 나와서 줄을 타고 그 다음에 휘장을 거더치우더니 조선녀자가 춤(승무 등僧舞 等)을 몃가지 추구 그리고 불이 꺼지는 고로「익크 활동사진이 나온다」하고 기다렷더니 한참이나 캄캄한대로 잇다가 식꺼먼 외투를 닙은 서양사람 한 떼가 웃득웃득 서 있는 것이 환—하게 빗취엇다.

「나와 논다더니 어데 노—나」「밤낫 고대로 섯기만 하네그려」이럿케 수군수군하는 중에 아는 체하는 한분이「아니야 저—허연 것은 눈이 와서 싸힌 것이고 추어서 어러 죽은 사람들이라오」하엿다

「올—치 그럿킬네 저럿케 꼼짝도 못하고 섯지…」누구던지 이것은 환등幻燈이라고 설명해 주엇드면 조왓슬 것을 설명도 안하고 환등을 빗치닛가—나오는 것마다 어러 죽은 사람이라고만 보고 잇섯다. 몃번인지 그 어러 죽은 사람이 밧긔여 나오고 나서 아모 인사도 업시 설명도 업시 통지도 업시 그냥 광고도 업시 그냥 환등 뒤끗헤 활동사진이 나왓다.

자막도 업고 댓자곳자도 서양부인 하나가 방속에서 빨내를 하는데

강아지가 드러와서 빨내를 더럽혀 놋는고로 부인이 강아지를 내여 쫏으닛가 엇던 키큰 남자가 하나가 길다란 산양총을 들고 드러와서 총을 노닛가 부인이 이리저리 쫏겨다니느라고 발광을 하다가 호각소리가 후루룩 나고 불이 다시 켜지고 그만 그뿐이엿다. 그나마 사진기사는 조선사람이엿는데 긔계를 들고 작란을 하는지 사진이 이구텅이로 다라낫다가 저끗으로 쏠렸갓다가 야단법석이였다. 다만 그뿐이엿다. 설명도 업시 소개도 업시 음악도 업시 지금 생각하면 어느 희극사진이 못쓰게 되야 내야버린 것을 한토막 끈어가지고 나와든 것이엿다.[28]

활동사진을 처음 본 파영(방정환)의 경험담인데, 당시 활동사진소의 풍경을 엿볼 수가 있다. 당시에는 활동사진의 배급망이 안정이 되지 않았기 때문에 다양한 활동사진필름을 확보하기가 어려웠다. 그래서 활동사진 상연 전에 다양한 공연과 환등기를 틀어주었던 것이다. 관객들은 환등기나 활동사진을 몰랐으므로 환등기로 스크린에 비춰지는 사람들이 움직임이 없자 얼어 죽은 사람으로 오해를 하고 있다. 이러한 소극(笑劇)은 환등기나 활동사진이 모두 생전 처음 보는 근대적 박래품이었기 때문에 일어나는 현상이었다. 이러한 어수선함이 끝나고 본격적으로 활동사진이 상연되었는데 단막 필름이었기 때문에 상연되는 시간과 내용이 너무 짧아서 필자는 실망을 하고 있다. 이러한 실망은 필자가 현재의 입장에서 과거를 회상함으로써 나오는 것일 수도 있고, 그 때 본 활동사진이 너무 형편이 없어서 나온 것일 수도 있다.

1910년 2월 18일. 활동사진을 상시 상영하는 경성고등연예관이 일본인 거주지역인 남촌 황금정에 개관했다. 경성고등연예관은 특등부터 4등

---

[28] 파영(波影), 「활동사진(活動寫眞) 이약이」, 『별건곤(別乾坤)』, 1926.12, 90~91쪽.

석까지 갖추고 있었는데 연중무휴로 매일 밤 활동사진을 상영하였다. 조선인 거주지역인 북촌에 있었던 단성사團成社와 장안사長安社와 연흥사演興社 등에서도 활동사진을 상영하기 시작하였다.[29] 활동사진을 상시적으로 상연하는 극장들이 전국적으로 확대되면서 활동사진은 한국문화에 빠르게 삼투되기 시작한다.

남촌 극장들은 주로 일본영화를 상영하였고, 북촌 극장들은 유니버설, 폭스, 파라마운트 등 할리우드 영화들이 상영되었다. 당시 한국 애활가愛活家들의 인기영화는 유니버설사의 연속활극 〈명금名金, The Broken Coin〉(1915), 〈철鐵의 윤輪, The Iron Claw〉(1916)와 블루버드영화인 〈독류毒流, The Shoes〉와 잡후린雜候鱗이 주연한 키스톤사의 코미디, 파라마운트사의 세실 B 데밀이나 그리피스의 장편영화였다.[30]

밤은 서늘하다. 종로 야시에는 「싸구려」하는 물건 파는 소리와 길다란 칼을 내어 두르며 약광고 하는 소리도 들린다. 여기저기 수십명 사람들이 모여 선 것은 아마 값싸고 쓰기 좋은 물건을 파는 것인 듯, 사람들은 저녁의 서늘한 맛에 취하여 아무 목적 없이 왔다갔다 한다.

그 사이로 어떤 학생들은 둘씩 셋씩 떼를 지어 무슨 분주한 일이 나 있는 듯이 무어라고 지껄이며 사람들 사이로 뛰어다닌다. 아직도 장옷을 쓴 부인이 계집아이에게 등불을 들리고 다니는 이도 있다.

우미관에서는 무슨 소위 '대활극'을 하는지 서양음악대의 소요한

---

29 당시 경성에 설립된 극장들은 다음과 같다. ① 북촌 : 단성사(1907), 원각사(1908 협률사 개칭), 광무대(1908), 장안사(1908), 연흥사(1908), 우미관(1916), 조선극장(1922), 미나도좌(1930), 제일극장(1933 미나도좌 개칭), 도화극장(1933) ② 남촌 : 경성고등연예관(1910), 대정관(1912), 황금관(1913), 희락관(1913), 경성극장(1919), 중앙관(1920), 낭화관(1920), 경룡관(1921).
30 김려실, 앞의 책, 48쪽.

소리가 들리고, 청년회관 이층에서는 알굴리기를 하는지 쾌활하게 왔다 갔다 하는 청년들의 그림자가 얼른 얼른 한다. 앞서가는 희경은 사람들이 모여선 곳마다 조금씩 엿보다가는 형식의 발자취가 들리면 또 가고가고 한다. 가물마다 비가 왔으므로 이따금 후끈 후끈 흙내가 올라온다.[31]

이광수 장편소설 「무정」(1917)의 한 장면이다. 근대도시로 극격하게 변모하고 있는 경성 밤거리가 사실적으로 묘사되어 있다. 주인공 이형식이 '우미관' 극장을 지나며 '대활극'을 연상하고 있다. 작가가 '우미관'과 대활극을 서술한 것은 다분히 의도적이다. 당시 영화는 근대를 대표하는 표상이었다 새로운 시대를 그려야 한다는 작가가 영화를 거론하는 것은 당연한 일이다. 여기서 근대 박래품인 영화가 한국에 안착하였음을 확인할 수 있다.

이렇듯 영화가 대중적인 인기를 얻자 영화전용관들이 여기저기 개관하였다. 영화는 오락 예술이었지만 수익성 높은 사업이기도 했다. 당연히 영화를 직접 제작하고자 하는 영화인이 나타났다. 그런데 이러한 모색의 결실은 아이러니하게 연극계에서는 먼저 나타났다. 유학생들에 의해 도입된 연극은 판소리나 창극에 비해 흥행성이 약했다. 연극 기반도 갖추지 못했고 연극 관객들도 확산되지 못했기 때문이다. 그리하여 연극인들은 불황 타개를 위한 한 방안으로 영화장치를 공연에 활용하게 되었다. 연쇄극이 탄생한 것이다.

연쇄극은 공연 도중 막과 막 또는 장면과 장면 사이 영상을 스크린 위에 비추어 연극 효과를 확대한 실험극이었다.[32] 무대 공연이 가지고

---

31 『이광수전집』 1, 삼중당, 1971, 59쪽.

있는 한계를 영상을 통하여 해결하려는 의도와 인기 있는 영화를 도입함으로써 관객들을 유인하려는 목적을 가지고 있었다. 1919년 김도산이 연쇄극 〈의리적義理的 구토仇討〉를 무대에 올렸고 문예단(이기세)과 혁신단(임성구)도 연쇄극을 공연하여 성공하였다. 연쇄극 성공을 목격한 초창기 영화인들은 한국영화 제작의 가능성을 확인하였다. 연쇄극은 실험극이면서 한국영화 제작을 위한 실험이었던 것이다. 그러나 한국인들의 열악한 자본 때문에 영화 제작이 쉽게 이루어지지 않았다.[33]

한국에서 최초로 제작된 영화는 1923년 상영된 〈월하月下의 맹서盟誓〉였다.

> 체신국遞信局에서는 저금 사상을 선전하기 위하야 저금 활동사진을 영사하던 중 재작일 밤에 시내 경성 「호텔」에서 각 신문 통신사 긔자와 밋 관계자 백여명을 초대하야 그 필름의 시험영사를 하였는바 각본은 윤백남尹白南 군이 만든 월하月下의 맹서盟誓라는 이천 척의 긴 사진으로 내용이 매우 잘 되어 크게 갈채를 밧앗스며 그 「필름」은 경성을 비롯하여 각 지방으로 가지고 다니며 저금을 선전할 터이라더라.[34]

---

32 이중거, 앞의 책, 26쪽.
33 신파 련쇄극을 촬영하야 그 성적이 예상 이상의 큰 성공을 보게 됨에 련쇄극보다도 순활동사진을 촬영하엿스면 련쇄극 이상으로 성적이 조흐리라 하는 것이 일반 흥행업자들의 돈버리의 전부를 차지하게 되야 제각기 활동사진을 하나 촬영해보고자 하엿스나 다만 거리끼는 것은 경성이나 평양 대구 등디와가치 활동사진 상설관이 잇는 곳에서는 물론 다대한 리익을 볼 수가 잇겟스나 조선측 상설관이라고는 단지 경성 평양 대구 밧게 업슴으로 그 세 곳 이외에는 사진을 세노아 볼 수 업슬터이애 …(중략)… 아모리 절약에 절약을 한 대야 칠팔천원이 들겟는데 경성 대구 평양 세 곳에서만 흥행하여 가지고는 그 돈을 다 뽑을 수가 잇겟는가 하는 것이 문제가 되어. 「조선영화계의 과거와 현재·2−최초의 영화는 춘향전」, 『동아일보』, 1925.11.19.
34 「저축사진 시영」, 『동아일보』, 1923.4.11.

위와 같은 『동아일보』 기사를 보면 이 영화는 저금 장려 영화였다는 것을 알 수 있다. 한국인 윤백남 감독이 시나리오를 쓰고 '민중극단民衆劇團' 단원들이 배우로 출연한 영화였지만 본격 상업영화가 아니라 총독부 체신국이 제작한 홍보 영화였다.

같은 해에 조선극장 일본인 경영주 하야카와 마사다로早川增太郞가 제작비 2만 3천원을 들여 한국 고전 「춘향전」을 각색해 영화로 만들었다. 감독은 하야카와 고수早川孤舟[35]였다.

> 춘향전春香傳 아홉권 사진을 촬영하야 시내 됴선극장朝鮮劇場에서 다른 서양영화와 섯거 봉절 상연하니 이것이 조선사람의 배우를 써서 순조선 각본으로 촬영한 최초의 영화이엿섯다. 이 흥행이 됴선극장에서 시작됨애 역시 긔대 하엿든 이상으로 큰 수입을 보게 되어 경성 흥행으로 만도 그 밋천을 뽑게 되고 평양, 대구 등디로 순회 영사를 하야 다대한 리익을 보게 되니 이제는 흥행업자들은 일침 더 용욕을 내어 가지고 영화제작을 꿈꾸게 되고 맛섯습니다.[36]

한국의 고전 「춘향전」을 흉내 낸 것에 불과하다는 비판[37]도 있었지만 흥행은 크게 성공 하였다. 일본인 제작자와 일본인 감독에 의해서 만들어진 영화였지만 춘향전이라는 한국 고전을 각색했고 한국인 배우가 출연했으니 『동아일보』가 '최초의 한국영화'라고 기사화한 것은 틀리지 않다.

---

35 연쇄극 〈의리적 구토〉의 영상물을 촬영한 미야카와 소우노스케(宮川早之助)의 예명.
36 「조선영화계의 과거와 현재2 - 최초의 영화는 춘향전」, 앞의 글.
37 이구영, 「조선영화의 인상」, 『매일신보』, 1925.1.1.

〈춘향전〉 흥행에 자극을 받은 박승필은 '단성사' 내에 촬영부를 신설하고 박정현 감독의 〈장화홍련전〉(1924)을 제작하였고, 부산에서는 1924년 7월 11일 일본 상공인들과 한국 연극인들이 모여 주식회사 '조선 키네마'를 설립하였다. '조선키네마'는 윤백남 감독의 〈해海의 비곡秘曲〉(1924), 〈운영전〉(1925), 〈촌의 영웅〉(1925), 왕필렬 감독의 〈암광〉(1925) 등을 제작하여 흥행에 성공하였다. 윤백남은 일본인 경영진과의 갈등하다가 1925년 서울에서 '윤백남 프로덕션'을 설립하여 이경손 감독의 〈심청전〉(1925)을 제작하였다. 같은 해 이구영은 이필우와 함께 '고려 영화주식회사'를 설립하여 〈쌍옥루雙玉淚〉를 제작하였다. 조일제가 설립한 '계림영화협회'는 이경손 감독의 〈장한몽〉(1926), 〈산채왕〉(1926), 심훈 감독의 〈먼동이 틀 때〉(1927)를 제작하였다. 이필우는 '반도키네마'를 설립하여 〈멍텅구리〉(1926)를 제작하였고, '정기탁 프로덕숀'은 이경손 감독의 〈봉황의 면류관〉(1926)을 제작하였다. 1925년 전후로 한국에는 영화제작이 유행처럼 퍼졌다.

1926년 일본 상인 요도야가 '조선 키네마사'를 서울에 설립했는데 신예 감독 겸 배우 나운규에게 전권을 주어 〈아리랑〉(1926)을 제작하였다. 나운규는 〈아리랑〉에서 민족적 정서와 감정을 살리려고 노력을 하였다고 토로하였는데, 〈아리랑〉은 당시 한국영화의 수준을 가늠하는 수작이었고 흥행에도 성공하였다.[38] 그 후 그는 〈풍운아〉(1926), 〈들쥐〉(1927), 〈잘 있거라〉(1927), 〈옥녀〉, 〈사랑을 찾아서〉(1928), 〈사나이〉, 〈벙어리

---

38 이 한 편에는 자랑할 만한 우리의 조선정서를 가득 담어 놋는 동시에 "동무들아 결코 결코 실망하지 말자"하는 것을 암시로라도 표현하려 애섯고 또 한가지는 "우리의 고유한 기상은 남성적이엇다. 민족성이라 할가 할 그 집단의 정신은 의협하엿고 용맹하엿든 것이니 나는 그 패기를 영화 우에 살리려 하엿든 것이외다." 나운규, 「아리랑과 사회와 나」, 『삼천리』, 1930.7, 53쪽.

나운규의 〈아리랑〉 장면 『조선중앙일보』 1935.11.16.

삼룡이〉(1929), 〈아리랑 후편〉(1930), 〈오몽녀〉(1937) 제작에 참여한다. 나운규 이후 한국적인 정서를 잘 표현한 감독은 이규환이었다. 그는 〈임자 없는 나룻배〉(1932)와 〈나그네〉(1937)를 연출하여 한국영화의 수준을 한 단계 올렸다.

1935년에 이필우는 한국 최초의 토ㅡ키인 〈춘향전〉을 제작하였다. 한국영화계도 무성영화 시대에서 발성영화 시대로 진입하게 된 것이다. 이렇게 한국영화는 발전에 발전을 계속하였다. 하지만 30년대 말부터 일제의 군국주의화는 한국영화의 정체성을 무너뜨렸고 모든 영화가 일제의 선전물로 전락하게 되었다.

1923년을 시점으로 해방직전까지 제작 발표된 한국영화는 150편 정도인데 그 가운데 계몽영화가 24편이나 된다. 그리고 순수하게 우리 자본으로 만든 영화는 10여편 정도였다. 한국영화 제작이 저조한 이유로 일제 검열과 탄압, 열악한 민족자본 등을 들 수 있다.[39] 또한 영화제작 특성 상 대부분 영화가 친일적인 성격에서 벗어날 수 없었다.

4. '저급영화'라는 담론

활동사진 시대에서 본격적인 문예영화 시대가 되자 영화는 다른 예술장르와 경쟁을 하게 된다. 특히 공연예술인 연극과는 직접적으로 경쟁하게 되었다. 영화 도입 초창기 연쇄극을 통해서 영화와 연극이 서로 상보하는 시기도 있었다. 그러나 영화가 한국사회에 안착 하자 연극과 직접 경쟁하게 된다.

> 최독견崔獨鵑 : …지금 연극演劇을 보는 손님들이란게 토-키를 보아 낼 수 없고 또 그렇다고 제삼사류극장第三四流劇場 해설자解說者 있는 상설관常設館엔 가기 싫구한 손님들이거든요. 말하자면 화류계花柳界 있는 여성女性들, 또 거기 따르는 할양손님들이 토-키를 보하낼 재주가 부족不足하니까 연극演劇을 구경求景하려오는 셈이죠. 그러니까 주머니는 다들 튼튼한 손님들일 박게요 뭐니 뭐니해야 연극演劇은 화류계花柳界를 노치면 수자상數字上으로 결손을 보게되드군요.
> 연학년延學年 : …조선朝鮮사람들도요. 요새 와서는 문예영화文藝映畵라면 한사코 구경求景하면서도 연극演劇이면 똑같은 스토리건만 보아주지를 안커든요. 그것은 다른데 원인原因이 잇는게 아니고 연극演劇을 잘 못하는 점點에 있다고 봅니다.
> 이기세李基世 : 그것도 그렇지만, 앞으로 점점 연극演劇보다도 영화映畵를 만히 보게 될 것입니다. 지금 동경경도東京京都 등지等地에도 그런 현상現象이 보이니까요.[40]

---

39 이중거, 앞의 책, 140~141쪽.
40 「'영화(映畵)와 연극(演劇)' 협의회(協議會) - 엇더케하면 반도예술(半島藝術)을 발

위의 조담을 살펴보면 연극이 흥행 면에서 영화에 밀리고 있음을 알 수 있다. 연극을 보는 관객이 토키 영화(발성영화talkie/talking picture)를 볼 능력이 없는 화류계 여성들과 그 손님들이라는 최독견의 지적에서 연극 관객 수준을 가늠해 볼 수 있다. 무성영화는 변사들이 한국어로 해설해주었기 때문에 한국 관객들도 외국 영화를 볼 수 있었다. 하지만 외국 토키 영화는 원어로 연기하고 대사는 자막처리가 되기 때문에 문자를 해독하지 못하는 관객들은 원활하게 관람할 수 없었다. 그런데 당시 한국영화 제작이 많지 않았기 때문에 극장에서 상영되는 영화는 대부분 외국영화들이었다. 결국 기생이나 한량들은 연극을 볼 수밖에 없었던 것이다. 연학년은 문예영화를 즐기는 관객이 같은 스토리의 연극은 보지 않는다고 지적을 하고 있고 이기세는 일본 예를 들면서 영화가 점점 더 인기가 있을 것이라고 예상하고 있다. 이들의 대화에서 연극의 퇴조와 영화의 급부상을 읽을 수 있다.

그런데 대중적인 인기를 얻는 데서 연극에게 승리한 영화가 좋은 평판을 얻지는 못했다. 지식인들 사이에서 영화가 저급하다는 인식이 널리 유포되었던 것이다. 이러한 부정적인 평가 원인은 서구 영화들 특히 할리우드 영화가 가진 속성에서 찾을 수 있다. 할리우드 영화가 그려내는 풍속은 당시 한국사회가 수용하기 힘든 것들이 많았다. 계몽담론이 지배하고 있는 식민지적 상황에서 보면 용납하기 힘든 요소들이 많았던 것이다.

「어느 여자女子가 잇는데 위태한 경우나 타락할 지경에 빠젓는데 웬 미남자美男子가 와서 격투를 하여서 구求해주엇는데 연애戀愛가 생겻

───

홍(發興)케렬가」, 『삼천리』, 1938.8, 87쪽.

는데 부부夫婦가 되어 부자富者가 되고 악한惡漢을 죽엿다」 미국영화米國映畵를 백개百個 갓타노코 보아라 그 중中 구십구개九十九個는 이상以上의 내용內容에서 버서나지 안이하는 것이다. 선교사宣敎師와 한가지로 미국영화米國映畵는 미국자본주의米國資本主義의 별동대別動隊다. …(중략)… 달은 것이 잇다면 선교사宣敎師의 말 중中에는 과학科學을 믿지말라는 것과 영화映畵 속에는 건전健全한 젊은이에게 연애적變態的 성욕性慾을 일으키게 하는 음탕淫蕩한 게집의 다리밧게는 별別것이 업다.⁴¹

소제부掃除夫는 할리우드 영화의 선정적인 통속구조를 통찰하고 있다. 할리우드 영화는 '꿈의 공장'이라는 말처럼 마케팅 전략을 바탕으로 하여 분업화, 표준화와 같은 효율적인 산업 시스템으로 제작되고 있었다. 즉 스튜디오, 스타, 장르의 삼대 시스템을 구축하여 이를 통하여 부가가치가 높은 문화 상품을 생산하였던 것이다. 때문에 영화는 관객 취향에 맞는 해피엔딩과 멜로적인 구성, 아메리칸 드림이라는 모티프가 반복되고 있었다. 이러한 상투성에 대해서 당대 지식인들은 부정적으로 인식하였다.

또한 대부분의 할리우드 영화들은 상업적인 목적으로 말초적인 부분을 자극하는 표현들이 필수적으로 삽입되었다.

키스나 포옹이 없는 대신 몸을 비트는 것 조치요. 아래위로 꼬는 표정도 조코…저 달밤에 숲풀 사이에서 여자가 저리 멀니쪽이서서 참아 정면 못해서 버들가지나 휘― 꺽그면서 저고리고름을 만젓다 폇다

---

41 소제부(掃除夫), 「해학(諧謔)·풍자(諷刺) 춘계대청결(春季大淸潔)」, 『별건곤』, 1930. 5, 68~69쪽.

하며 몸을 카는 것이 그러면 사내도 참아 가까이 가지못하고 구두 뒤측으로 땅을 탁탁파며 …… 이것이 역시 동양적東洋的이지요. 근대적近代的이 안일런지 모루지만 조선맛이 나지요. 나는 여기에 조금 더 머리를 쓰면 무슨 훌륭한 장면이 하나 창작되어질 것 같어요. 우수운 일은 언젠가 정기탁鄭基鐸 씨氏의 작품作品으로 「봉황鳳凰에 면류관冠」이란 것이 있었는데 서양西洋 갔다 온 청년靑年이 도라와서 조선산 시와 연애하는데 서양식으로 하느라고 마라손 경주하듯 두 남녀가 마루 달러부터 서로 안고서 「키스」하는 장면이 잇지요. 이것이 그 당시의 대표격 러부신인 모양이지요. 그랫더니 검열檢閱에 드러가서 경무국검열관警務局檢閱官이 카트해버리며서, 이런 고약한 풍속이 거듸있느냐고 톡톡히 꾸지람을 들엇지요. 정말 이렇게 서양식 러부신은 우리게 맛지안어요 억지지요.⁴²

러브씬love scene에 대한 나운규 진술에서 읽을 수 있듯이 할리우드 영화의 선정적이고 자유분방한 장면은 당대 한국인들이 수용하기가 힘든 것이었다. 소제부가 당대 문화풍토에서 할리우드 영화가 '변태적인 성욕'과 '음탕한 게집의 다리'만 남아 있다고 비판하는 것이 당연한 일이었다. 한국영화 또한 할리우드 영화와 마찬가지라고 비판하고 있다.

    이 못된 것들의 뿐을 따서 소위所謂 조선朝鮮의 영화映畵라는 것들도 거의 전부全部가 미국영화米國映畵의 복사複寫다. 그러치 안이하면 무기력無氣力한 인도주의人道主義 작품作品이다. …(중략)… 시내市內에서도 일본인日本人부락部落의 극장劇場은 비교적比較的 조용하고 갈맛이 잇다

---

42 「명배우 명감독이 모혀 조선영화를 말함」, 『삼천리』 1936.11, 89쪽.

고 한다. 예술藝術에서 국경國境이 업스니 아무거나 조흔대로 가보는 것쯤은 관계치 안이하나 실상實相 조선朝鮮사람들이 일본극장日本劇場을 질겨 하는 것은 극劇을 보러가는 것보담도 남의 눈을 피避하여 밀회密會를 하기 위爲함인데는 용서를 할 수가 업다. 「××와 ○○이가 △△관에 가서 만낫다」는 말이 얼마나 불쾌不快하게 들니느냐?[43]

소제부는 한국영화가 대부분 선정적인 미국영화의 복사라는 점을 신랄하게 비판하고 있다. 그리고 나머지 영화도 무기력한 인도주의 작품이라고 지적하고 있다. 한국영화가 이렇게 비판 받는 근본적인 원인은 일제 검열에 있었다. 일제는 주로 치안방해와 풍기문란 문제를 가지고 영화를 검열하였다. 풍기문란에 걸려 삭제되는 영화는 주로 미국이나 구라파에서 들어오는 영화였고 치안방해에 걸려 삭제되는 영화는 러시아나 동구권 영화였다.[44] 한국영화도 일제 검열 기준에 맞춰 스스로 표현 수위를 조정할 수밖에 없었다. 미국영화를 복사하되 풍기문란에 저촉되지 않을 만큼만 표현하였던 것이다.

일제는 한국영화의 풍기문란 보다는 치안방해 문제에 더 엄격한 잣대를 가지고 있었다. 민족의식이 드러나는 장면은 가차 없이 삭제하였다. 나운규 감독 영화 〈아리랑〉이 '의도된 모호성'을 가진 영화라고 논의되는 이유가 이 때문이다.[45] 이 영화는 민족적인 감정을 직설적으로 표현하지 못하고 상징적인 수법을 통하여 우회적으로 표현하고 있다. 이규환 감독이 〈임자 없는 나룻배〉에 대해서 '착상은 역시 일본에 대한 반항인

---

43 소제부(掃除夫), 앞의 책, 68쪽.
44 「엇더한 영화(映畵)가 「컷트」 당(當)하나」, 『삼천리』, 1936.3, 84~85쪽.
45 김려실, 앞의 책, 114쪽.

데, 그 반항을 문명에 대한 반항으로 캄푸라치camouflage한 것'이라고 고백하였는데 이 또한 '의도된 모호성'이었다고 할 수 있다. 소제부가 한국영화에 대해서 무기력한 인도주의라고 비판한 것이 이 때문이었다.

소제부는 영화만이 아니라 극장이란 공간에서 일어나는 문화에 대해서도 비판하고 있다. 한국 사람들이 남촌에 있는 일본인 극장을 찾는 것은 영화감상에 집중하려는 것이 아니라 밀회를 위한 것이라는 것을 지적하고 있다. 당시 극장이 불륜남녀의 밀회 장소인 것은 사실이었다.

대중적인 취미잡지였던 『별건곤』은 극장에서 벌어지고 있는 불륜남녀의 행태를 다음과 같이 고발하고 있다.

> 조선극장朝鮮劇場에서 제칠천국第七天國이 끗나닛가 아래층웃層에서 사람의 물결이 쏘다저나오는데 먼저 이층二層에 올너가서 요시찰인要視察人을 조사調査하고 있던 영군影君이 그틈에 끼여 나려오면서 문門 밧게 인력거 꾼가티 기다리고 섯든 나를 보고 눈찟 턱찟으로 「이 패를 따라가라」고 지시指示해준다. 외투外套입은 키큰 여학생 하나 그 엽혜 따라슨 것이 뚱그랑 중절모 얄망궂게 욱으려 쓴 모던 뽀이 자세보닛가 스케찰한다는 ○○전문의 ×××이란 사람이다. 동아부인상회東亞婦人商會 압헤서 주춤주춤 하더니 전차電車를 안타고 거러서 종로鐘路 쪽으로 걸어가는 것이 어찌 다행多幸인지 …(중략)… 「암만 제칠천국第七天國이지만 당장當場 뿐이지 눈먼 애인愛人을 그 여자女子가 늙을 때까지 온전히 섬길가?」 사람이 만흐닛가 갓갑게 따라갈 수 잇서서 남자가 하는 말을 드를 수 잇섯다. 그러나 여자女子가 그말에 무엇이라고 대답對答했는지 내 귀까지 들니지 안엇다.
>
> 어대까지 가는지 종로鐘路를 지나 서대문西大門쪽으로 가더니 행인行人이 적으닛가 남자男子가 여자女子의 팔을 끼기 시작始作하엿다. 샌전

에서 태평통太平通쪽으로 꺽기여 모교탕毛橋湯을 지나더니 국전사진관菊田寫眞館 건너의 중국요리○○루中國料理○○樓 앞에서 주춤거리더니 여자女子는 실타고 버틔고 섯고 남자男子는 드러가자고 욱이다가 결국結局 문門턱에까지 드러간 남자男子가 도로나와서 다시 가기를 시작始作하엿다.[46]

북웅北熊 채만식이 극장에서 영화를 보고 나오는 청춘남녀를 미행하면서 기록한 보고서다. 조선극장에서 나온 중절모 쓴 모던뽀이 스타일 전문대 남학생과 여학생이 스스럼없이 팔짱을 끼고 밤거리를 걸으며 대화를 하고 있다. 그들의 화제는 방금 보고 나온 영화 〈제칠천국〉[47]에 관한 것이다. 그들은 중국 요리집이라는 은밀한 장소 앞에서 부끄러운 실랑이를 벌인다. 미행하고 있는 북웅北熊의 입장에서 이들의 행태가 곱게 보일 리가 없다. 그들이 재미있게 보았던 영화 〈제칠천국〉 또한 좋게 생각하지 않았을 것이다. 두 남녀의 최종 목적지는 여자네 집이었다. 두 남녀가 집으로 함께 들어가 버리자 문 밖에서 기다리는 북웅은 그 여학생이 학교선생과 약혼을 했다는 정보를 듣게 된다.

"기氣막히는 세상世上이다. 어느 교원敎員과 약혼約婚한 여자女子가 밤저녁에 딴 남학생男學生을 끌어드리다니" 북웅의 한탄은 당시 풍속세태에 대한 것이라고 할 수 있다. 그런데 이렇게 불륜을 저지르고 있는 두 남녀가 은밀히 만나는 장소가 바로 극장이라는데 문제가 있다.

극장에서 벌어지는 풍속세태에 관한 글은 『조광』에서도 찾아 볼 수

---

46 북웅(北熊), 파영(波影), 「자정후(子正後)에 다니는 여학생(女學生)들」, 『별건곤』, 1928.1, 123~124쪽.
47 Frank Borzage감독의 〈Seventh Heaven〉(1927).

가 있다. 하소夏蘇 조풍연은 클라크 케이블[48] 같은 모某군이 M상설관에서 영화 〈안해와 여비서〉[49]를 관람하던 중 좌석 안내를 하는 바바라 스탄윅[50] 닮은 처녀의 유혹에 넘어가 연애사건을 벌이다 나쁜 병까지 걸린 사건, 친구 A군도 스탄윅 닮은 그 행실 나쁜 처녀와 깊은 사랑에 빠진 사건을 통하여 극장에서 벌어지는 엽기적인 풍속세태를 풍자하고 있다.[51]

이러한 사례들 때문에 결국 영화를 본다는 것 자체가 부끄러운 일이라는 인식을 확산시켰다.

> K씨 그는 우리의 유일唯一한 엣세이스트로 알려져 있지만 영화映畵와는 거의 딴 세계世界에서 생활生活하는 이다. 그러나 삼년전三年前 어느 따뜻한 만추晩秋 일요일日曜日 오후午後 나는 D사社로 「시몬느, 시몽」의 「처녀호處女湖」를 보러갓다. 동시개봉同時開封의 작품作品은 「춘향전春香傳」이였다. 간신艱辛히 자리를 어더앉어 얼마를 지나 주위周圍를 살여보니 바로 내앞에 이 K씨가 앉어있다. 나는 한편便 놀내며 너무나 의외意外여서 혼자 ○고소○苦笑하며 야유적揶揄的 언사言辭를 생각하고 있었다. 나는 그의 옆에 가 어깨를 툭치고 「아니! 이게 왼 일이요? 이런 델 다오시구?」 「허! 하도 춘향전春香傳이 유명하다니깐!」 어색하면서도 함수含羞띠인 음성音聲이다. 나는 의외意外의 발견發見인듯 영화映畵의 선전宣傳 유혹誘惑이란 이렇게 까지 효과적效果的인가를 생각한다.[52]

---

48 William Clark Gable(1901~1960) 미국의 배우, 〈어느날 밤에 생긴 일〉(1934), 〈남자의 세계〉(1934), 〈바운티호의 반란〉(1935), 〈지구를 달리는 사나이〉(1938), 〈테스트 파일럿〉(1938), 〈바람과 함께 사라지다〉(1939) 등에 출연하여 미국을 대표하는 미남배우로 인기를 끌었다.
49 Jack Conway감독의 〈Saratoga〉(1937).
50 Barbara Stanwyck(1907~1990) 미국의 여배우 〈유흥마담들〉(1930), 〈엔 장군의 쓰디쓴 차〉(1932), 〈스텔라 댈러스〉(1937) 등의 여러 작품에 출연했다.
51 하소(夏蘇), 「영화가(映畵街) 백면상(白面相)」, 『조광』, 1937.12, 237~239쪽.

문학평론가 이헌구는 극장에서 우연히 수필가 K씨를 만난다. 필자의 '이런 델 다오시구?'라는 물음이 영화에 대한 부정적인 인식을 직설적으로 보여준다. K씨 또한 〈춘향전〉이 유명해서 보러왔다고 하면서 부끄러워한다. 당시 여류 신인 노천명도 신문 예술면에 좋아하는 남자 배우가 '로벗 테일러'라고 밝혔다가 봉변을 당했다는 고백을 하고 있다.[53] 이렇듯 당시 사회 분위기는 영화가 불순하고 저속하다는 쪽으로 흘러갔고, 지식인 대부분은 영화를 저급문화라고 폄하하였다.

극장과 영화에 대한 부정적인 인식 때문에 중학생의 극장 출입을 금지하는 분위기가 조성되었다. 하지만 중학생들은 극장에 가는 것을 야학夜學간다고 하거나, 명치좌 극장을 명치대학으로 부르고 외국영화를 영어로 표현하는 등 영화에 대한 많은 은어들이 창출하면서 극장으로 몰려들었다.[54] 영화 은어들이 유포된다는 것은 중학생들의 극장 출입 금지가 실효성을 거두지 못하고 있음을 보여주는 것이다.

당시 중학생을 둔 학부모들은 영화와 극장을 가장 경계 하였다.

> 구경 좋아 하는 너이에게 특별特別히 주의注意 식힐 것은 활동사진活動寫眞이다. 아버지가 서울 갓슬 때에 중학교中學校 선생先生님네와 그 외外 사회社會편으로 유명有名한 여러분을 만나서 그이들이 지금 서울 중학생中學生들에게 대對한 평評을 드른 것으로 보든지 또 아버지가 생각하며 본 점點으로 보아서 활동사진活動寫眞은 중학생中學生을 망亡처주는 가장 무서운 독소毒素라는 것을 분명分明히 알게 되엇다. 처음은 동모에게 끌여 한번 가 두 번 간것이 그만 버릇이 되고보면 학교學科의

---

52 이헌구(李軒求), 「영화관(映畫館)에서 만난 이들」, 『삼천리』, 1938.10, 155쪽.
53 노천명(盧天命), 「내가 좋아하는 남배우(男俳優)」, 『삼천리』, 1938.10, 151쪽.
54 하소(夏蘇), 「영화가(映畫街) 백면상(白面相)」, 앞의 책, 235쪽.

복습復習과 예습豫習가튼 것은 죄다 저 처놋코 무슨 일이 잇드래도 활동사진活動寫眞만은 아니가고 못견대게 된 중학생中學生이 서울에 얼가나 만흔 것이냐. 그것이 가장 심甚하게 되는 날이던 달달이 보내는 학비學費는 모다 활동사진관活動寫眞館의 입장료入場料도 들어가고 하숙료下宿料를 치루지 못하야 쩔쩔매는 어린 학생學生들이 또한 적지 아니하다는 말을 드를 때 아버지는 여러 가지 생각이 만엇든 것이다.[55]

아들을 서울에 유학 보낸 아버지가 영화의 폐해에 대해서 주의를 주고 있는 편지글이다. 중학교 선생과 사회 명망가들이 중학생에게 가장 나쁜 영향을 주는 것이 영화라고 지적하고 영화에 빠지게 되면 예습·복습 등 학업에 몰두할 수 없고, 학비를 영화 보는데 탕진하여 경제적으로 곤란에 처하게 된다는 사실을 아들에게 깨우쳐주고 있다. 당시 학부모들에게 영화는 중학생을 망치는 가장 무서운 독스로 인식되었던 것이다.

5. 애활가愛活家 등장과 영화 문화 성숙

영화는 관객을 떠나서 존재할 수 없다. 아무리 독립영화라고 하더라도 관객을 상정해서 영화가 만들어진다. 모든 영화 제작은 관객과의 커뮤니케이션 과정이다.[56] 영화에서 관객은 객체가 아니라 주체들이다. 2, 30년대 한국에서 영화가 정착하는 동력은 관객의 힘이었다.

55　신O순(申O順), 「입학(入學)은 뒤엿스나 – 싀골아버지의 걱정」, 『별건곤』, 1933.4, 38쪽.
56　G. 조엣·J. 린톤, 앞의 책, 135쪽.

영화가 도입된 초장기에도 열광적인 영화 매니아 즉 애활가들이 있었다.[57]

> 치위는 점점漸漸 심甚해 간다. 두 다리는 얼어드러오고 발이 실여서 견딀수 없다. 그러나 그보다도 화면畵面의 「뒤─트리히」의 강렬强烈하고도 냉철冷徹한 정열情熱과 그 하나의 시선視線 그 하나의 포즈마다에 감격感激되고 위압威壓되야 드디여 서로 두 몸을 맛껴안고 숨도 크게 못쉬고 도취陶醉되였었다. 생각건대 나의 영화映畵구경사史라는 것이 있다면 이날밤과 같은 치위와 싸와가면서도 끝까지 감격도취感激陶醉여엿든 사실은 그리 만치 못할것같다.[58]

마를레네 디트리히 기사 『동아일보』, 1937.12.5.

한겨울에 극장에 간 이헌구는 친구 J형을 만난다. 당시 극장은 난방 장치가 설치되지 않아서 관객들이 화로火爐를 사서 각자 보온을 해야 했다. 화로를 살 형편이 못되는 두 사람은 추위를 견디기 위해 서로

---

57 당시 영화팬들을 영화(활동사진)를 사랑하는 사람이란 뜻의 애활가(愛活家)라고 부르곤 했다.
58 이헌구(李軒求), 「영화관(映畵館)에서 만난 이들」, 앞의 책, 156~157쪽.

껴안고서 영화를 감상한다. 그들이 냉혹한 추위를 이길 수 있었던 것은 '디트리히의 시선과 포즈'[59] 덕분이었다.

애활가였던 파영생波影生 방정환은 극장에 와서 영화를 보게 되면 "진종일 극무劇務에 시달린 피곤을 녀름날 빙욕氷浴을 하는 것처럼 시원스럽게 니저버린다"다고 진술한다. 영화가 식민지 한국인들에게 어떠한 역할을 하였는가를 알 수 있다. 다방과 극장은 현실에서 잠시 벗어날 수 있는 피난처였다. 좋은 영화감상을 위해서 파영생은 다음과 같이 극장주에게 제안한다.

먼저 매 프로 때마다 실사實寫와 희극喜劇을 병행 해주고, 둘째, 휴게시간에는 조선음악을 연주해주고, 셋째, 해설자가 자막 외의 말을 하지 말고, 넷째, 첫 번부터 무거운 영화를 상연하지 말고, 다섯째 극장 내에 흡연실을 따로 설치허 줄 것을 요구 한 것이다.[60] 영화 감상을 위해 건설적인 제안이라고 할 있다. 당시 극장은 단막 무성영화를 여러 편 연속 상영했기 때문에 실사와 희극 등 장르별로 안배 해달라는 요구는 합리적이다. 휴게시간에 조선 음악을 연주해달라는 요구가 다소 이색적이다. 해설사(변사)들이 벌이는 일탈 행위는 일반 관객들에게도 지탄받고 있었다. 영화가 한국에 정착하면서 극장 환경과 관람문화에 대한 비판적인 인식이 강해지고 있음을 알 수 있다.

『별건곤』에는 당시 애활가 세태를 비판하는 「고급영화高級映畵 팬 되는 비결秘訣 십칙十則」이란 글이 실렸다. 이 글을 통해서 당시 영화 문화를

---

59 마를레네 디트리히(Marlene Dietrich 1901~1992) 독일계 허리우드 배우. 1929년 조지프 폰 스턴버그 감독의 〈슬픈 천사〉에서 카바레 가수 '롤라'를 연기하여 스타가 됨. 〈모로코〉, 〈불명예〉, 〈금발의 비너스〉, 〈상해이 특급〉, 〈붉은 나인〉, 〈악마는 여자다〉에 출연하여 팜므파탈 이미지로 영화팬들을 매혹시켰다.
60 파영생(波影生), 「스크린의 위안(慰安)」, 『별건곤』 경성호, 1929.9, 39~40쪽.

살필 수 있다.

    대개大槪 수요일水曜日이나 목요일木曜日 석간신문夕刊新聞에는 각각 영화관映畵館의 사진교체광고寫眞交替廣告가 다토아 난다. 제군諸君이 고급영화高級映畵팬이 되려면 먼저 그러한 광고廣告 가운데서 한번 감상鑑賞할 가치價値가 잇슬 즉한 영화映畵를 선택選擇한 다음에 그 영화映畵의 감독監督이며 주연배우主演俳優 등等의 일홈을 외워두고 사진내용寫眞內容에 들어가서도 될 수 잇는대로 다소간多少間 미리 알아둘 필요必要가 잇다.

    그리고 위연만한 영화映畵이면 봉절封切[61]하기 전에 신문新聞이나 잡지雜誌에서 「시사실試寫室에서」란 제목으로 간단簡單한 비평批評 비슷한 것이 실니는 법이다. 제군諸君은 무엇보담도 먼저(일면一面 기사記事 보담도) 그 기사記事를 통독通讀해 두어야 한다. 그러고 보면 제군諸君이 제군諸君의 애인愛人과 더부러 산보散步를 나왓다가 「차茶나 한잔 마시려 오 극장劇場엘 가시료?」 할 때도 그러한 예비식견豫備識見이 여간如干 유효有效한게 아니다. 더구나 여자女子들이란 사진寫眞이 조치못하면 그 사진寫眞을 가치간 사나히가 만들거나 한 것처럼 짜증을 내고 책망을 하는 고약한 버릇이 있다 …(중략)… 또 설사 이러한 연애戀愛 구애관계求愛關係 등등의 이익利益을 도외시度外視하고도 노상路上에서 우연偶然히 사람을 맛날슬 때 그 사람의 질문質問에 응應하야 시방 아무 영화관映畵館에서는 무슨 영화映畵를 상영중上映中인데 그 영화映畵는 운운云云, 이러케 직석直席에서 대답對答할 수 잇는 이익利益이 따르는 까닭이다.[62]

---

61 개봉(開封).
62 스크린 빨쥐, 「고급영화(高級映畵) 팬되는 비결(秘訣) 십칙(十則)」, 『별건곤』, 1930.

이 글을 읽어보면 석간신문에 영화 교체광고가 정기적으로 실렸고 신문과 잡지는 영화단평을 통해서 개봉영화를 소개 하고 있음을 알 수 있다. 필자는 고급 영화팬이 되기 위해서는 먼저 신문 광고를 통해서 영화의 등급과 영화 정보를 미리 학습해야 한다고 조언한다. 근대 사회는 정보가 힘이 되기 때문이다. 고급 영화팬이라면 최신 영화정보를 일반 영화팬보다 먼저 아는 것이 당연하다. 그런데 이런 정보를 애인에게 과시 하거나 데이트의 성패를 위해서 유용하다는 예시는 하고 있다는데서 이 글의 성격이 드러난다.

이 글 필자는 고급영화팬이 되는 방법을 다음과 같이 알려주기도 한다.

1) 영화관에 가서는 영화계 명사처럼 보이도록 걸어 다닌다.
2) 영화의 첫 번째 씬과 마지막 씬을 꼭 봐야 한다.
3) 영화가 끝난 후 감격해서 박수를 치지 말아야 한다.
4) 영화 보는 중간에 필름이 끊어지거나 정전이 되더라도 의연해야 한다.
5) 변사가 실수를 하면 무서운 얼굴로 그를 노려보아야 한다.
6) 영화가 끝난 후 영화평을 길게 하면 안 된다.(짧은 영화지식이 탄로나니까)
7) 복색은 맑스 뽀이로 보일지언정 모던 뽀이로 보이면 안 된다.
8) 토-키(유성영화)와 같이 자신이 모르는 부분에서는 근신을 해야 한다.
9) 광범심원廣範深遠한 지식과 교양을 요구 하는 것은 경이원지敬而

6, 108쪽.

遠之하고 그 대신 매멸罵蔑하는 것을 유일한 모토요 철학이요 학술로 알아야 한다.[63]

자신의 짧은 영화지식이 탄로 나지 않게 영화에 대한 비평을 길게 하지 말고 토키영화와 같은 최신 영화이론을 모르며 근신하고 영화에 대한 넓고 깊은 지식과 교양은 높이 평가하지만 멀리 해야 하고 오로지 영화에 대해 비판하고 멸시하는 일에만 집중하라는 말은 조언이라기 보다 조롱에 가깝다. 당시 일부 경박하고 몰지각한 애활가들을 희화화하고 비판하고 있는 것이다. 하지만 이를 통해서 당대 영화문화의 수준을 알 수 있다. 대중화된 영화는 여가활동 이상의 중요한 문화행사로 자리 잡고 있음을 알 수 있는 것이다. 영화문화의 수준이 높아지면서 영화에 대한 애활가들의 비평적 시각도 점점 날카로워졌다.

당시 영화에 대한 정보와 지식 확산은 신문과 잡지와 같은 언론 매체들이 주도했다. 『삼천리』에 게재된 영화인 좌담회를 통하여 언론매체가 당시 영화문화를 어떻게 선도하고 있는 지를 살펴볼 수 있다.

　　김동환金東煥(본사주간本社主幹)－조선 영화 가운데서 가장 잘된 명작 세 편을 골누자면 무엇 무엇을 골느겟서요－과거 10여년 전부터 오늘까지 무성無聲이든 토키이든 모두 통떠러서요.
　　나운규羅雲奎. 명작이라면 어페 잇군요.
　　김동한金東煥. 명작이라고 하기 거북하면 가작佳作이라 일홈부처도 조코요. 어쨌든 외국外國가튼 예를 보면 영화비평가들이 매년 모여 세계의 「뻬스트 텐」(10대大 명작名作)을 골느거나 동경東京 가튼 데서도 그리

---
[63] 위의 책, 111쪽.

하지 안슴니까. 그래서 권위잇는 영화를 골나 사회적으로 공인社會的公
認하는 예를 만들지 안슴니까. 그저 그것이지요. 다만 우리 조선은 제
작된 영화수효가 만치 못하니까 세 편쯤 「뻬스트 트리」라 하여 골너
봅시다.[64]

한국영화 중에 명작을 고르자는 김동환의 의견에 나운규가 명작이라
고 하는 것은 적절하지 않다고 지적하고 있다. 이에 김동환이 곧바로
가작이라고 용어를 정정한다. 또한 두 사람은 한국 영화제작 편수가 적으
므로 베스트 10이 아니라 베스트 3을 선정하자며 대화를 이어간다. 한국
영화 수준을 스스로 인정하고 있는 장면이다. 이 좌담회에 참석한 대부분
의 영화인들은 〈아리랑〉(나운규), 〈장화홍련전〉(이명우), 〈임자 없는 나룻
배〉(이규환)를 베스트 3으로 거론하고 있다. 선정 기준은 민족성과 예술성
이란 기준이 크게 작용하였다.

"박상엽朴祥燁 : 스탄박씨가 격찬 하드시 나도, 「장화홍련전」을 우
수하게 보앗서요. 거기에는 조선 사람의 무—드를 치는 정서情緖가 흘
러잇서요 「이데오로기」는 딴 문제로 하고요. 그래서 나도 결국 세 가
지를 골느라면 이러케 세 개를 들겟서요. 아리랑, 장화홍련전, 임자업
는 나룻비."[65]

박상엽의 진술을 보면 당시 영화인들은 민족영화에 대한 강한 자의
식을 가지고 있었다는 것을 알 수 있다. 이렇듯 영화인들 사이에는 영화

---

64 「명배우 명감독이 모여 조선영화를 말함」, 앞의 책, 82~83쪽.
65 위의 책, 85쪽.

라는 예술장르에 대한 깊이 있는 논의가 이루어지고 있었다. 끽다점에 모여서 신변잡담을 하는 가운데서도 개봉된 외국영화에 대한 평가와 영화배우들의 연기에 대하여 심도 있는 의견을 내놓기도 하였다.

"긔자 : 낙랑樂浪은 일홈이 조선의 고전맛古典味가 나고 또 위치가 덕수궁德壽宮 엽 조선호텔 부근 여러 신문사지대新聞社地帶에 있기 까닭에 일하다가도 산보하다가도 여러분들이 차저오기 쉬워요. 영화인映畵人들은요?

김연실金蓮實 : 김유영金幽影, 박기채朴基采씨 가튼 감독들이며 문예봉文藝峰 가튼 여우女優며 이명우李明雨, 나운규羅雲奎씨들이 만히 와요. 와서는 「파리제巴里祭」, 「서반아광상곡西班牙狂想曲」, 「모록코」 가튼 외국영화 비평을 하고 있지요. 데-도 릿지나 갈보 롬바드 가튼 녀우들 비평도 하고요."[66]

경성에 있는 유명 다방 마담들의 좌담회에서 나온 대화다. 당시 다방은 문인이 주로 찾는 다방, 음악가가 찾는 다방, 영화인이 찾는 다방, 직장인이 찾는 다방 등 단골에 따라 특화되어 있었다. 영화배우 김연실이 운영한 '낙랑'은 영화인들이 주로 찾는 다방이었다. 이 다방에서 김유영 감독, 박기채 감독, 이명우 감독, 나운규 감독 겸 배우, 문예봉 같은 영화배우들이 자주 찾아와 영화에 대한 토론을 하였던 것을 알 수 있다. 마를레네 디트리히가 주연한 요세프 폰 스탄버그 Josef von Sternberg 감독의 〈모르코〉(1930), 〈서반아광상곡〉(1935),[67] 르네 클레르 René Clair 감독이 처

---

66 「끽다점(喫茶店) 연애풍경(戀愛風景)」, 『별건곤』, 1936.12, 56~57쪽.
67 원제목 〈The devil is a woman〉.

음 만든 토키영화 〈파리제〉(1930)[68]와 같은 영화와 디트리히나 그레타 가르보, 캐롤 롬바드 같이 관능적인 연기로 인기를 얻었던 여자배우들이 화제가 되었던 것 같다. 이 좌담회를 통해서 당시 다방들은 커피와 차만 파는 곳이 아니라 음악 감상이나 미술 전시회 등 문화 공간 역할을 하였음을 알 수 있다.

영화에 대한 지식과 정보가 애활가들에게 확산되고 심화되면서 영화에 대한 전문적인 식견을 가진 사람들도 등장했다.

> 일전日前 모지某紙의 연예란演藝欄을 보니까 '알리 폴'이니 '섈 보아이네'니 하였는데 이것은 '아리 뽀우르'와 '샤를르 브와이에'로 정정訂正할 것이다. Harry Baur를 불란서佛蘭西 발음發音으로 부르니까 H가 죽고 '아리'가 되는 것이오 Charles는 마땅히 '샤를르'라고 할 것을 '섈'이라고 한 것이다. 이것은 추측推測컨대 아마 글쓴 사람이 원명原名에서 옮긴 것이 아니라 국어식國語式 발음을 그대로 이중이식二重移植한데 과오過誤가 있지 않나 생각된다.[69]

영화 대부분을 외국에서 수입해야 했던 당시에 외국어 발음 문제가 공론화 되는 것은 당연한 일이었다. 영화를 직수입한 것이 아니라 주로 일본을 통해서 수입하였기 때문에 일본식 외국어 발음도 따라서 들어왔다. 위의 글은 프랑스 배우 '아리 뽀우르'와 '샤를르 브와이에'를 '알리 폴'이나 '섈 보아이네'라고 부르는 것은 일본어 발음을 그대로 이중이식(중역)했기 때문이라고 지적하고 있다. 외국어 발음을 정확하게 발음할 수

---

68 원제목 〈파리의 지붕 밑(Sous les toits de Paris)〉.
69 하소(夏蘇), 「속영화(續映畵街) 백면상(白面相)」, 『조광』, 1938.3, 340쪽.

없는 일본어 특성 때문에 일본인들은 외국어를 일본어식 발음으로 말하고 기록했다. 하지만 한국어는 외국어를 원음 가까이 발음하고 기록할 수 있었다. 원어대로 발음을 하자는 주장 속에는 일본어와 일본문화에 대한 반감도 담겨 있다고 볼 수 있다. 그런데 원어대로 발음하자는 주장은 외국 영화 제목 보다는 영화배우 이름에 초점을 맞추고 있다. 제목은 대부분 일본에서 번안한 것을 그대로 사용했다. 이러한 일본어식 번안은 해방 이후 오랫동안 한국 영화계에 답습되기도 했다.

이상에서 살펴보았듯이 영화는 새로운 근대 문화산업으로서 재빨리 한국에 정착 하였고, 영화라는 제도는 관객들에게 관람예절을 규율하고 애활가 즉 고급영화팬을 지향하는 욕망을 만들어냈다. 이런 분위기에 상응하여 영화인들 또한 한국식 영화 지식개발과 함께 한국영화 제작에 노력하게 되었다.

6. 영화문화의 일상화

영화는 생활을 즐겁게 해주는 오락이면서 동시에 세계 인식을 위한 구체적인 정보를 제공해주는 살아있는 지식창고 역할을 한다. 2, 30년대 식민지 한국에서 영화는 지식창고이기보다는 고단한 삶에서 벗어나 잠시 휴식을 취할 수 있는 잠시의 파라다이스로 이해되었다.

> 사십오전四五十錢만 가저도 하로 저녁의 위안을 어둘 수 잇는 극장劇場과 십전十錢짜리 백동전白銅錢 한 푼만 잇서도 「뿌라질」에서 온 「커피」에 겸兼하야 미인美人 「웨이트레스」까지 볼 수 잇는 「카페—」조차 업다면 서울의 젊은이들은 갓득이나 고한固塞하고 건조무미乾燥無味한

생활生活에 얼마나 더 적막寂寞을 늣길 것인가 서양西洋 사람들의 소위所謂 「구락부俱樂部」 가튼 것은 말할 것도 업거니와 이웃나라 사람만큼 집회集會의 자유自由가 업서서 일년一年 가야 강연講演가튼 강연講演 하나 들을 수 업고 음악회音樂會가튼 음악회音樂會 하나 볼 수 업는 이곳 이 따의 젊은 사람에게 잇서서 극장劇場과 「카페―」는 실實로 사막沙漠 중中의 「오아시쓰」와 가티 다시 업는 위안慰安꺼리가 되는 것이며 따러서 혹惑 엇던 때에는 일종一種의 사교기관社交機關까지도 되는 것이다.[70]

식민지 한국은 일본처럼 집회의 자유도 없었고 서양처럼 취디클럽도 없었다. 수준 높은 음악회도 없었다. 한국 젊은 사람들이 여흥을 즐길 수 없는 조건도 열악했고 즐길 수 있는 공간도 다양하지 못했다. 그러니 카페나 극장이 사막 같은 시대의 오아시스 역할을 하게 된 것이다. 꿈의 공장에서 생산한 꿈의 이야기가 눈부시게 영사되는 극장에 가면 저녁시간을 잠시 행복하게 보낼 수가 있었다. 4, 50전으로 위안을 받을 수 있다니 대단한 일이었다. 사람들이 영화에 점점 빠져들 수밖에 없는 이유를 여기에서 찾을 수 있다.

당시 한국인들이 영화의 오락적인 측면에 치중하였다고 해서 영화의 예술적 기능이나 정보전달 기능을 도외시한 것은 아니었다. 영화는 근대라는 담론을 신속하고 효과적으로 전달해주는 매체였다.

> 엇잣 든 더욱 조선朝鮮에 잇서서 도든 것을 빨리 실어다가 우리들의게 보여 줄 것은 다만 영화 밧게는 업다. 5전짜리 레푸야? 길이 활동하기를 바란다.

---

[70] 김을한(金乙漢), 「경성야화(京城夜話)」, 『별건곤』, 1930.7, 86쪽.

조선朝鮮의 문화도 차차 영화 속으로 드러 가게 된다. 너나 할 것 업시 영화— 영화한다. 한 개다 한 개— 아리랑 한 개다. 또 이후에는 우리의게 무엇을 보혀주러느냐? 조선朝鮮의 영화계여—[71]

윗글의 필자는 근대 문명의 표상을 라디오, 스포츠, 영화로 보고 있다. 특히 영화를 근대 문물이나 이미지를 빨리 실어다 주는 유일한 매체이자 예술이라고 인식하고 있다. 때문에 단돈 5전으로 신속하게 지식을 알려주는 영화가 영원하기를 축원한다. '조선의 문화도 차차 영화 속으로 드러가게 된다'라는 서술을 보면 영화가 한국을 캐스팅하고 있음을 알 수 있다. 즉 한국영화인들이 한국을 영화에 담기 시작한 것이다. 이러한 진술은 나운규의 〈아리랑〉이 있었기 때문이다. 필자는 〈아리랑〉이 진정한 한국색을 보여주고 있다고 보았다. 또한 〈아리랑〉 이후 한국영화에 대한 기대감도 드러내고 있다.

당시 영화 관람객의 주종을 이루는 계층은 여학생들이었다. 일제강점기에도 전래의 주자학적 질서 체계가 지배하고 있었고 학교의 근대적 규율도 남학생 보다는 여학생들에게 더 엄격했다. 금기와 금지 속에서 생활해야 했던 여학생들은 현실에 대한 불만과 새로운 세계에 대한 동경이 강할 수밖에 없었다. 청교도적 생활을 강제 당하던 여학생들이 가장 즐거워했던 오락은 꽃구경과 활동사진(영화) 구경이었다.[72] 여학생들이 영화에 쉽게 빠져들 수 있었던 것은 신문에 학습을 통해서 근대 대중문화의 감각을 익혔기 때문이었다.[73] 중고등학생들 사이에 영화 구경이 최고의

---

71 승일, 「라듸오 · 스폿트 · 키네마」, 『별건곤』, 1926.12, 108쪽.
72 김미지, 『누가 하이카라 여성을 데리고 사누 – 여학생과 연애』, 살림, 2005, 20쪽.
73 위의 책, 46쪽.

오락이었지만 특히 여학생들에게는 영화 구경 이상의 의미가 있었던 것이다.

영화가 대중문화의 중심으로 떠오르고 영화에 열광하는 영화팬들이 등장하자 영화는 스크린에서 벗어나 거리로 나오고 일상생활에 직접적으로 영향을 끼치게 되었다.

> 그들의 사랑의 모든 수단手段과 방식方式은 단성사團成社 조선극장朝鮮劇場 스크린에서 취取하는 것은 물론勿論이다.
> 「으리 신申으 눈은 꼭 빠렌치노갓단다.」
> 십육칠세十六七歲의 피지도 못한 꽃봉오리에서 이가튼 수작이 방송放送된다.
> 「머가 엇저고 엇제. 너 우리 송宋 보왓지. 그 머리 깍근 타입이 뉘 것인 즐 아니? 존 바리모아 식式이란다」
> 활동사진活動寫眞도 이만하면 조선朝鮮까지 껄녀온 한恨은 푸렷다고 할 것이다.
> 「이애! 고놈의 계집애 참 멋드러간다. 코-린무아가튼데가 잇는데」
> 「그것은커냥 조 게집애 좀 보아라. 할낏할낏 사람을 겻눈으로 보는 것이 맛치 삘리떠부의 눈초리갓지.」[74]

영화가 대중화되면서 일상생활의 가치 기준을 영화에서 찾는 경우가 많아졌다. 위의 글에 등장하는 여학생들은 자기 남자친구의 외모를 '루돌프 발렌티노'나 '존 바리모아'와 비교하고 잇다. 단성사나 조선극장이 모든 사랑의 수단과 방식이 되었던 것이다. ㅇ배우 얼굴이 청년들의 숙사

---

74 이서구(李瑞求), 「경성(京城)의 짜스」, 『별건곤』, 1929.9, 33~34쪽.

宿舍치고 안 붙은 집이 없고, 변사辯士의 러부씬의 대목을 그대로 인용하여 "아! 당신은 나의 생명生命이올시다. 나는 오늘에야 비로소 이 세상世上에 태어난 의의意義를 늣겻슴니다. 생명生命의 아츰은 이제야 도라온 것 갓슴니다"라고 연애편지를 쓰는 세상이었다.[75] 청춘남녀들의 이상적인 연인상은 그레타 가르보와 루돌프 발렌티노와 같은 스크린의 스타들이 차지하게 되었다. '조선영화주식회사'에서 여배우를 뽑는다는 신문기사를 보면 이력서에 신장, 체중, 흉위 등을 반드시 기입하라는 내용이 보인다.[76] 이는 여배우라는 특수 직업이 가지고 있는 기준일 수 있다. 하지만 이를 통해 선발된 여배우들의 외모가 당시 여성의 외모를 평가하는 기준이 되었음은 두말할 필요가 없다.

영화는 연애담론에만 국한된 것이 아니었다. 영화의 영향을 받아 "하롤드 로이드의 대모테 안경"과 "빠렌티노의 구렛나룻"과 "뻐스터기-톤의 제병모자", "카—보이의 가죽바지를 닮은 나팔바지"를 착용한 모던보이와 모던 걸들이 경성의 거리를 활보하기 시작하였다.[77] 모뽀와 모껄들의 첨단 패션은 일반인들에게 처음에는 이질적으로 보여 졌지만 점차 유행하게 되었다. 이렇듯 영화는 근대적 감성을 가르치고 유행을 선도하는 총지휘자 역할을 하였다.[78]

영화는 교과서와 규율을 가지고 가르치지 교사가 아니었다. 스크린에서 펼쳐지는 실재보다 더 사실 같은 사건에 트랜스trans시키거나 꿈과 같은 환상 체험 속으로 이끄는 친구가 같은 존재였다.

---

75 위의 책, 같은 쪽.
76 『동아일보』, 1937.11.6.
77 김주리, 『모던 걸, 여우목도리를 버려라—근대적 패션의 풍경』, 살림, 2005, 20쪽.
78 하소(夏蘇), 「속영화가(續映畵街) 백면상(白面相)」, 앞의 책, 343쪽.

나는 원수 가튼 대수선생님에게는 간다온다 말한마듸 업시 교문을 나섯다. 과연 어느새 저편 쪽에 택시 하나가 노혀잇섯다. 나는 성큼 올라타자 흡사이 미극 활동사진의 대활극 모양으로 일대추격—치구 때린 결과는 어떠케 됐느냐고요? 앗다 그런 말슴이야 할 것도 업시 이 자식아! 만일 그때의 싸홈일얼테면 말이다 전쟁戰爭이라고 가렷한다면 「적군敵軍 사상무수死傷無數」 그리고 적군을 사상무수하게 만든 우리들은 서양 활동사진의 「아! 용감한 청년」이엿다.[79]

위의 글은 필자인 제갈범이 다른 구역 불량배들하고 패싸움을 벌였던 무용담을 기록한 글이다. 이 글에서 제갈범은 자신을 서양 활동사진의 용감한 주인공으로 표현하고 있다. 이 청년이 본 영화는 할리우드의 느와르 영화나 서부영화였을 것이다. '원수 같은 대수(수학) 선성님'이라는 표현을 통해서 영화의 위상을 확인할 수 있다.

『별건곤』에는 영화 속에서 본 외국여자들을 본받아서 승마를 배웠다는 정칠성이라는 여성의 글이 나온다.[80] 그녀는 말 타기를 배운 것은 말도 잘 타고 쌈도 잘하여 유명한 조선 여장부가 되기 위해서라고 진술하고 있다. 조선 여장부가 어떤 성격을 가진 것인지 모호하지만 당대인의 삶 속에 영화가 깊이 침투하고 있음을 확인할 수 있는 사례라고 할 수 있다.

땅…땅 따라라 깐따… 입장단 소리가 들닌다. 기웃하야 보면 이곳은 은행낭마당 십육칠세十六七歲 짜리 행랑도련님네가 한참 멋지게 논다.

---

79 제갈범(諸葛範), 「싸홈 대장(大將) 종군기(從軍記)」, 『별건곤』, 1933.9, 25쪽.
80 정칠성, 「남복(男服)하고 말달릴 때」, 『별건곤』, 1927.8, 58쪽.

비록 갑은 싸고 꼴은 사오납으나 고래도 울긋불긋한 줄친 적삼이며 기생이나 띄는 허리 바로 통널분 「고구—라」 바지를 알맞게 졸나매 입고 세수는 하로에 몃번식이나 하는지 얼골에는 서슬이 시퍼럿타.

극장劇場에 가서 보고 온 춤을 입장단에 맛처서 추어보이는 것이다. 건는 편 큰대문안 줄행랑에서 피여난 명화옥분名花玉分이가 낙원동 樂園洞 어느 빙수氷水가가에 가서 우슴을 팔고 잇다. 어서 밧비 춤 한가지라도 잘배화가지고 가서 옥분玉分이 압혜서 멋을 부려보자는 것이다.[81]

영화에서 나온 춤을 연습하는 소년을 냉소적으로 관찰하고 있는 장면이다. 소년은 꼴사납게 울긋불긋 줄친 적삼과 통이 넓은 고구라 바지를 입고 있다. 얼굴 또한 세수를 여러 번 했는지 너무나 말끔했다. 소년은 음악도 없이 입으로 내는 소리에 장단을 맞추며 이렇게 열심히 춤 연습하고 있는 이유는 빙수가게 점원인 옥분이에게 잘 보이려고 수작이다. '머리에 피도 마르지 못한 아해들'의 수작이라고 할 수도 있지만, 영화가 만들어 놓은 새로운 내러티브와 이미지가 일상화되고 있음을 읽을 수 있다.

근대 모델을 주체적으로 창출하지 못한 한국에서 영화 속 세계는 바로 근대 자체였다. 당시 한국인들은 할리우드나 프랑스 영화들이 보여주는 서양 대중문화를 바로 근대라고 이해하였다. 때문에 영화 속의 배경이나 내러티브를 근대 모델처럼 인식하였다. 그런데 영화 속에 그려지는 통속적인 내러티브 속에는 반봉건적인 의식과 서구 민주주의적인 요소가 잠재되어 있었다. 한국인들이 영화를 통해서 민주주의 분위

81　이서구(李瑞求), 「경성(京城)의 짜스」, 『별건곤』, 1929.9, 36쪽.

기와 탈식민지 의식을 자연스럽게 학습할 수 있었다.

7. 결어

영화는 가장 감수성이 예민한 예술장르 중에 하나다. 이는 영화가 가지고 있는 회화적 재현성에 기인하지만 다양한 영화 장치 활용과 함께 '스타'를 생산하였기 때이다. 관객들은 스크린에서 벌어지는 사건을 현실처럼 인식하고, 스크린에 비춰지는 현실에 조정되며, 질문형 이야기구조의 흡입되면서 현대 영웅인 스타와의 동일시를 느끼게 된다. 관객들은 영화라는 매체에 자연스럽게 빠져들게 되는 것이다.

근대를 열망하였지만 자생적 근대화에 실패한 식민지 한국사회에서 영화는 근대의 표상만이 아니라 현실을 벗어날 수 있는 최고의 매체였었다. 1900년대 도입된 영화는 처음에는 수입영화가 주로 상영되었는데 1923년을 기점으로 한국에서 직접 제작된 영화들도 관객들의 인기를 끌었다. 해방직전까지 제작 발표된 영화는 150편 정도이며, 순수하게 우리 자본으로 만든 영화는 100여편 정도였다. 한국영화 제작 편수가 적은 이유는 일제의 검열과 탄압, 열악한 민족자본 등을 들 수 있다. 하지만 영화가 부가가치를 높은 문화산업이었고, 영화라는 매체가 가지고 있는 예술성과 전위성 때문에 한국의 영화인들이 가지고 있는 열정은 매우 높았다.

그럼에도 불구하고 영화에 대한 당대지식인들의 반응은 상당히 부정적이었다. 이는 극장에서 상영되는 영화가 대부분 할리우드 영화였기 때문이다. 할리우드 스튜디오 시스템에 의해서 제작된 영화들은 천편일률적이었고 가벼운 멜로물이 주종을 이루었다. 또한 서구격인 자유분방

함이 당대 한국인들의 윤리의식에서 볼 때 방탕과 방종으로 인식되었다. 예술적 저급성과 문화적인 반감이 영화에 대한 비판의식을 키웠다. 더군다나 극장은 남녀의 은밀한 교제가 빈번하게 일어나는 장소였기 때문에 불순한 기관으로 오해를 받았다.

하지만 영화는 당대 관객들에게는 가장 대중적인 오락이자 예술이었다. 애활가(영화팬)가 탄생하였고 다양한 영화문화가 생성되었다. 또한 영화가 일상 문화에 강한 영향을 끼치게 되었다. 스타를 추종하는 일단의 모던뽀이와 모던걸들이 경성의 패션과 소비문화를 선도하게 되고, 청소년들은 영화를 통해 근대를 학습하였다. 영화가 만들어놓은 이미지가 바로 근대 모습으로 이해되었다. 헐리우드로 대표되는 서양영화들은 당시 한국인들에게 반봉건적인 의식과 자본주의적 지향을 자연스럽게 일상화시켰다. 그런데 영화가 가지고 있는 현실재현성과 전위성에 의해서 영화를 관람하면서 저절로 반제국주의적인 의식과 민주주의적 의식도 키워나갔다.

04

애활가愛活家의
탄생

04

애활가愛活家의 탄생

1. 기기고 괴별별奇奇怪怪別別한 신오락물

한국인들이 영화를 처음 접한 시기는 대략 1900년경으로 추정된다. 언제 최초로 영화가 상영되었는가에 대한 의견은 분분하다. 정설화된 것은 '영미연초회사'가 판촉을 위해 담뱃갑을 받고 영화를 상영하였다는 논의다.

임화林和는 「조선영화발달소사」에서 다음과 같이 기술하고 있다.

> 조선의 영화사는 내지內地나 지나支那에 있어서와 마찬가지로 활동사진의 수입으로부터 시작된다. 광무 7년경(?)(명치 36년 서기 1903) 동경 홍행업자 길택상회吉澤商會의 손을 거쳐서 수입 공개된 영미연초회사의 선전 「필님」이 조선에 있어서 활동사진 상영의 효시라고 한다. 그러나 홍행물로서 활동사진이 등장한 것은 광무 8년年(?)경 원각사에서 불국 「파테」제 단편희극과 실사를 상영함으로부터인데 뒤이어 연흥사, 장안

사, 광무대 등에서 륙속 활동사진을 상영하고, 미인米人 「골부란」「보사덕」 등의 경영하든 한성전기회사에서 전차선전 겸 「메리꼬라운드」와 더부러 「활동사진관람소」를 현 동대문 전차회사차고지에 개설하야 개화조선의 중요한 신오락물로 활동사진이 등장케되였다.[1]

한국에서 최초의 영화 상영에 대한 기술부분이다. 그런데 이 글을 읽다보면 뭔가 미심쩍은 점이 발견된다. '활동사진의 효시라고 한다'라는 문장이 가지고 있는 모호함 때문이다. 광무 7년에 물음표를 친 것 또한 글의 신빙성을 떨어뜨린다. 임화는 왜 이렇게 기술을 했던 것일까? '영미연초회사'라는 이름이 공식적으로 등장한 것은 1906년 4월 29일자 『대한매일신보』의 특별 광고였다.

  4월30일(월요일)부터 동문내 한미전기회사에서 하기夏期 활동사진을 완상하는데 하기간 우일雨日을 제외하고 매일 8시부터 두시간 동안 설행하는데 날마다 각종으로 할터이오니 조량 내림하시기 바랍니다. 단 완상금玩賞金은 매인每人 한화 10전으로 정하되 영미연초회사에서 제조한 권련 공갑으로 다음과 같이 영수함.

  Old Gold 올드 꼴드 10갑
  Hero   히로   10갑

---

1 임화,『조선영화발달소사(朝鮮映畫發達小史)』,『삼천리』제13권 제6호, 1941.6.1. 단국대학교 부설 동양학연구소 편,『일상생활과 근대영상매체 영화』1, 민속원, 2008, 383쪽.
 * 이 장에서 인용된 자료들은 고어(古語) 표현 등은 원문이 훼손되지 않는 한 가능하면 현대문으로 고쳤다.

Hallo	할노	10갑
Honey	호늬	10갑
Sweetheart	스위헛드	10갑
Drumhead	드람헤드	20갑
Goldfish	끌드피쉬	20갑

한미전기회사 고백 —

『대한매일신브』, 1906.4.29[2]

'영미연초회사'는 1906년 '영미트러스트사'가 한국 내에 설립한 담배 판매회사였다. 그러므로 임화가 광무 7년(1903)에 영화를 상영했다는 것은 오류일 가능성이 높다. 당시 한국의 담배시장은 '히로가와 상회'와 '무라이 상회'가 선점하고 있었다. 후발업체인 '영미연초회사'는 두 상회와 치열한 경쟁을 해야 했다. 조선총독부가 1914년 '연초세령'을 시행하기 전까지 '영미연초회사'는 다양한 판촉행사를 벌이는데 담배갑을 모아서 활동사진을 보게 한 것도 판촉행사 중의 하나였다. '영미연초회사'는 '한미전기회사'가 운영하고 있던 동대문 활동사진소와 공동으로 영화를 상영했었다.[3] 신문에 실린 특별광고의 광고주는 '영미연초회사'가 아니라 '한미전기회사'였다. 그러므로 '영미연초회사'가 활동사진을 보여주기 전에 '한미전기회사'에서 활동사진을 상영했다는 추론이 가능하다.

1906년 7월 29일자 『만세보』에는 "구경가서 구경가세 동대문안 전기회사로 활동사진 구경가세 전차표 일장이오 공궐연갑 십개만하면 기기

---

[2] 조희문, 「담배 전차 영화」, 『영상문화』 26호, 2000. 가을, KMDb 한국영화데이터베이스.
http://kmdb.or.kr/2006contents/kfilm_jounal_view.asp?ho=17&idx=147
[3] 위의 글.

괴괴별별奇奇怪怪別別한 구경이 다 있다네"라는 기사가 실렸는데 이 시기 '영미연초회사'의 판촉행위를 반영한 것이다.

광무 8년(1904) '원각사'에서 프랑스 파테사의 실사영화를 상영했다는 부분도 오류이다. '협률사'에서 '원각사'로 재개관과 동시에 명칭 변경한 것은 광무12년(1908)이었다. 이렇듯 임화가 모호하게 기술할 수밖에 없었던 것은 영화사를 쓰기 위한 사료가 미비했기 때문이었을 것이다.

그럼 언제 어디서 영화가 상영되었던 것일까? 『황성신문』에 실린 다음과 같은 광고를 통해서 실마리를 풀 수가 있다.

> 동대문 전기회사 기계창에서 시설하는 활동사진은 일요 급 음우陰雨를 제흔 외에 매일 하오 팔시로 십시까지 설행하는대 대한 급 구미각국의 생명도시 각종극장이 절승한 광경이 구비하외다. 허許 입장료 동화 십전[4]

이 광고의 주체는 대한제국 황실이 출자한 한성전기회사Seoul Electric Co.였다.[5] 이 회사에서 전차 부설과 운영을 담당했던 미국인 콜브란Henry Collbran, 骨佛安과 보스트윅Harry Rice Bostwick, 寶時旭이 전차승객을 끌기 위한

---

4 『황성신문』, 1903.6.23.
5 '한성전기회사'는 전기사업에 관심을 가졌던 고종황제가 이근배와 김두승을 명의인으로 내세워 30만원의 자본금으로 1898년 1월에 설립한 황실 기업이다. '한성전기회사'는 먼저 남대문에서부터 동대문을 거쳐 홍릉에 이르는 구간에 전차운행 건설을 시행했는데 콜브란에게 도급을 주었다. 그런데 1899년 5월 26일 전차가 개통된 뒤 일주일 만에 유아 사망사고를 내서 시민 폭동이 일어났고, 전차 운영문제와 외교상의 문제로 1904년 2월 19일 콜브란에게 이관되었다. 그해 7월 18일 콜브란은 자본금 100만불을 가지고 유한회사 '한미전기회사(American Korean Electric Company)'를 설립했다. 조희문, 앞의 글, 2000.가을 참고.
오진석, 「한국근대 전력산업의 발전과 경성전기(주)」, 연세대 대학원 박사논문, 2006, 32~72쪽 참고.

방편으로 활동사진을 보여준 것이다. 이때 활동사진 관람은 공짜가 아니라 10전의 이용료를 내야 했다. 이것이 한국 최초의 상업적 영화 상영이라고 할 수 있다.

그렇다고 '한성전기회사'에서 영화를 상연한 것이 최초로 영화 상영은 아니었다. 미국인 여행가 홈스Elias Burton Holmes가 한국여행 중에 궁으로 초대를 받아 고종황제와 황실인사들 앞에서 영화를 상연했다는 기록이 남아 있다. 정확하게 언제 궁에서 영화를 상연했는지는 확실하게 알 수 없으나 1899년이나 1902년경으로 추정할 수 있다.[6] 이밖에 심훈은 「조선영화총관」이라는 글에서 1897년경에 진고개 혼마찌좌에서 일본인 거류민들 사이에서 실사實寫 상연이 이루어 졌다고 기술하고 있다.[7]

이상을 살펴볼 때 한국에서 공식적으로 상업적인 영화를 상연한 것은 1903년 '한성전기회사'였지만 영화가 한국에 수입된 것은 그 이전이라고 추정할 수 있다.[8] 다시 정리하자면 한국에서 최초의 영화 상연 문제는 아직까지 확정하기가 곤란한 난제이다. 이 문제를 풀기 위해서는 보다 많은 사료의 검토가 필요하다.

2. 극장이란 제도

활동사진은 당대 한국인들에게 진기한 근대적 박래품이었다. 활동사

---

6 조희문은 1899년을 주장하고 김려실은 1901년을 주장하고 있다.
 조희문, 『한국영화의 쟁점』 1, 집문당, 2002, 19쪽; 김려실, 『투사하는 제국 투영하는 식민지』, 삼인, 2006, 26쪽.
7 심훈, 「조선영화총관」, 『조선일보』, 1929.1.1.
8 김려실, 앞의 책, 21~34쪽에는 영화 전래의 다양한 주장들이 체계적으로 정리되어 있다.

진이란 용어는 1897년 일본에서 처음 사용되었다고 한다. 활동사진이란 용어가 한국에 정착하기 전에는 '팔딱사진', '움직사진'이라는 용어가 사용되기도 했다.[9] 이러한 용어를 통해서 영화가 한국인들에게 어떻게 인식되었는지 알 수 있다. 임화 또한 영화를 '개화조선의 중요한 신오락물'로 인식하고 있었다.

이 진기한 근대적 오락물을 보기 위해서 매일 밤 사람들이 '한성전기회사'로 몰려들어 인산인해를 이루었다. 1903년 7월 10일자 『황성신문』의 기사를 통해서 이를 확인할 수 있다.

> 근일 동대문 내 전기철도회사 중中에 활동사진 기계를 구입하야 사녀士女의 관완觀玩에 공공供함으로 관완자觀玩者가 하오 팔시로 십시까지 전차에 탑재搭載하야 분분왕관紛紛往觀하는대 인산인해를 족취族聚하야 매석 표가수입액이 백여원이오 차표가도 역연亦然한대 삼작일三昨日은 신문新門 내 협률사에도 여피如彼 기계 일좌一坐를 배치하고 관완觀玩케 함으로 완객玩客 유녀遊女 수천인數千人이 취집聚集하얏다가…

그런데 이 기사에서 주목할 점이 있다. 바로 '협률사協律社'에도 영사기계를 배치하여 활동사진을 상영하였다는 부분이다. '협률사'는 근대적인 극장이다. 1902년 '협률사'의 탄생은 한국 문화에 중요한 기점이 되었다. 그동안 한국에는 '협률사'와 같은 옥내 상설극장이 없었다. 그러나 1900년대는 옥내 상설극장의 필요성이 점점 대두되던 시기였다.

1899는 4월 3일자 『황성신문』에는 아현 등지에 '무동연희장舞童演戱場'이 설치되어 사람들이 운집했다는 기사가 등장한다. 당시 서울은 근대

---

9 위의 책, 39쪽.

도시적인 징후들을 보여주고 있었다. 근대는 도시화를 불러왔고 도시에서는 현실적이며 시각적인 문화가 무엇보다도 우선하였다. 본다는 것은 근대적 주체들의 자기 확인을 통한 외부와의 소통이라고 할 수 있다. 19세기말 서구에서 등장한 리얼리즘이나 한국의 진경산수는 모두 이러한 근대성에 동인을 가지고 있었다. 그러므로 근대사회는 구경꾼들을 양산시킨다. 이렇게 양산된 근대적 구경꾼들은 전근대에서 근대로의 변화로 인해 새롭게 생성된 모든 것에 탐닉을 한다. 당대 서울시민들 또한 새로운 구경거리를 찾고 있었다.

> 서간 한잡배開雜輩가 아현 등지에서 무동연희장舞童演戲場을 설설하얏난대 괄광하난 인이 운집하얏거날 경무청어서 순검을 하송하여 금엄한즉 방관하든 병정이 파흥破興됨을 분통憤痛히 녁이어 해순검該巡檢을 무수난타하야 기지사경幾至死境한지라 본청어서 기한잡비其開雜輩 기허명幾許名을 착치捉致하고 해연희장該演戲場 제구를 수입하야 소화燒火 하얏다더라

이 기사 속에서 당대 서울 시민들이 가지고 있는 강렬한 욕망을 발견할 수 있다. '무동연희장'에 얼마나 많은 사람들이 모였으면 관에서 순검을 파견하여 이를 해산시키려 했겠는가? 또한 병정은 얼마나 구경하는 것이 재미있었으면 해산하려는 순검에게 폭력을 행사하였겠는가? 순검이 사경을 헤매고 있다는 기술에서 당대인들의 구경 욕망의 깊이를 읽을 수 있다. 이러한 구경꾼들은 항상 새르운 구경거리를 욕망한다. 이러한 그들에게 '협률사'라는 '희대戲臺' 즉 근대적인 양식의 극장이 등장하였다.

희대戲臺라 함은 지나류支那流로 닐컷는 극장이란 말입니다. 조선의 고연희古演戲에는 똑바른 의미의 무대舞臺를 요하지 않는 동시에 특정한 극장의 시설도 생기지 안코 마랏습니다. 한말韓末 고종황제高宗皇帝 광무육년光武六年(임인壬寅) 추秋에 어극御極 사십년四十年 칭경예식稱慶禮式이란 것을 경성京城에서 거행擧行하기로 하고 동서양체약각국東西洋締約各國의 군주에게 초청장招請狀을 보내엿는데, 이러한 귀빈貴賓의 접대接待를 위하야 여러 가지 신식설비新式設備를 급작이 진행할새 그 중中의 하나로 봉상사奉常寺의 일부一部를 터서 시방 새문안 예배당禮拜堂 있는 자리에 벽돌로 둥그러케－말하자면 라마羅馬의 '콜로세움'을 축약縮約한 형제刑制의 소극장을 건설하고 여령女伶·재인才人을 뽑아서 예희藝戲를 연습케 하얏습니다. 규모規模는 애루隘陋하지마는 무대舞臺·층단식層段式 삼방관람석三方觀覽席·인막引幕·준비실準備室을 설비設備한 조선朝鮮 최초最初의 극장이오 또 한참시절 '론던'의 '로얄' 희대戲臺·'비엔나'의 왕립극장王立劇場에 비의比擬하려 한 유일唯一한 국립극장인 것만은 사실이얏습니다. 이에 관한 사무를 처판處辦하기 위하야 협률사協律社라는 기관이 궁내부관할하宮內府管轄下에 설치되야서 처음에 칭경예식稱慶禮式을 위한 기생妓生·창우倡優·무동舞童 등等의 연희演戲를 구경식히면서 명년明年을 기다렷습니다.[10]

　　최남선은 '협률사'의 모습을 매우 자세하게 묘사하고 있다. 이 글을 통해서 우리는 '협률사'라는 '희대戲臺'의 모습을 구체적으로 그려볼 수 있다. '협률사'는 로마 콜로세움 형태의 둥그런 벽돌 건물이었고, 극장 내부는 무대와 객석이 분리되어 있는 서구식 극장 구조를 가지고 있었

10　최남선, 『조선상식문답속편』, 동명사, 1947, 344~345쪽.

음을 알 수 있다. 객석 규모가 500석 정도였는데 무대에 인막(引幕)이 설치되어 있었고 무대 뒤에는 공연준비실까지 설비되어 있었다. 최남선이 런던 '로얄극장'이나 비엔나 '왕립극장'과 견주려고 했다는 과장된 표현된 '협률사'가 상당히 짜임새를 갖추고 있었다는 것을 반증하는 것이다.

고종황제가 만들어 준 '협률사'라는 극장은 민(民)과 함께 국가 의례를 치른다는 상징성을 갖는 일이었다.[11] 궁중에서 행해지던 산대놀이나 전통연희가 대중적인 공간 속으로 배치된 것은 중요한 변화였다. 1900년대는 '국민'이라는 담론이 형성되는 시기였다. 1989년 11월 24일자 『황성신문』 논설은 "인민이 정부를 위해서 존재하는 것이 아니라 정부가 인민을 위해서 설립된 것"이라고 주장하고 있다.[12] 이렇듯 이 시기는 근대적인 징후들이 사회 곳곳에서 드러났고 '협률사'라는 극장 설립도 그러한 흐름 속에서 이해할 수 있다. '협률사'는 당시의 서울 사람들의 공연예술에 대한 인식을 변화시켰고 근대 공공과 공중을 직접 체험할 수 있는 공간이었다.

그런데 '협률사'가 고종황제의 직위 사십년 칭경예식 때문에 설립되었다는 최남선의 주장과 다른 주장도 있다. 1906년 3월 8일자 『대한매일신보』에는 '협률사'가 당시 군악대장이었던 장봉환이 군악대 경비충당을 목적으로 고종황제가 하사한 내탕금 4만원으로 설립했다는 기사가 나온다.[13] '협률사'가 경축식 용 일회성 다목적 홀로 세워졌다는 최남선의

---

11 전우용, 『서울은 깊다』, 돌베개, 2008, 352~353쪽.
12 박노자는 『황성신문』의 이러한 주장 속에는 국민의 자유권보다는 의무를 강조하고 있는 한계가 있음을 지적하고 있다. 하지만 『황성신문』의 이러한 주장은 그 이전시대와는 다른 진일보한 모습임을 인정해야 한다.
박노자, 「개화기 국민담론과 그 속의 타자들」, 『근대계몽기 지식개념의 수용과 그 변용』, 소명출판, 2004, 240쪽.

견해와 다른 내용이다. 최근에는 '협률사'는 극장명이 아니라 극장에 상주한 '연희회사'의 명칭이었다는 논의도 있다.[14] '협률사'가 한국에서 최초로 건립된 극장이었지만 아직까지 근대 극장제도가 정착하지 않았기 때문에 생기는 논의들이라고 할 수 있다. 이러한 한계 때문에 '협률사'는 근대극장으로서의 역할을 제대로 못하고 1908년에 '원각사'로 재개관하게 된다.

'협률사'에 대해 우리가 주목해야 할 점은 '협률사'가 시세에 매우 민감했다는 것이다. 연극 극장으로 설립되었음에도 불구하고 앞에서 살펴 본 『황성신문』 기사와 같이 활동사진을 상영하기도 하였다.[15] '한성전기회사'의 활동사진 상영이 많은 관객들을 끌어 모으는 것에 자극을 받은 결과였을 것이다. 이는 흥행을 목적으로 하는 근대 극장의 본질과 일치하는 것이었다. 그런데 '협률사'에서 활동사진을 상영하자마자 화재사건이 일어났다. 『황성신문』의 기사를 살펴보면 "홀연 전화電火가 열파裂破하야 만옥화광滿屋火光이 분신奮迅함으로" 군중들이 놀래서 서로서로의 발을 밟고 밟히고, 높은 담에서 스스로 뛰어내리고, 옷과 갓이 찢어지는 등 많은 사상자들이 속출하였던 것을 알 수 있다.[16] 연극 극장으로 출발한 '협률사'가 활동사진을 상영했기 때문에 벌어진 불상사였다고나 할까? '협률사' 화재사건은 극장이라는 제도가 정착되지 않은 과도기적인 상황으로 상징하는 사건으로 볼 수 있다.

여기에서 왜 이렇게 '협률사'를 꼼꼼하게 살펴보고 있는 가에 대한 설명을 해야 할 것 같다. 극장이란 공간은 구경거리를 보여주는 무대나

---

13 유민영, 『한국근대연극사』, 단국대학교 출판부, 1996, 33~34쪽.
14 조영규, 『바로잡는 협률사와 원각사』, 민속원, 2008.
15 유민영, 앞의 책, 37쪽.
16 『황성신문』, 1903.7.10.

은막이 있고 구경거리를 보는 객석이 있다. 무대 위에서 비우들이 연기하고 은막에서의 서사적인 사건들이 펼쳐진다. 구경거리를 보는 객석과 무대와 은막을 철저하게 분리되어 있다. 한국 전통 연희였던 판소리나 탈춤처럼 주객이 모호한 공간배치가 아니라 주객이 엄격하게 분리된 공간 배치이다. 그리고 극장에서 구경거리를 보기 위해서는 지켜야 할 규칙을 가지고 있다. 극장은 사적 공간이 아니라 공적 공간이기 때문이다. 엄밀히 이야기 하면 극장은 사적인 공간과 공즈인 공간이 중첩되어 있는 이중적인 공간이다. 때문에 극장에서 사람들은 극장이란 제도가 요구하는 규율을 학습해야 한다.

영화를 보기 위해 극장에 들어선 관객들은 정해진 시간에 정해진 장소에 가서 정해진 돈을 내고 정해진 자리에 앉아 정해진 시간을 거의 움직이지 않고 보내야 한다. 때문에 강제적인 학습과정이 필요하다. 이러한 학습은 '자발적'으로 이루어지며 극장을 갈 때마다 반복적으로 이루어진다. 사람들은 영화보기에 앞서 시간을 정해 놓고 그것에 맞추어 일상생

명치좌 극장(현 명동예술극장)　출처 : 부산박물관, 『사진엽서로 보는 근대풍경』 1 도시, 민속원, 2009, 330쪽

활을 재배치하는 근대적 시간 개념을 내면화 시키는 훈련을 하게 되는 것이다. 이러한 훈련을 통해서 사람들은 사회가 요구하는 규율을 자연스럽게 자기화하게 된다. 이런 점에서 극장은 학교나 병영, 공장과 마찬가지로 '근대의 학습장'이라고 할 수 있다. 하지만 다른 공적시설들보다 훨씬 소프트한 학습장이었다.[17] 영화를 본다는 것은 이렇게 극장이라는 공간 속에서 극장이 요구하는 규율에 자신을 맞추는 것을 전제로 하고 있는 것이다. '협률사'라는 근대적 극장이 당대 사람들에게 요구한 것도 이러한 학습이었다.

호적과 장구소리에 끌려서 「사진이 나와 논다지」 「사진이 나와 논대」 하고 떠드는 틈에 끼여 담뱃갑卷煙匣 열장을 들고 드러가니 무대에 미국긔와 됴선긔를 그린 휘장을 처놋코 그 휘장 압헤 굵은 줄을 가로 매여 놋코 맨—먼저는 소녀少女광대가 나와서 줄을 타고 그 다음에 휘장을 거더치우더니 조선녀자가 춤(僧舞 等)을 몃가지 추구 그리고 불이 꺼지는 고로 「익크 활동사진이 나온다」 하고 기다렷더니 한참이나 캄캄한대로 잇다가 식꺼먼 외투를 닙은 서양사람 한 떼가 웃득웃득 서 있는 것이 환—하게 빗취엇다.

「나와 논다더니 어데 노—나」 「밤낮 고대로 섯기만 하네그려」 이럿케 수군수군하는 중에 아는 체하는 한분이 「아니야 저—허연 것은 눈이 와서 싸힌 것이고 추어서 어러 죽은 사람들이라오」 하엿다

「올—치 그럿킬네 저럿케 꼼짝도 못하고 섯지…」 누구던지 이것은 환등幻燈이라고 설명해 주엇드면 조왓슬 것을 설명도 안하고 환등을 빗치닛가—나오는 것마다 어러 죽은 사람이라고만 보고 잇섯다. 몃번인

---

17   전우용, 앞의 책, 348~349쪽.

지 그 여러 죽은 사람이 밧긔여 나오고 나서 아모 인사도 업시 설경도 업시 통지도 업시 그냥 광고도 업시 그냥 환등 뒤끗헤 활동사진이 나왓다.

자막도 업고 것자곳자도 서양부인 하나가 방속에서 빨내를 하는데 강아지가 드러와서 빨내를 더럽혀 놋는고로 부인이 강아지를 내여 쫏으닛가 엇던 키큰 남자가 하나가 길다란 산양총을 들고 드러와서 총을 노닛가 부인이 이리저리 쫏겨다니느라고 발광을 하다가 호각소리가 후루룩 나고 불이 다시 켜지고 그만 그뿐이엿다. 그나마 사진기사는 조선 사람이엿는데 긔계를 들고 작란을 하는지 사진이 이구텅이로 다라낫다가 저끗으로 쏠렷갓다가 야단법석이엿다. 다만 그뿐이엿다. 설명도 업시 소개도 업시 음악도 업시 지금 생각하면 어느 희극사진이 못쓰게 되야 내야버린 것을 한토막 끈어가지고 나와든 것이엿다.[13]

소파 방정환이 활동사진을 처음 보았을 때를 회상한 글이다. 이 회상기에서 우리는 당시 '활동사진소' 즉 극장의 풍경을 엿볼 수가 있다. 그가 답배갑 열장을 들고 들어갔다는 내용으로 보아 '영긔연초회사'가 영화를 통해서 판촉을 벌이고 있었던 1906년경이었던 것 같고 그 때 소파 나이는 15살 정도였을 것이다. 한창 감수성이 예민한 청소년기의 소파에게 활동사진을 본다는 것은 소풍가는 것처럼 흥분되는 일이었을 것이다. 그러나 그의 최초 영화 관람은 그렇게 긍정적이지는 않았던 것 같다.

그 원인은 당시 극장제도와 영화 유통구조에서 찾을 수 있다. 당시 활동사진 배급망은 안정적이지 못했기 때문에 극장에서는 충분한 필름

---

18   파영(波影), 「활동사진(活動寫眞) 이약이」, 『별건곤』, 1926.12, 90~91쪽.

을 확보하기 어려웠다. 그래서 활동사진 상영 전에 시간을 때우기 위해서 광대나 전통 무용 등의 공연이 있었고 때로는 환등기를 틀어주었던 것이다. 소파의 회상에 의하면 당시 관객들은 환등기와 활동사진을 구별하지 못했던 것 같다. 그래서 환등기로 스크린에 비춰지는 사진 속의 사람들이 움직이지 않는 것을 보고 '얼어 죽은 사람'으로 오해를 하고 있는 것이다. 근대적 박래품에 대한 지식과 정보가 없었기 때문이 일어난 일종의 소극笑劇이었다. 이러한 해프닝 속에서 드디어 활동사진이 상연되었는데 단막 필름이었기 때문에 내러티브도 없고 상영시간도 너무 짧아서 소파는 별 감동을 느끼지 못하였던 것 같다. 아직까지 변사가 등장하지 않은 시절이라서 설명이 없는 활동사진은 그냥 거칠게 움직이는 '팔딱사진'일 뿐이었다.

우리가 여기서 주목할 점은 '활동사진소'가 극장으로서의 자기 역할을 충분히 하지 못하고 있다는 것이다. 극장이 필름을 완벽하게 구비하지 못했고 관객들 또한 극장의 규율에 따르지 않고 있다. 영화를 보면서 대화를 하거나 판소리 연희를 즐기는 듯이 추임새를 던지는 관객들은 아직까지 완전한 영화 관객이라고 할 수 있다. 이러한 미성숙한 관객들은 극장이라는 제도가 구축되면서 영화를 즐기기 위한 기초소양을 갖추기 시작하였고 애활가들로 발전하였다.

1905년 4월 24일자 『황성신문』 광고를 보면 남대문 안에 상동 활동사진사무소가 성업 중임을 알 수 있다.[19] 1906년 4월 18일자 『황성신문』에는 프랑스인 마르탱(한국명 마전馬田)은 서양식집(아스트하우스 호텔)에서 영화를

---

19   신발명한 일로전쟁 활동사진을 상동 덕국(德國)공관 전에서 매야연희(每夜演戱)하오니 첨군자는 래임완상(來臨玩賞)하시믈 요홈 단 공일만 휴업하오. 남문 내 상동 활동사진사무소 고백, 『황성신문』, 1905.4.24.

상영 하였다는 사실이 실려 있다.

    금번에 청국 상해로부터 신도착한 활동사상은 불란서와 미국과 일본에 우명한 사진寫眞이오. 각종 잡극雜劇이 무불구비無不具備하오니 첨군자僉君子는 내왕 임완상臨玩賞 하심을 망望함. 금今 유월六月 십오일十五日 하오下午 팔점반八點半에 개설함. 각종사진 매일 유이有異하야 특별 선명함.

  1909년 8월 1일자 『황성신문』에 실린 '광무대光武臺'[20]의 활동사진 광고를 보면 당시 활동사진 보급과 상영이 매우 활발했음을 다시 한 번 확인할 수 있다. 매일 다른 활동사진을 상영하고 활동사진이 특별히 선명하다는 문구 속에서 방정환이 처음 활동사진을 보았던 상황과는 많이 다르다는 것을 알 수 있다. 활동사진이 당시 대중들에게 폭발적인 인기를 얻게 되자 활동사진을 전문적으로 상영하는 활동사진소가 생기게 되었다. 영화는 한국에서 가장 중요한 대중오락으로 자리 잡고 흥행을 위한 가장 효과적인 장르로 올라서게 된 것이다. 많은 흥행업자들이 활동사진을 상영하는 극장에 투자하였고, 당연히 영화산업은 가장 유망한 블루오션Blue Ocean이 되었다.

  1910년 2월 18일 활동사진을 상시 상연하는 '경성고등연예관'이 일본인이 주로 거주하는 남촌 황금정(현재의 을지로)에서 개관하였다. '경성고등연예관'은 극장건물 외관이나 내부 설비를 모두 현대적으로 꾸몄다. 극장 시설 또한 고급화 하였고 특등부터 4등석까지 갖추고 있었다. 영화

---

20   '한미전기회사'에서 운영하던 '동대문 활동사진소'가 1907년부터 판소리 등 전통 연희를 함께 공연하면서 명칭이 '광무대(光武臺)'로 바뀌었다.

상영을 전담하는 영사기사를 고정 배치하여 연중무휴로 매일 밤 활동사진을 상영하였다. 한국인들이 주로 거주하였던 북촌에 있었던 '단성사'·'장안사'·'연흥사' 등에서도 활동사진을 상영하기 시작하였다. 이렇게 활동사진을 상시적으로 상영하는 극장들이 전국적으로 확대되면서 활동사진은 한국문화에 서서히 삼투되기 시작한다.

당시 경성에 성업 중이던 대표적인 상설 극장은 아래 표와 같다.

북촌		남촌	
극장명	설립년도	극장명	설립년도
단성사(團成社)	1907년(1918년 영화 전문극장으로 개편)	경성고등연예관 (京城高等演藝館)	1910년 (1914년 폐관)
원각사(圓覺社) – 유광관	1908년(협률사에서 개칭)	대정관(大正館)	1912년
광무대(光武臺)	1907년(동대문활동사진소에서 개편) 박승필 1908년 인수	황금유원 – 황금관(黃金館)	1913(1938년 황금좌로 개칭)
장안사(長安社) – 지만관	1908년	희락관(喜樂館)	1913년
연흥사(演興社)	1908년	경성극장(京城劇場)	1919년
우미관(優美館)	1912년	중앙관(中央館)	1920년
조선극장(朝鮮劇場)	1922년	낭화관(浪花館)	1920년
미나도좌(みなど座)	1930년	경룡관(京龍館)	1921년
제일극장(第一劇場)	1933년(미나도좌에서 개칭)	*제2대정관(大正館) 조선인 변사 채용	1914년. 구리개 고등연예관에서 개칭

3. 북촌과 남촌의 거리 : '경성고등연예관'과 '우미관'

1910년대가 되면서 영화는 대중들이 즐기는 취미오락으로 발전한다. 그런데 북촌에 있는 극장들과 남촌에 있는 극장들 사이에는 일정한 거리가 있었다. 이러한 거리감은 한국인과 일본인이라는 거주민의 차이에서 생기는 거리감이기도 하지만, 북촌 극장에는 조선인 변사들이 설명을 했고, 남촌 극장에는 일본인 변사가 설명을 했기 때문이다. 일본어에 능통한 한국인이라면 남촌의 극장에 가고 무방하였지만, 대부분의 한국인들에게 일본어는 높은 장벽이었던 것이다. 북촌의 극장을 일본인들이 찾지 않은 이유도 비슷했다.

당시 남촌의 극장들은 관객들의 취향에 따라서 일본영화를 주로 상연하였고, 북촌의 극장들은 유니버셜, 폭스, 파라마운트 등 할리우드 영화들이 주로 상영되었다. 당시 한국인 관객들에게 인기 있었던 영화는 유니버설 사의 연속활극 〈명금名金, The Broken Coin〉(1915) 〈철鐵의 륜輪, The ron Claw〉(1916)와 블루버드영화인 〈독류毒流, The Shoes〉와 찰리 채플린이 주연한 키스톤사의 코미디, 파라마운트사의 세실 B. 데밀이나 그리피스의 장편영화 등이었다.[21] 이런 할리우드 영화는 한국 관객들에게 서구 문화를 이해하는 데 효과적인 텍스트들이었다.

남촌의 대표적인 극장은 '경성고등연예관'과 '대정관'이었다. 앞에서 살펴보았듯이 '경성고등연예관'은 당시로서는 최신식 첨단 영화관이었다. 그래서 그런지 '경성고등연예관'의 입장료는 특등석이 1원이나 하는 고가였다. 1원이라는 입장료는 다른 극장들이 상상도 못하던 큰 액수이었다. 이렇게 비싼 입장료를 받았음에도 불구하고 관객들은 줄지 않고 오히려 더 성황을 이루었다. '경성고등연예관'은 1회에 13~15편의 단편영화를 묶음으로 상영하였는데 보름 주기로 영화를 교체하였다.[22]

'경성고등연예관'은 1912년부터 폐관되기 전까지 『매일신보』에 광

---

21 김려실, 앞의 책, 2006, 48쪽.
22 한국영화사연구소 편, 『신문기사로 본 조선영화 1011~1917』, 한국영상자료원, 2008, 24쪽.

고를 내었다. 우리는 광고를 통하여 '경성고등연예관'에서 상영된 영화들의 경향을 살펴볼 수 있다.

모범적 활동사진 상설관

조선 경성 황금정 삼번지
경성고등연예관
전화 一四三四번
제 오십삼회 삼월일일 사진 전부 차체差替

전기電氣의 적 · 강우서생降雨書生 · 부자富者의 백부님 · 학습원 여자부 화재 · 인호귀호人乎鬼乎 동경 옥용용시쇄玉用踊市晒 예기 명물입鳴物入 · 마락가摩洛哥 전쟁 · 기차중의 적汽車中の賊 · 자공일子供日 · 합사合似한 부부 · 신의 장神の腸 · 기타 위생 환등

매야 일곱시七時 개장
출장영사 급及 음악대 초빙에 응함
출장영사 급及 음악대 초빙 の御相談に應じます[23]

1912년 3월 1일자 『매일신보』에 실린 '경성고등연예관' 광고다. 먼저 '모범적 활동사진 상설관'이라는 헤드라인이 눈에 띈다. 한국에는 '경성고등연예관'만한 극장이 없다는 유아독존식 자신감이 이러한 카피를 선택하게 된 이유였다. '경성고등연예관'의 헤드라인은 1912년 5월 2일

---

23 위의 책, 28쪽.

자 『매일신보』 광고에는 '활동사진 상설 원조'로 바뀐다. 처음보다는 많이 겸손허졌지만 '원조元祖'라는 담론을 통해서 자긍심을 계속 유지하고 있다. 원각사의 '유광관'이 '신설활동사진', '우미관'이 '0월0일 사진 전부 차환'과 같이 정보전달 위주의 헤드라인을 쓴 것과는 사뭇 대조적이다. 그만큼 당시 '경성고등연예관'은 자타가 인정하는 최고 극장이었다. 그런데 '대정관'이 1912년 11월 8일자 『매일신보』에 개관 광고를 내면서 '모범 상설활동 대사진관 개관'이라는 헤드라인을 사용하견서 '경성고등연예관'에 도전장을 낸다. 특히 '모범활동사진관의 대왕'이'라는 바디카피를 사용하고 있는데 이는 다분히 '경성고등연예관'을 겨냥한 것이라고 볼 수 있다. 이러한 극장 광고를 통해서 우리는 한국에서도 본격적인 영화전문 극장이 출현했음을 알 수 있다.

그런데 '경성고등연예관'은 한국인 관객을 위한 극장이 아니었다. 광고의 마지막 부분에서 '~상담에 응한다~の御相談に應じます'라는 일본어를 노출시켜 이 극장이 한국에 있는 일본인을 주관객층으로 설정하고 있음을 확인할 수 있다. 또한 이 광고를 통해서 우리는 '경성고등연예관'이 출장 영사도 했음을 알 수 있다. 출장영사는 음악대 함께 움직여야 함으로 그 행차가 거창했었다. 또한 극장 프로그램 속에 '위생 환등'이 들어 있는 것이 눈에 띈다. 앞에서 살펴보았던 방정환의 에피소드가 떠오르기 때문이다.

모범적 활동사진 상설관

조선 황금정 삼번지
경성고등연예관
전화 一四三四번

제 오십사회 삼월 십오일 사진 전부 차체差替

뿌루가리야국 군대 · 비행기 자동차 경주 · 빠다비야 풍속 · 서의 경기胃의 競技 · 양약고良藥苦로 소아小兒 포복절도 증아내가형제일좌曾我酒家兄弟一座 무언無言의 폰지 · 괴물 옥부屋敷 · 一파테 주화보週畵報 백삼십호 · 라지야 진기상珍奇箱 · 이인二人 형제

32) 음악대 초빙에 응함
지방 급及 시내출장 영사의 상담을 ᄒᆞ심을 망望함
매야每夜 여섯시六時 개장
출장영사 급及 음악대 초빙 の御相談に應じます[24]

    1912년 3월 31일자 『매일신보』에 실린 '경성고등연예관'의 광고다. 앞의 광고와 함께 살펴보면 당시 상영했던 단편 활동사진은 「마락가(모로코)의 전쟁」, 「뿌루가리아국 군대」, 「빠다비야 풍속」 등 외국 풍물이나 새로운 정보에 관한 것들과 「인호호귀」, 「괴물 옥부」 등과 같이 기괴한 것들이 주를 이루고 있다. 여기서 당대 관객들의 기대지평선을 읽을 수 있다. 프랑스 파테사의 「주화보」 130호가 프로그램에 있는데 이 시리즈는 '경성고등연예관'의 주요 레파토리였다.
    '경성고등연예관'과 '대정관'이 남촌에서 일본인 관객들을 유혹하고 있었다면 북촌에서는 '우미관', '단성사', '조선극장'이 중심이 되어 한국인 관객을 상대로 하는 삼파전을 벌였다. '우미관' 개관은 1916년이라고 알려졌는데 1912년 12월 21일자 『매일신보』 「연예계」에는 "우미관은

---

24 위의 책, 31~32쪽.

새로 건축한 이후로 련일 활동사진이 극히 정미할 뿐 아니라 처소가 화려함으로 매야에 남녀관람객이 답지 한다더라"라는 기사가 실려 있다. 또한 1913년부터는 『매일신보』에 교체된 새 영화 광고를 올리고 있다. 1913년 5월 3일자 『매일신보』에는 "다년 활동사진관의 변사로 도라단이며, 혹은 신파연극의, 배우 노릇도 하던 서상호徐相昊는 이러저리 구을다가 <u>작년 십이월 개관과 동시에 우미관의 주임 변사가 된 바</u>"(밑줄 필자)라는 기사가 나온다. 이러한 기록을 근거로 한다면 '우미관' 개관을 1912년으로 보는 것이 옳을 것 같다. 개관 당시 극장은 2층 벽돌 건물에 좌석은 1,000명 정도가 관람할 수 있는 긴 나무의자였다. 그런데 항상 2,000여명이 넘는 관람객으로 들어왔다고 한다. 만석滿席에 만석이었던 것이다. 당시 '우미관 구경 안하고 서울 다녀왔다는 말은 거짓말'이라는 말이 회자되기도 했다.

> 당 이십오일부터 신사진 체환광고
>
> 목차
>
> 시계광인가 · 도식逃인가 · 씨엔양의 결혼 · 일본신파희극 도처봉패 到處逢敗 · 뿌란스군의 비鼻 · 사私난 군인을 환영함 · 태서泰西 비극 흐명천명呼鳴天命 · 편리킨 염髥 · 근위기병 이근천횡단利根川橫斷의 실황 신파비극 인의 친人の親 상하 · 신파비극 독가비의 주탄酒呑 · 영국국기의 마술 · 서양정극 위태한 소년 · 일본희극 삼인서三人婿 · 이태리 가세르다 공원 · 골계 비만 남녀지 대경쟁 　『매일신보』, 1913년 1월 28일 자[25]

---

25 위의 책, 76~77쪽.

팔월 이일 사진 전부 차환

실사 남구의 제례·골계 견犬과 연관煙管·태서활극 의사義士의 한
－이병조李丙祚 설명·실사 대양의 포경의 경·대 탐정극 천망天網을 불
면不免－서상호徐相昊 설명·소극 가려운 약의 효험·차간此間 이십분
휴식·대비극 사회의 암흑－서상호 설명·실사 루재룬의 폭표의 경·
기타 종종種種

경성 장교통

전電 이삼이육二三二六

우미관 　　　　　　　　　　『매일신보』, 1913년 8월 2일자[26]

태서군사대활극 애국의 혈血 전사권 팔천척

태서탐정극 견犬의 탐정 전이권 사천척

태서활극 금광 전이권 사천여척

태서정극 호협豪俠 최대장척

경성 장교통

전電 이삼이육二三二六

우미관 　　　　　　　　　　『매일신보』, 1916년 4월 23일자[27]

　　위의 인용은 『매일신보』에 실린 '우미관' 광고들이다. 광고의 헤드라인은 '신사진 체환광고', '팔월 이일 사진 전부 차환' 등 단순하다. 그리고 교체되는 영화명을 나열하고 있다. 남촌의 '경성고등예술관'이나 '대정

26　위의 책, 119쪽.
27　위의 책, 363쪽.

관'과 비교하면 소박하고 기능적인 광고였다. 광고에 대한 인식이 다소 부족함감이 있다.

8월 2일자 광고를 보면 「태서활극 의사의 한—이병조 설명」, 「대탐정극 천망을 불면—서상호 설명」, 「대비극 사회의 암흑—서상호 설명」 등 변사辯士들의 이름이 명기되어 있음을 발견할 수 있다. 무성영화 시대 극장의 꽃은 변사들이었다. 당시 변사들의 인기는 일류배우를 능가할 정도였다. 변사들이 광고에 등장하는 것은 당연한 일이었다. 관객들은 극장 앞 간판에 써 붙인 변사 이름을 보고 입장 여부를 결정할 정도였다고 한다. 서상호와 이병조는 당시에 이름을 날리던 인기 변사들이었다. 하지만 1920년대 토키(유성영화)가 등장하자 변사들은 서서히 전업을 하거나 영화계에서 쓸쓸히 퇴장해야 했다.

'우미관'에서 상영했던 영화들은 앞에서 살펴본 '경성고등연예관'의 영화들과는 성격이 많이 달랐다. '경성고등연예관'이 주로 일본영화를 상연한 것과는 다르게 '우미관'은 4월 23일자 광고에서 볼 수 있듯이 '태서 탐정극', '태서 활극', '태서 정극'과 같이 주로 서양영화를 상영하고 있다. 당시 한국인 관객들의 선호도를 반영했기 때문이었다. 특히 '우미관'은 채플린의 〈황금광시대〉, 〈카추샤〉, 〈몬테크리스트 백작〉, 〈파우스트〉와 같은 서양의 대표적인 무성영화를 상영하여 당시 극장계에 독보적인 위치를 확보였다. '경성고등연예관'과 '우미관'의 성격은 남촌과 북촌의 문화가 다르듯 사뭇 거리가 있었다. 또한 이들 극장들은 각기 자국 변사들로 영화를 해설하였기 때문에 점차 일본인과 한국인의 전용 극장화 되었다.

이러한 구조 속에서 극장은 민족적·언어적·문화적으로 균질하고 단일한 공간이라고 상상되었다. 당시 북촌 극장들은 내지內地와 반도半島라는 차별적인 담론으로 재배치되었기 때문에 일제에 대한 한국인 관객들의 저항의식이 저절로 스며들었던 것이다. 1919년 3월 21일 '우미관'과 '단성사'에서 관객들의 만세 제창 사건이 일어났고 1929년 12월 13일 '조선극장'에서 〈카츄사〉가 상영되던 중 막간에 신간회 간부였던 김무삼金武森이 무대로 올라와 광주학생 사건에 대한 문서를 낭독하다 임석경관에게 피체되는 것과 같은 사건이 일어났다.[28] 이 시기 영화는 단순한 오락물이 아니라 한국인들을 새롭게 호명하는 기제로서 작동하였던 것이다.

그런데 일본인 흥행업자들이 한국인 관객들의 양적 성장에 관심을 가지기 시작하였다. '대정관'에서는 한국인 관객을 위한 '제이 대정관'을 개관한 것도 이러한 사실을 반영한 것이다.

> 이왕, 구리개 고등연예관을 제일 대정관에서 사드린 후, 일흠을 제이 대정관第二大正館으로 곳치고, 활동사진을 영사하는 중이더니, 시세의 요구를 응하야, 노늘날까지, 내지인의 경영으로 내지인 변사辯士까지 두고, 전업하던 것을, 일체 폐지하고, 조선사람으로 하야곰, 사진 설명을 하게하야 조선인 전문專門으로 정하고, 참신 긔발한, 세계 인정풍속 등, 여러 가지 사진을 가져다가, 오늘밤부터 시작한다는대, 오늘밤부터 사흘동안은 입장료를 특별히 감하야, 윗층은 평균 십전으로, 아래층은 평균 오전으로 한다하며, 전덕경全德經(김덕경金德經의 오기로 보임), 최병룡崔炳龍, 두 변사로 류창쾌활한 설명이 잇슬터이라더라.[29]

1914년 6월 3일자 『매일신보』 기사다. 내용은 남촌 극장인 '대정관'

---

28 김려실, 앞의 책, 52~53쪽.
29 한국영화사연구소 편, 앞의 책, 193쪽.

이 구리개(현 을지로 1, 2가)에 있던 '고등연예관'을 매입하여 한국인 변사 김덕경과 최병룡을 고용하여 한국인 전용극장인 '제이 대정관'으로 재개관한다는 것이다. 그 전날 『매일신보』에 실린 광고를 보면 상연작은 〈가나태삼림加奈太森林〉(실사), 〈근안近眼의 박사〉(희극), 〈주준공격酒樽攻擊〉(골계), 〈화차분실〉(정극), 〈암굴의 적賊〉(활극), 〈어대장의御大葬儀〉(실사), 〈모자의 주主〉(희극), 〈지문指紋의 탐정〉(대활극) 등이다. 광고는 실사, 희극, 골계, 정극, 대활극 등 장르를 구분하고 있다. 이 영화 목록을 통해서 당시 한국인 관객들의 취향을 추정할 수 있다.

1930년대에 들어오면서 한국인 전용 극장이었던 북촌의 극장계에서는 '우미관', '단성사', '조선극장' 등이 각축전을 벌이기 시작했다.

『삼천리』 1932년 4월호에는 "조선극장과 단성사는 서울에 잇서서 조선사람의 손으로 경영되여 나가는 오직 한낫의 민중오락기관이다. 둘이 다 날마다 수백수천의 관중을 일일야야로 포용하야 혹은 연극으로 혹은 음악으로 혹은 영화로 기름끼 업는 30만 시민의 생활을 윤색케하여 주고 잇다."[30]고 전제하면

단성사 신축 기사 사진 『매일신보』, 1918.12.21

---

30 「만목주시(萬目注視)하는 삼대쟁패전(三大爭霸戰), 동일은행(東一銀行)과 해동은행(海東銀行)의 금융전(金融戰), 조선극장(朝鮮劇場)과 단성사(團成社)의 흥행전

제4장 애활가(愛活家)의 탄생

서 '단성사'와 '조선극장'의 경쟁관계를 심층취재하고 있다.

조선극장은 인사동에 잇다. 양제洋製 3층의 숙쇄한 건물이 탑골공원 부근의 시市(※원본오기 : 기사 내용 연결이 쪽수가 바뀌었으나 원본대로 입력함)여먹으면서 까지 정성으로 단성사團成社를 붓잡어 내려오는 중이다, 이를 통제하고 지도指導하는 이로 박정현朴晶鉉씨가 잇다, 씨氏는 전전지배인이요 현주무現主務이다.

단성사의 특징은 조선영화의 제작에 대하야 펵이나 관심을 갓는 점이다.

과거에 잇서 원방각사圓方角社, 고려영화제작소, 동양영화사 등과 밀접한 연락을 매저「낙화유수落花流水」「아리랑」「개척자開拓者」「장한몽長恨夢」등 기다幾多의 영화작품을 상영하엿고 또 그 사업을 보조하여온 점은 조선영화의 발달을 위하야 그 공로를 다하다 아니할 수 업슬 것이다.

지금은 상영하는 영화는 주로「유니버살」회사와 특약을 맷고 그 곳 무성영화를 만히 상영하여 왓는데 관객의 취미가 맹렬하게 발성영화 방면으로 쏠니는 것을 간취하고 최근에 단성사에서는 발성의 장치를 하는 중으로 그 제1착으로「킹오푸, 짜즈」를 상영하리라든가 이리 되면 조선극장과 정면 경쟁을 하게 된다, 엇재서 그러냐 하면 근래에 조선극장의 특색은 발성영화에 잇섯고 단성사의 특색은 무성영화에 잇서 서로서로 그 고유한 특장을 가지고 경쟁하여 왓는데 이제 이와 가치 가튼 발성영화를 통하야 쟁패전을 연출하게 된다면 그는 실로 대단히 백열화白熱化할 것을 예측할 수 잇는 까닭이겟다.[31]

(興行戰), 명월관(明月館)과 식도원(食道園)의 요리전(料理戰)」,『삼천리』 제4권 제4호, 1932.4.1, 49쪽.

단성사 부인 객석
『동아일보』, 1927.5.8.

조선극장 남성 객석
『동아일브』, 1927.5.8.

원래 '즈선극장'은 발성영화를 주로 상영하였고, '단성사'는 무성영화를 상영하였다. 그런데 이 시기에 들어오면서 '단성사'도 발성영화를 상영하기 시작하였다. 당연히 두 극장은 치열하게 관객유치전을 벌여야 했다.

'단성사'에서 처음 상영한 발성영화는 존 머레이 앤더슨John Murray Anderson이 연출한 〈자즈의 왕The King of Jazz〉(1930)였다. 이 영화는 폴 화이트맨Paul Whiteman과 존 볼즈John Boles가 주연을 했는데 캐롤 〈화이트크리스마스〉로 유명한 빙 크로스비Bing Crosby도 함께 출연했었다.

발성영화 유행과 함께 1935년 이덩우 감독이 〈춘향전〉을 제작하였다. 생경한 외국 발성영화만 보다가 처음으로 낯익은 모국어가 스크린에서 흘러나오는 광경에 관객들이 박수를 쳤다고 한다. 대세가 발성영화 쪽으로 흘러가자 '단성사'도 이 흐름을 타기 시작하여 '조선극장'과 각축전을 벌였던 것이다.

---

31 위의 책, 49~51쪽.

4. 극장 안 풍경 – 애활가와 변사의 갈등

영화는 관객을 상정해서 제작된다. 영화에서 관객은 무시 못 할 존재들인 것이다. 2, 30년대 한국사회에서 영화가 빨리 정착된 것은 이러한 관객의 힘이 크게 작용하였다.[32] 관객의 힘은 먼저 양적인 면에서 나온다. 영화제작사와 흥행사들에게 관객은 소비자들이다. 이러한 소비자들의 취향은 영화 전반에 영향을 미친다. 1910년대 중반 이후 한국인 관객 수는 점점 증가하였다.

관객이 증가했다는 이야기는 극장이란 규율 오락제도에 한국인 관객들이 안착을 했음을 의미하는 것이다. 또한 한국인 관객들 사이에 애활가愛活家라는 새로운 계층이 부상하였다. 영화팬인 애활가의 등장은 영화가 얼마나 대중화되었는가를 알려주는 바로미터라고 할 수 있다.

> 치위는 점점 심해 간다. 두 다리는 얼어드러오고 발이 실여서 견딀수 없다. 그러나 그보다도 화면의 「뒤-트리히」의 강렬하고도 냉철한 정열과 그 하나의 시선 그 하나의 포즈마다에 감격되고 위압되야 드듸여 서로 두 몸을 맛껴안고 숨도 크게 못쉬고 도취陶醉되였었다. 생각건대 나의 영화구경사라는 것이 있다면 이날밤과 같은 치위와 싸와가면서도 끝까지 감격도취여엿든 사실은 그리 만치 못할것같다.[33]

---

[32] 장두식, 「일상 속의 영화 – 2,30년대 영화와 일상생활의 관련 양상 연구」, 『동양학』 44집, 2008, 80쪽.
[33] 이헌구(李軒求), 「영화관(映畵館)에서 만난 이들」, 『삼천리』, 1938.10, 156~157쪽.

독일여배우 마를레네 디트리히Marlene Dietrich의 시선과 포즈에 '감격도취'된 애활가의 모습이 생생하게 살아난다. 필자는 혹한의 날씨에 난방이 되지 않는 극장에서 화로도 없이 추위에 떨면서 영화를 보고 있다. 너무 추워서 동료와 부둥켜안고 있어서 숨도 크게 못 쉬는 상태에서도 영화에 빠져 있었다. 이러한 애활가 탄생은 영화문화의 성숙을 의미하는 것이다. 영화 관객들 수가 양적으로 급증하면서 관객들 사이에 영화를 오락 이상으로 인식하는 관객들 수도 늘어났다. 이러한 높은 수준의 관객들은 영화와 극장 문화에 대해서 비판적으로 접근하였다. 당시 애활가들의 공적公敵은 '변사'들이었다. 이는 변사 시스템의 후진성 때문이기도 했지만 인기스타였던 변사들이 항상 대중들의 관심 속에 있었던 공인들이었기 때문이었다. 애활가들은 영화를 설명하는 방법에 대해 혹독한 비판을 가하기도 했고 변사들이 벌이는 스캔들에 대해 윤리도덕적인 측면에서 비난을 하였다.

서상호徐相昊는 이러저리 구을다가 작년 십이월 개관과 동시에 우미관의 주임 변사가 된 바, 그 자는 본래 고등연예관에서 처음으로 변사 노릇할 때부터 행위가 극히 음탕외설하야, 형위부정한 여자를 다수히 결탁하고 그 비루한 행동이 싹을 구하기 어려운 자로 사방으로 굴러 우미관에 온 후에는, 특히 조선인 여자의, 관람자가 마음을 조흔 기회로 여겨 …(중략)… 여러사람이 주목하는 무대에 나와서도, 인사와 행동이 극히 비루하야, 부인석만 바라보며, 혹은 음란한 설명을 하야, 무지몰각의, 아동 주졸의게까지 무수한 타매를 밧으면서도, 조곰도, 붓그러운 기색이 업시 양양이 도라다니며 방탕에 주야권심함을 인하야, 타락한 여자의 돈량보조와, 매월 급료도, 모다 부랑히 허비함이…[34]

'우미관' 변사 서상호의 악행(?)에 대한 1913년 5월 3일자『매일신보』 기사내용이다. 북부경찰서는 관객에 대한 불친절과 고용인(변사)들의 풍기문란, 음부탕자의 입장과 음악수와 사무원의 급료 미지급 등을 문제 삼아 '우미관' 영업허가를 취소하였다. 변사 서상호가 발단이 되어 일어난 사건이었다. 극장주가 경찰서에 서약서와 급료지급 영수증 등을 제출하고 취소 3일 만에 다시 영업개시 허가를 받았지만 이 사건에 의해서 변사들의 부정적인 이미지가 확산되었다.

이 기사를 통해서 당시 극장의 모습을 그려볼 수 있다. 영화가 시작하기 전에 변사는 먼저 전설前說을 하는데, 전설은 영화가 시작하기 전에 무대에 올라와 영화의 전반적인 내용을 설명하는 것을 말한다. 그런데 서상호는 전설을 하면서 조금은 무례했던 것 같다. '남녀 칠세 부동석'과 같은 유교적 윤리의식이 강하게 남아 있었던 당시에는 극장에 부인석이 따로 설치되어 있었다. 그런데 부인석만을 바라보고 설명하는 서상호의 행태는 사람들 눈에 거슬렸던 것이다. 그리고 영화 설명을 할 때도 '음란한 설명'을 자주 했던 것 같다. 음란한 설명이라는 것은 어느 정도의 수위였는지는 알 수 없으나 관객들의 얼굴을 붉히게 하는 내용이었을 것으로 추정할 수 있다. 신문 기사는 서상호 사생활까지도 문제 삼고 있다. 서상호가 이기대라는 사람이 새로 산 자전거를 빌린 후 돌려주지 않고 전당포에 삼십 원에 잡힌 행위 때문에 경찰에 고소된 사건까지 기술하고 있다. 이 사기사건은 5월 4일 '우미관' 극장주 하야시다 긴치로林田金次郎의 중재와 보증으로 피해자와 화해를 함으로써 일단락되었다.

---

34 한국영화사연구소 편, 앞의 책, 108쪽.

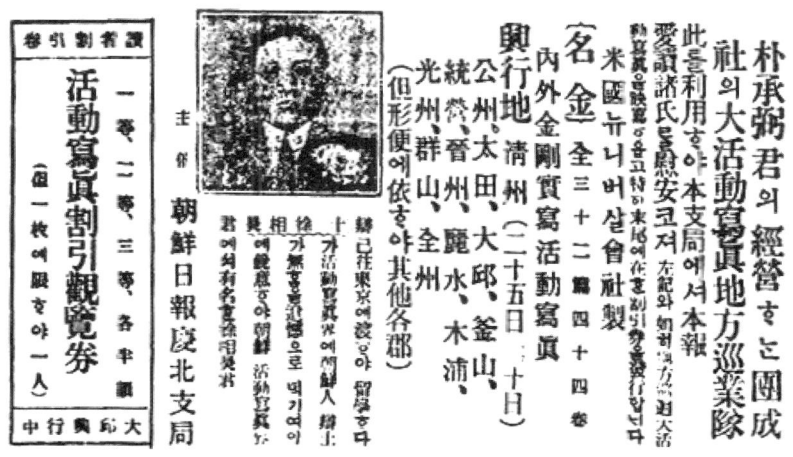

인기변사 서상호 사진과 조선일보 경북지국의 영화 상영회 사고 사진   출처 : 『조선일보』, 1920.8.17.
(김명환, 「조선일보에 비친 '도던 조선'」(58) 영화관 화장실에서 삶을 마감한 최고의 변사 서상호, 『조선일보』, 2011.9.5.)

1916년 2월 20일자 『매일신보』 기사를 보면 서상호의 '우미관' 동료 변사였던 이병조도 여배우 김채란과 '염서艷書' 사건을 일으켰다. 사건의 전말이 담긴 기사를 살펴보면 다음과 같다.

> 경성 종로통 이정목 활동사진관 우미관 변사 리병조李丙祚에게 이월 십육일 오후 한시 삼분에 우표도 안이 붓친 편지 한 장이 왓는데 리병조는 사실을 몰라 벌금 육전원을 물고 편지 비봉을 떼고 보니 사연 중 하얏스되 「리병조씨 보십압소서. 제번 하압고 달음 안이오라 본 조합에서 자미잇는 근극을 하오니 틈잇는 날 한번 왕림하야 주시기를 고대도대하옵나이다. …(중략)… 상달하올 말삼은 만사오나 이후에 피차 서로 상봉하는 날 서로 자미 잇게 리약이 하겟삽기로 고만 산일하옵나이다. 즉 채란이라면 아실 듯」… 종로에서 채란을 무러 사실을 말하려다가 못하고 채란이 집압헤까지 쫏아가서 채란을 보고 편지사실을 무

제4장 애활가(愛活家)의 탄생   157

른 즉 남편 잇는 여자에게 히야가시를 한다고 고성내질하며 집안으로 드르가니 리병조는 채란 서방 함등섭이를 청하여 사실을 말한 즉 역시 그 남편되는 자도 우미관 변사로 야밤에 나무집 여자 꽁무니를 좃차 단이며 무삼 편지를 가지고 히야기시를 하느냐고 야단이 비상함으로 당시 리병조는 분함을 이기지 못하고 곳 동관 파출소 경관에게 사실을 호소한 즉 순사는 채란과 함등섭을 호출하야 취조 설유하는대 남녀 세 명이 삼채극 형상으로 어우러져 우스운 편지를 보내엿나 안보내엿나 니 변명하는 모양을 보려고 방미 깁흠을 불구하고 행인이 파출소를 에 워싸앗더라.[35]

변사 이병조에게 사심私心이 담긴 편지가 한 통 왔는데 발신자는 연극배우 김채란이었다. 이병조는 김채란에게 편지에 대해 물었으나 유부녀를 유혹한다고 화를 내고 김채란의 남편 함등섭까지 가세하여 야단을 쳤다. 이병조가 편지를 받고 찾아 온 자기를 욕하는 것에 분함을 참지 못하고 경찰에 고발하였다. 파출소로 끌려 온 세 사람이 계속 소란을 피우자 사람들에게 이 사건이 알려지게 되었다. 이 사건은 결국 누가 보낸 편지인지 밝혀지지 않은 채 마무리가 되었다. 당시 변사들에게는 소실, 간호부, 기생들의 유혹이 많았기 때문에 벌어진 사건이었다.[36] 아마 이병조는 어떤 장난꾼에게 속았던 것 같다. 이렇듯 변사에 대한 언론과 대중들의 관심은 매우 컸었다.

극장을 자주 찾는 애활가들의 입장에서 변사에 대한 비판은 스캔들

---

35 위의 책, 351쪽.
36 「활동사진 변사 좌담회」, 『조광』 1938년 4월호, 292~297쪽; 단국대학교 부설 동양학연구소 편, 앞의 책, 805~809쪽.

이나 가십에만 국한 된 것이 아니었다.

「변사」 — 변사제군에 하나 제안한다. 다른 게 아니라 그 「하얏다」 「하얏섯다」가 글 쓰는 데는 모르겟지만 말로 하는 때에 듯는 사람으로서는 엇덜지? 처음 극장가는 노인은 대분개할 것이다. 그 조調를 곳치고 「하엿슴니다」 「하엿섯슴니다」 하면 어른의거나 어린이 의게나 펵 다정하게 들릴 것이다. 더구나 인정극에 리오, 그리고 변사계에 한 가지 유행이 잇스니 「마음자리」 라는 말이다. 「마음자리」라는 말은 무슨 뜻일가? 마음의 돗자리라는 말인지, 마음이 깔고 자는 자리인지 엇겟던 해석할 수 업는 말이다. 그리고 한참 긴장한 장면에 가서 추담醜談을 탁 텃드리는 변사가 잇다. 그 변사는 원래, 희극에는 더—우는 조로하는 이인케 청승마진 것은 조흐나 너무 그 음성이 청승마저서 너무 천하게 들린다. 그리고 한가지 우수운 일이 잇스니, 엇던 변사는 한참 자기도취로 「자연의 의지와 우주의 이성이 아—슯흐다!」하니 그것이 무슨 의미일가? 그려한 고상한 문자를 안써도 능히 할 수 잇는데 얼토당토안은 문자를 쓰는 것이 도리여 자기 폭로에 지낸지 안을 줄 안다. 그리고 장면이 벌서 지낫는데 지난 장면을 가지고 떠들고 섯스니, 그것도 자기 취기지만 관자觀者는 그러한 변사를 원치 안을 것이다. 특히 이 점에 생각 좀 하어 주엇스면 고맙겟다.[37]

그리고 또 한 가지는 변사와 대對 관객(특히 남녀 학생과 소년)과의 관계를 말하려 한다. 변사들이 영화대본說明書을 보지 안는지, 영화의 내용과는 아조 다른 추담醜談을 베푸는 변사가 만흔대 항용 청소년 혹은

---

37 「극장만단(劇場漫談)」, 『별건곤』 제5호, 1927.3, 95쪽.

남녀학생들의 염서艶書나, 담화에까지 그 추담병이 전염된 것이다. 여기에 대하야서 희극변사 최병용崔炳龍군(단성사)의 추담醜談 업시도 점자케 웃키는 그 비결을 좀 배왓스면 엇덜지? 그리고 변사의 말이 낫스니 말이지 그 영화에 역할된 인물의 성명(영어나 기타 외국어에)을 엇던 나라말 이든지 발음의 만능인 조선말을 하는 사람이 그대로 못하느냐, 모르면 누구의게던지 무러볼 수 업슬가, 례하면 「쨱크」를 「짯구」라니 외국인의 우슴거리를 장만할 필요는 무엇 잇는가. 일본 것이 아모리 좃태도 납분 것은 배호지 안는 것이 조흘 듯 하다.[38]

이 글의 필자는 '하얏다', '하얏섯다'라는 변사들의 상투적인 표현이나 '마음자리', '자연의 의지와 우주의 이성'과 같은 생경한 표현에 대해서 문제제기를 하고 있다. 변사의 개인기와 구태의연하고 설명방식이 영화감상을 방해하고 있다고 본 것이다. 또한 긴장된 영화내용과 반대되는 농담을 하거나 청승맞은 음성 또한 날카롭게 비판하고 있다. 영화는 감독과 배우의 영화이지 변사의 영화가 아니라는 것을 지적하고 있는 것이다.

그리고 변사들이 가십gossip과 같은 추담醜談을 가지고 웃기려는 행태를 비판하면서, 추담 없이 관객들을 웃기던 '단성사' 소속변사 최병용의 비결을 배우라고 조언을 한다. 영어인 '째크'를 일본어 발음인 '짯구'로 발음하는 것을 예로 들면서 변사들의 외국어 발음실력에 대해서도 비판을 가하고 있다. 이 글을 통해서 우리는 한국의 영화 문화가 어느 정도 성숙되었음을 읽을 수 있다.

그런데 애활가들에게 지탄을 받았던 변사들이 무성영화시대에 없어서는 안 될 존재들이었다는 점을 간과해서는 안 된다. 무성영화에서 변사

---

38 「극장만담(劇場漫談)」, 『별건곤』 제6호, 1927.4, 109쪽.

의 해설은 현재의 더빙dubbing과 내레이션narration과 같다고 보면 안 된다. 한국을 포함한 아시아 각국의 변사는 영화라는 매체/형식에 대한 해설 뿐 아니라 영화의 텍스트/내용까지 해설을 하여 상영되는 영화와 관객들 사이에서 매개자 역할을 하였다. 서양에서 제작된 대부분의 영화들은 아시아인들에게 낯선 서구 문물을 보여 주었다. 때문에 아시아 관객들에게 문화적인 차이를 극복할 수 있는 상세한 해설이 필요했다.[39] 즉 변사들은 이러한 문화적인 차이를 자기나라 실정에 맞게 고쳐서 설명을 하였던 것이다. 변사들이 서양 문화를 번역해 주는 문화번역자의 역할을 하였음도 인정해야 한다.[40]

그리고 변사들의 해설에는 연극적인 요소가 가미되어 있었다. 관객들의 감정에 호소해야 했기 때문에 설명 이상의 목소리 연기도 필요했었다. 또한 당시 극장에서는 영화와 영화 사이에 휴식시간이 있었는데 이 막간에는 음악대가 연주를 하거나 가수가 등장해 노래를 부르거나 변사들이 만담을 하거나 우스꽝스런 행동을 하여 관객들을 즐겁게 하였다. 때문에 변사의 해설은 일종의 연극으로 볼 수 있다.[41] 이러한 연행演行을 하기 위해서는 많은 노력과 연습이 필요했다.

> 그때가 아마 소화 원년경(1926년)이지요. 처음에는 당초에 말을 할 엄두가 나지 않아요. 그러나 그때만 해도 허설이 좀 발달된 때이라 남의 해설한 것을 듣기를 했지요. 그래서 그 필기한 걸 가지고 화면에는

---

39 옥미나,「변사의 매개적 위상 및 의미에 관한 연구 – 한국 영화사에서의 역할을 중심으로」, 중앙대 첨단영상대학원, 2004. 10쪽.
40 키타다 아키히로,「유혹하는 소리/영화(관)의유혹 – 전전기 일본 영화에서 소리의 편성」,『확장하는 모더니티』, 소명출판, 2007. 123쪽.
41 옥미나, 앞의 논문, 2004. 8쪽.

맞추지 않고 1권분 해설이면 몇 분이 걸린다는 타임을 맞춰가지고 혼자서 산으로 들판으로 돌아다니면서 연습을 했습니다. 그런데 그때 김파선金波鮮 군이 해설했던 '로미오와 크레오파트라'라는 영화를 해설하게 되는데 이 해설도 필기를 해 가지고 타임에 맞추어서 혼자 연습을 해 가지고 처음으로 해설대에 올라갔습니다.[42]

'단성사' 소속 변사였던 박응년이 자기가 어떻게 변사가 되었는가를 회고하는 진술이다. 그는 변사가 되기 위해 다른 선배 변사의 설명을 필기하고, 이 필기한 것을 가지고 영화 상영 시간 맞추는 연습을 열심히 하였다는 고백하고 있다. 당시 변사가 되기 위해서는 전문 학원이 없었기 때문에 선배들의 설명을 모방하고 열심히 연습하는 방법밖에 없었다. 개인적인 노력과 기본적인 교양이 필요했던 것이다. 인기 변사였던 김덕경은 전직이 학교 교원이라는 이야기가 나올 정도로 서양역사에 조예가 깊었고, 서상호는 개화당 사건 때문에 망명한 아버지를 따라 동경에서 생활했기 때문에 일본어가 능숙했다. 함동호는 서울에서 상업학교를 졸업했고, 성동호는 전문학교 중퇴생이었다.[43] 이렇듯 유명 변사들의 이력을 살펴보면 이들이 근대 교육의 세례를 받았던 지식층이었다는 것을 알 수 있다.

변사의 연행은 상영되고 있는 영화를 설명하는 소리 연행이 중심이 된다. 변사는 한국의 경우 스크린의 오른쪽에 서서 관객들을 향해 연행을 하였다.[44] 대체적으로 소리연행은 전설前說-중설中說-후설後說로 진행되

---

42 「활동사진 변사 좌담회」, 앞의 책, 292쪽; 단국대학교 부설 동양학연구소 편, 앞의 책, 804쪽.
43 옥미나, 앞의 논문, 18쪽.
44 위의 논문, 20쪽.

었다. 전설은 상영될 영화에 대한 개괄적인 소개와 간단한 스토리 설명인데 관객들의 흥미를 유발하기 위한 단계였다. 중설은 영화의 시공간적 배경 설명을 시작으로 사건에 따른 등장인물들의 대사, 효과음, 관객들의 감정이입에 해당하는 감정적인 표현까지를 포함하는 해설 단계였다. 그리고 후설은 변사의 인사와 후속작에 대한 예고, 연속극일 경우에는 전체 내용의 줄거리를 요약하고 다음에 이어질 내용을 개괄함으로써 다음 관람을 유도하는 단계였다.[45]

그런데 극장 안에서 변사는 소리 연행만 하는 것이 아니었다. 판소리 광대들이 창과 아니리와 함께 연기인 발림을 통하여 사람들을 사로잡은 것처럼 변사들도 설명과 함께 몸짓 동작으로 관객들을 휘어잡았다. 그리고 변사들은 영화와 영화 사이의 '십분 휴식'과 같은 막간에도 관객을 위해서 재미있는 개인기나 막간극을 연행해야 했다. '우미관'의 서상호는 '뿡뿡이 춤'으로 유명했다.

> 우미관 시절 서상호의 '뿡뿡이 춤'은 조선 각간극의 효시였다. 무대 뒤에서 악대가 처음으로 무도곡을 연주하면 객석의 불이 꺼지고 무대에 오색광망의 조명이 켜진다. 이때 갑자기 자전거 나팔소리가 나고 무대 왼쪽에서 손 하나만이 쑥 나오며 그 손에 쥔 나팔이 '뿡뿡' 소리를 낸다. 그러다 어느 틈에 돌아갔는지 오른쪽으로부터 프록코트에 중산모를 쓴 신사 한명이 사타구니에 자전거 나팔을 끼우고 소리를 내며 괴상망측한 춤을 추어 나온다. 엉덩이를 젖는 폼이 '하와이안 댄스' 비슷도 하지만 그러다가는 '탭댄스'로 변하기도 한다.[46]

---

45 위의 논문, 26~30쪽.
46 유홍태, 「당대 인기변사 서상호 일대기」, 『조광』, 1938.10; 옥미나, 위의 논문, 29쪽 재인용.

이러한 연행은 관객들에게 막간의 지루함을 잊게 해주면서 동시에 극장주에게는 영화의 상영 편수를 줄임으로써 생기는 상업적인 이익을 안겨주었다. 당시 영화는 2, 3분짜리 짧은 영화들을 묶어서 한 프로그램 단위로 상영을 하였는데 휴식시간의 길이에 따라 영화 편수가 늘어나거나 줄거나 했다. 변사들은 극장주의 이익을 위해서 전설과 후설을 길게 늘이고 막간극을 길게 연행하여 상영 편수를 줄이기도 했다. 당연히 애활가들 사이에는 휴식시간과 전설과 후설에 대해 비판하는 소리가 나올 수밖에 없었다.

> 십분휴식에 음악을 연주하는 것은 관객의 피로한 뇌를 쉬게 하는데는 퍽 유효할 것 갓다. 그러나 그 때에 변사가 나아와서 잔소리하고 섯는 것이다. 한 마듸도 드러서 유리할대 업는 자기의 회포를 천명이나 오백명의 청감을 가진 관객의게 —느러노화서야 미안치 안은가? 다음 번에 갈릴 영화예고를 한다는 목적이라 하드래도 무대우에 예고 간판을 세워놋코「푸로그람」지에 적어놋코 또 무슨 필요가 잇슬가?[47]

이 글의 필자는 변사들의 연행 속에 감추어져 있는 간계奸計를 통찰하고 있다. 하지만 이러한 부정적인 요소들은 무성영화 시기에는 극복할 수 없었다. 영화는 상업적인 목적이 우선하는 대중예술이었기 때문이다.

초창기 무성영화를 상영하는 극장은 영화와 변사와 음악대와 막간극과 같이 여러 층위가 중첩된 공간이었다. 영화와 관객이 물리적으로 분리되지 않은 채 극장제도의 규율 또한 상당히 느슨하였다. 관객들은 자신의 생각을 변사에게나 음악대에게 직접 전달할 수 있었다. 이러한 구조 속에

---

47 「극장만담(劇場漫談)」,『별건곤』제5호, 앞의 책, 95쪽.

서 변사들은 관객들과 직접적인 소통을 하면서 관객들의 재미를 배가시키는 역할을 하였다. 당대 애활가들이 변사와 극장에게 쏟아놓았던 비판의 목소리들은 어떻게 보면 애증과도 같은 것이라고 할 수 있다.

장편 극영화와 토키(유성영화)가 등장하면서 영화와 관객의 직접적인 대면이 이루어지게 된다. 이때부터 관객들이 일부러 시간을 내어 극장을 찾아가서는 입장료를 지불하고 불 꺼진 극장 안에서 마치 벌서는 것과 같이 꼼짝없이 좌석에 앉아 있어야 하는 극장제도에 본격적으로 편입되게 된다. 필름이 끊기면 칠흑 같은 공간 속에서 껌 씹는 소리나 날카로운 휘파람 소리로 항의표시를 해야 하는 시대가 된 것이다. 이러한 극장제도가 정착하게 되는 1930년 후반기쯤이면 최고의 대중스타였던 변사들은 극장에서 하나 둘씩 사라지게 된다.

영화는 당시 가장 대중적인 오락이었다. 또한 영화에 등장하는 세계는 식민지 한국인들에게는 선망의 세계이자 모방의 대상이었다. 영화는 당대 한국인의 일상생활을 변화시켰다. 영화를 통한 여가문화의 활성화, 애활가의 등장으로 인한 영화문화의 성숙, 새로운 패션과 재즈 등 서양음악의 유행 등 서구적 근대 문화가 생활 속에 유입되는 계기를 만들어주었다.[48]

> 사오십전만 가져도 하로 저녁의 위안을 어들 수 잇는 극장과 십전짜리 백동전 한 푼만 잇서도 「뿌라질」에서 온 「커피」에 겸하야 미인美人 「웨이트레스」까지 볼 수 잇는 「카페ー」조차 업다면 서울의 젊은이들은 갓득이나 고색하고 건조무미한 생활에 얼마나 더 적막을 늣길 것인가 서양 사람들의 소위 「구락부」 가튼 것은 말할 것도 업거니와 이

---

48 장두식, 앞의 논문, 87쪽.

웃나라 사람만큼 집회의 자유가 업서서 일년 가야 강연가튼 강연 하나 들을 수 업고 음악회가튼 음악회 하나 볼 수 업는 이곳 이 땅의 젊은 사람에게 잇서서 극장과 「카페-」는 실로 사막 중의 「오아쓰」와 가티 다시 업는 위안꺼리가 되는 것이며 따라서 혹 엇던 때에는 일종의 사교기관까지도 되는 것이다. 그러기에 나는 종종 「카페-」를 간다.[49]

극장과 영화의 효용에 대해서 기술한 글이다. '극장'과 '카페'를 사막의 오아시스로 비유하는 필자에게서 식민지 국민의 우울이 울컥 솟아 나온다. 서양처럼 구락부도 없고 집회의 자유도 없는 한국에서 젊은이들이 할 수 있는 것은 무엇일까? 채만식 소설 「치숙痴叔」에 등장하는 무능한 (?) '아저씨'나 이상의 소설 「날개」의 주인공처럼 무기력하고 절망적인 삶을 살아야하는 젊은이들이 찰나의 구원을 찾아 모여든 곳이 카페요 극장이었다. 카페가 브라질 커피와 미인을 구비해 놓고 어두운 일상을 벗어나 잠시 휴식을 취할 수 있는 물리적인 공간이었다면 극장은 시공간을 뛰어넘어 끝없는 모험을 펼칠 수 있는 관념적인 공간이었다. 당시 한국인들에게 극장은 오락장이면서 동시에 서구의 근대적 문화를 체험할 수 있는 체험학습 공간이었으며, 궁극적으로는 일상을 벗어나 하고 싶은 것을 마음대로 할 수 있는 꿈의 공간이었던 것이다.

5. 결어 : 호명하는 극장과 호명된 관객

개화기 활동사진이 유입되자 한국인들은 활동사진을 통해서 서양과

---

49 김을한(金乙漢), 「경성애화(京城夜話)」, 『별건곤』, 1930.7, 86쪽.

근대를 배웠다. 진기한 박래품이었던 활동사진이 정말 신기한 세상을 한국인들 앞에 펼쳐주었다. 활동사진은 신기한 오락물 이상의 의미로 한국인들에게 작용하였던 것이다. 특히 성림星林이라고 불리웠던 헐리우드 영화들은 정말 별들이 솟아나는 샘물 같았다.

그런데 한국을 강점한 일제는 한국을 효율적으로 지배하기 위하여 영화를 철저하게 통제하였다. 레니 리펜스탈Leni Riefenstahl의 〈의지의 승리Triumph des Willens〉(1935)에서 히틀러가 자연스럽게 신격화되었던 것처럼 일제는 영화가 대중조작을 위한 가장 강력한 매체라는 것을 잘 알고 있었다. 때문에 강점기 내내 한국에서 제작되고 상영되었던 영화들은 모두 무자비한 검열에 의하여 삭제되거나 왜곡될 수밖에 없었다. 한국인들의 꿈을 조작하고 통제하기 위해 모든 수단과 방법을 다 동원하였던 것이다. 이런 상황이니 영화 도입기인 1910년대가 한국 관객들에게는 오히려 행복한 시절이라고 말할 수 있다.

남촌의 '경성고등연예관'이 생기고 북촌에 '우미관'이 생기면서 영화 보기는 한국인들에게 중요한 오락이 되었다. 영화관객 증가와 영화문화의 확산으로 인하여 한국의 영화인들도 영화를 제작하기 위하여 노력하였다. 1919년 김도산이 연쇄극連鎖劇 〈의리적義理 구토仇討〉를 통하여 영화 제작 실험을 하고, 1923년 조선총독부 체신국의 저축 장려용 영화였던 〈월하月下의 맹서盟誓〉(윤백남)를 거쳐 하야카와 고슈早川 孤舟의 〈춘향전〉(1923)이 제작됨으로써 한국에서도 본격적으로 영화가 만들어지기 시작하였다. 박승필은 '단성사' 내에 촬영부를 신설하고 1924년 〈장화홍련전〉(박정현)을 제작하였다. 이 영화에 대해서 당시 언론은 "고심 끝에 순수한 조선영화극이 나타나게 되었다. 약 두 시간에 걸쳐 상영 중 모두 입을 모아 감탄했다. 약간의 험질이 없는 바 아니오 비록 영화 스케일이 웅대하지는 못하였으나 사진 전편을 통하여 조금도 무리가 없더라"[50]라고 호평을 하고 있다. 1924년 부산에서 설립된 조선키네마 주식회사는 왕필렬의 〈해海의 비곡悲曲〉, 윤백남의 〈운영전〉(1925) 등을 제작하였다. 윤백남은 서울에서 윤백남 프로덕션을 설립하여 이경손의 〈심청전〉(1925)을 제작하였다. 조일제의 계림영화협회는 〈장한몽〉(1926), 〈산채왕〉(1926), 〈먼동이 틀 때〉(1927)를 제작하였고, 이필우의 반도키네마는 〈멍텅구리〉(1926)를 제작하였고, 정기탁 프로덕숀은 〈봉황의 면류관〉(1926)을 발표하였다.

한국 영화들이 한국 관객들을 만나는 일이 점점 많아졌다. 그리고 서울에 설립된 조선키네마 프로덕숀(요도 토라조)이 나운규의 〈아리랑〉(1926)을 발표하였다. 이 작품은 대박이라고 할 정도도 공전의 히트를 치면서 한국 영화의 수준을 한 단계 높여 놓았다.

> 이 한 편에는 자랑할 만한 우리의 조선정서를 가득 담어 놋는 동시에 "동무들아 결코 결코 실망하지 말자"하는 것을 암시로라도 표현하려 애섯고 또 한가지는 "우리의 고유한 기상은 남성적이엇다. 민족성이라 할가 할 그 집단의 정신은 의협하엿고 용맹하엿든 것이니 나는 그 패기를 영화 우에 살니려 하엿든 것이외다."[51]

나운규는 〈아리랑〉 속에 조선 정서를 가득 담았고, 한국 고유한 기상인 의협과 용맹스러운 남성적인 성격을 살리려고 했다고 진술하고 했다. 일제 어용학자들이 한국을 여성적이고 수동적인 이미지와 한恨이라는 정조로 왜곡시키고 있는 것에 대한 반발이다. 그리고 주목되는 부분은

---

50 『매일신보』, 1924.8.19.
51 나운규, 「아리랑과 사회와 나」, 『삼천리』, 1930.7, 53쪽.

미래에 대한 희망을 암시했다는 부분이다. 일제에 대한 저항과 민족 독립의 의지를 영화에 직접 표현할 수 없기 때문에 상징적 암시를 통해 보여주려 했다는 진술을 통하여 일제강점기 하의 한국 영화들의 이중적인 성격을 확인할 수 있다.

그 후 나운규는 〈잘 있거라〉(1927), 〈옥녀〉, 〈사랑을 찾아서〉(1928), 〈사나이〉, 〈벙어리 삼룡이〉(1929), 〈아리랑 후편〉(1930), 〈오몽녀〉(1937) 제작에 참여한다. 나운규 이후 한국적인 정서를 잘 표현한 감독이라는 평을 듣는 이규환은 〈임자 없는 나룻배〉(1932)와 〈나그네〉(1937)를 연출하여 한국영화의 수준을 더욱 심화시켰다. 1935년에 이필우에 의해서 한국 최초의 토-키인 〈춘향전〉(이명우)가 제작됨으로써 무성영화 시대에서 발성영화 시대로 진입하게 된다.

그런데 일제는 1935년 영화수입통제와 1937년 외국영화상영 쿼터제를 실시하여 한국 영화 제작자본 유통을 간접적으로 봉쇄하였다. 이는 한국 자본으로 영화 제작하는 것을 힘들게 만들었다. 때문에 성봉영화사는 일본 도호영화사東寶映畵社와 제휴하여 〈군용열차〉(서광제)를 제작하였고 고려영화사는 일본 쇼치쿠영화사松竹映畵社와 제휴하여 〈수업료〉(1940)를 제작하였다. 두 영화는 모두 친일색채가 강한 영화들이었다. 한국 영화 제작사들이 일본자본에 지배를 받거나 총독부의 지시를 받는 상황 속에서 결국 군국주의 영화의 결정판이라고 할 수 있는 〈지원병〉(안석영)이 동아영화사에서 1941년 제작되었다. 하지만 일제의 영화정책에 적극적으로 동참하지 않는 한국의 영화인들도 많았다. 그들은 일제의 강화된 검열을 피하기 위하여 순수 문예작품 제작에 힘을 기울였다. 방한준의 〈한강〉(1938), 윤봉춘의 〈도생록〉(1938), 안철영의 〈어화〉(1939), 박기채의 〈무정〉(1939) 등이 암흑기 한국영화사의 맥을 이었다.

일제의 영화통제는 점점 극으로 치달렸고 영화제작과 배급업을 허가

제로 바꾸는 것을 골자로 하고 있는 '조선영화령'이 1940년에 공포되었고, 1942년 관제어용법인인 조선 영화주식회사 발족으로 한국 영화제작은 막을 내리게 되었다.[52]

간략하게 일제강점기 한국영화사를 살펴보았다. '헐리우드를 꿈의 공장'이라고 일컫는 것은 영화 제작이 공장에서 상품을 생산하는 시스템과 다르지 않기 때문이다. 영화를 제작하기 위해서 많은 자본과 인력이 필요하다. 영화 연출자를 감독으로 부르는 이유가 여기에 있다. 이러한 영화 시스템은 국가 권력의 감시와 통제에 취약할 밖에 없다. 일제강점기 한국영화를 정상적으로 제작한다는 것은 처음부터 불가능했다. 중국 침략과 태평양전쟁을 일으킨 군국주의 일본은 한국의 정치·경제·문화 등 모든 분야에 대하여 엄격한 통제와 압박을 가했다. 1930년대 후반기가 되면 나운규의 〈아리랑〉이나 이규환의 〈임자 없는 나룻배〉와 같이 암시적이거나 상징적으로 민족정서를 표현하는 것조차 불가능해졌다.

일제의 패망이 가까이 다가오고 있던 1930년대 후반기는 영화관객들에게도 암흑기였다. 1935년 영화수입 통제와 1937년 외국 영화상영 쿼터제는 북촌 극장들도 일본영화가 아니면 친일영화만을 올리게 만들었다. 관객들은 이제 밤하늘을 아름답게 수놓던 별들을 볼 수 없게 되었다. 아름답고 화려했던 스크린이 점점 악몽의 세계로 변질되어 가기 시작한 것이다. 하지만 성숙된 애활가들은 열악한 극장가 속에서도 영화의 가치를 더욱 강하게 확인하였고 나쁜 영화들을 반면교사反面敎師 삼아 새로운 영화를 꿈꾸었다.

---

52 장두식, 앞의 논문, 70~75쪽.

05

애활가 임화林和의
영화단상

05

애활가 임화林和의
영화단상

1. 서언

활동사진[1]이란 이름으로 한반도에 등장한 영화는 한국인들에게 개화가 가져다 준 '기기괴괴별별奇奇怪怪別別한 신오락물'[2]로 이해되었다. 상업적인 영화 상영은 1903년 6월 3일자 『황성신문』 광고에서 살필 수 있듯이 '한성전기회사Seoul Electric Co.'가 전차승객을 끌기 위한 방편으로 활동사진을 보여줌으로써 시작되었다.[3] 이 진기한 근대적 오락물을 보기 위해서 매일 밤 사람들이 '한성전기회사'로 몰려들어 인산인해를 이루었다.[4]

---

1 활동사진이란 용어는 1897년 일본에서 처음 사용되었다고 한다. 활동사진이란 용어가 한국에 정착하기 전에는 '팔딱사진' '움직사진'이라는 용어가 사용되기도 했다. 김려실, 『투사하는 제국 투영하는 식민지』, 삼인, 2006, 39쪽.
2 『만세보』, 1906.7.29.
3 동대문 전기회사 기계창에서 시설하는 활동사진은 일요 급 음우(陰雨)를 제한 외에 매일 하오 팔시로 십시까지 설행하는대 대한 급 구미각국의 생명도시 각종극장이 절승한 광경이 구비하외다. 許 입장료 동화 십전.
4 근일 동대문 내 전기철도회사 중(中)에 활동사진 기계를 구입하야 사녀(士女)의

이때의 영화 관객들은 1895년 12월 28일 뤼미에르 형제에게 초청되어 그랜드 카페 지하 '인디언 살롱'에서 처음으로 영화를 보았던 33명의 파리의 문화예술인과 같은 심정들이었을 것이다. 이렇게 선풍적인 인기를 끌면서 등장한 영화는 순식간에 식민지 한국 대중문화의 중심으로 자리 잡게 된다. 이러한 현상은 세계 각지에서 보편적으로 전개되었던 영화 발전과정이었다. 서구에서도 영화사의 첫 30년은 팽창과 성장의 역사였다. 뉴욕, 파리 등 몇몇 대도시에서 싸구려 오락물로 시작한 영화는 전 세계적으로 빠르게 퍼져나갔고 영화는 상영될 때마다 더 많은 관객들을 끌어들이면서 기존의 오락매체들을 대체해 나갔던 것이다.[5] 그런데 영화는 흥미로운 볼거리에서 의미 있는 예술 장르로 급격하게 변모하였다.

이 장에서는 임화의 「조선영화발달소사朝鮮映畵發達小史」[6] 「조선영화론朝鮮映畵論」[7]을 통하여 일제강점기 영화제도 정착과 영화 문화의 성격을 살펴보려고 한다. 이는 당대 최고 비평가이자 영화배우였던 임화의 시선에 포착된 이식된 매체이자 제도이자 문화인 영화의 의미망을 살펴

임화(1908~1953)

관완(觀玩)에 공(供)함으로 관완자(觀玩者)가 하오 팔시로 십시까지 전차에 탑재(搭載)하야 분분왕관(紛紛往觀)하는대 인산인해를 족취(簇聚)하야 매석 표가수입액이 백여원이오 차표가도 역연(亦然)한대 삼작일(三昨日)은 신문(新門) 내 협률사에도 여피(如彼) 기계 일좌(一坐)를 배치하고 관완(觀玩)케 함으로 완객(玩客) 유녀(遊女) 수천인(數千人)이 취집(聚集)하얏다가… 『황성신문』, 1903.7.10.

5   제프리 노웰-스미스, 『옥스포드 세계영화사』, 열린책들, 2005, 25쪽.
6   『삼천리』 제13권 제6호, 1941.6.
7   『춘추』 10호, 1941.11; 정재형 편, 『한국 초창기의 영화이론』, 집문당, 1997, 재인
   * 앞으로 「조선 영화발달소사」의 인용은 『한국초창기 영화이론』에서 하겠음.

봄으로써 한국영화 기원을 비정比定하기 위함이다.

식민지 한국에서도 영화는 단순한 오락이 아니라 대중에게 가장 친숙한 근대적 제도로 정착하였으며, 재래의 전통문화를 대체하는 새로운 근대 일상문화 형성의 동인으로 작동하였다. 때문에 영화는 문학과 더불어 당대 엘리트들 사이에 화두話頭가 될 수밖에 없었다. 문학과 문화공간에서 왕성한 활동을 전개하였던 임화가 영화에 관심을 가졌던 것도 이러한 분위기와 무관하지 않았다.

임화는 나운규, 윤기정과 함께 1927년 3월에 창립한 '조선영화예술협회' 소속이었다. 이 단체는 1930년 4월 KAPF에 설치된 영화부의 전신이었다. 임화는 협회에서 활동하면서 김유영 감독의 〈유랑流浪〉(1928)과 〈혼가婚街〉(1929)의 주역배우로 출연하였다. 두 영화는 모두 흥행에 실패하였지만 영화에 대한 임화의 관심은 지속되었다.[8] 이는 영화의 대중적 성격과 관련이 있지만 당시에는 첨단예술이었던 영화에 대한 호기심과 관련이 깊다.[9] 임화가 영화에 관심을 가진 것은 "미남자형 체질과 모던보이적이고 문제아적 기질"과 같이 선천적인 것이면서 동시에 "「제4점령」으로서의 전위적 예술인 영화의 총본산이자 가장 높은 수준을 보인 것이 다름 아닌 스크린"[10]이었기 때문이었다. 그는 KAPF 해산 이후 문학사 연구에 몰두하면서 1940년 8월에서 1942년 12월까지 고려영화사에서 문예부 촉탁으로 시나리오 고열을 하였다.[11] 이러한 이력은 그의 영화에 대한

---

8   심훈(沈熏), 「조선영화인(朝鮮映畵人) 언파레드」, 『동광』 제23호(1931.7)에서는 임화가 영화 「지하촌」에도 관계했음을 알 수 있다. '캅프의 맹원(盟員) 이론과 비평이 앞선다. 자신이 출연한 「유랑(流浪)」, 「황혼(昏街)」는 들어서 재론(再論)할 그 무엇이 하나도 없다. 「지하촌(地下村)」을 기대하였으나 역시 페―드, 아울―. 젊은 맑쓰뽀이라면 군(君)의 자존심이 펄펄 뛸 일, 타인의 포폄으로 일을 삼든 과거를 거울 삼아 자아의 동향에 당목(瞠目)하기 바란다'(62쪽)
9   김윤식, 『임화연구』, 문학사상사, 1989, 155쪽.
10   위의 책, 161쪽.

열정이 얼마나 강했었는지를 알 수 있는 사례다. 「조선영화발달소사」와 「조선영화론」은 이러한 열정의 소산이라고 할 수 있다.[12]

2. 실증實證의 시선視線 – 「조선영화발달소사朝鮮映畵發達小史」

임화는 「조선영화발달소사」에서 한국의 영화가 "내지內地나 지나支那에 있어서와 마찬가지로 수입"으로부터 시작되었다고 보면서 "1903년 동경흥행업자 길택상회吉澤商會의 손을 거쳐서 수입 공개된 영미연초회사英米煙草會社의 선전「필님」이 조선朝鮮에 있어서 활동사진 상영의 효시"라고 기술하고 있다.[13] 그런데 임화의 기술에는 오류가 보인다. '영미연초회사'는 1906년 '영미트러스트사'가 한국 내에 설립한 담배 판매 회사였다. 그러므로 1903년에 선전 필님을 상연했다는 것은 잘못된 기록이다.

이 글에서 주목할 부분은 한국의 영화가 일본이나 중국과 같이 수입에서부터 시작되었다는 부분이다.

> 흥행물로서 활동사진이 등장한 것은 광무光武 8년年(?)경頃 원각사圓覺社에서 불국佛國 「파테」 제製 단편희극과 실사實寫를 상영함으로부

---

11 위의 책, 164쪽.
12 이 밖에 임화의 영화에 대한 글은 「최신세계영화의 동향」(『조선지광』 83호, 1929. 2), 「영화적 시평」(『조선지광』 87호, 1929.6), 「서울 키노영화 '화륜'에 대한 비평」(『조선일보』, 1931.3.25, 3.29, 3.31, 4.2, 4.3), 「이월화, 신일선 – 여배우 인상기」(『모던조선』 1호, 1936.9), 「문학과 친화론 – 영화발전책」(『조광』 39호, 1939.1), 「유료시사회」(『매일신보』, 1940.4.30), 「영화의 극성과 기록성」(『춘추』, 1942.2), 「조선영화론」(『매일신보』, 1942.6.28~30) 등이 있다.
13 정재형 편, 앞의 책, 1997, 196쪽.

터인데 뒤니어 연흥사演興社, 장안사長安社, 광무대光武臺 등에서 육속陸續 활동사진을 상영하고, 미인米人「골부란」「보사덕」 등의 경영하든 한성전기회사漢城電氣會社에서 전차선전 겸「메리꼬라운드」와 더부터「활동사진活動寫眞 관람소觀覽所」를 현現 동대문 전차회사차고지電車會社車庫趾에 개설하야 개화조선開化朝鮮의 중요한 신오락물로 활동사진이 등장케 하였다. 물론 본격적으로 상설 흥행케 된 것은 대정초엽大正初葉 이후에 속하는 일인데 상영된 사진은 최초엔 전기前記한「파테」제製 단편, 미국청조제米國靑鳥製 희극과 실사實寫와 조선풍물朝鮮風物을 박은 환등류幻燈類까지였으나 점차「유니버-샐」장편과 내지內地의 신파물과 초기 시대극 등이 성행하였다. 이러한 사정은 아마 <u>내지內地의 활동사진 수입 시대도 동일했든 듯 싶다</u>.[14]

임화는 정확한 시기를 확정할 수 없었기 때문에 광구 8년(?)경 즉 1904년경이라고 하면서 프랑스 파테사Pathé에서 제작한 단편 희극영화와 실사영화가 '원각사'에서 상영되었다고 기술하고 있다. 그런데 '원각사'가 설립된 해가 1908년이기 때문에 사실과 맞지 않는다. 앞 장에서 살펴보았듯이 '한성전기회사'에서 동대문 전차회사 차고지에 만든 임시극장에서 영화를 상영했다는 것이 현재 확인할 수 있는 공식적인 기록이다. 전체 자료를 수집하고 체계적으로 분석을 할 수 없는 상황이었기 때문에 이러한 오류가 발생했다고 볼 수 있다. 1903년 6월 24일자『황성신문』활등사진 광고가 한국에서 처음으로 영화가 상영되었다는 공식적인 기록이다. 당시 언론출판 사정이 과거 자료를 전체적으로 검색하

---

14 위의 책, 같은 쪽. 이 글에서 인용된 자료의 고어(古語) 표현 등은 원문이 훼손되지 않는 한 가능하면 현대문으로 고쳤다.

고 활용할 수 없는 환경이 아니었기 때문에 일어난 오류였다고 볼 수 있다.

그런데 밑줄 친 부분과 같이 임화는 한국과 일본의 초기영화는 모두 수입시대였고 상영했던 장르도 동일했다고 기술하고 있다. 식민지 지식인 임화의 자의식이 드러나는 대목이라고 볼 수 있다. 당대 지식인들에게 "근대성이란 서구와 일본의 것이며 우리에겐 그것이 아예 없다"[15]라는 인식이 보편적이었다. 그런데 근대성의 표상으로 인식되던 영화를 일본도 한국과 같이 수입하였던 점과 일본 영화 초기 단계도 한국과 동일하다는 점을 강조함으로써 '현해탄 콤플렉스'를 극복하려는 의도를 드러내고 있다.

그러나 이러한 욕망은 사실 관계 확인 속에서 금방 스러진다. 근대에 있어서 일본은 서구와 등가체였던 것이다.

> 그러나 세계영화사상世界映畵史上에서 활동사진시대라고 부르는 시대를 서양西洋과 내지內地에서는 다소간이나마 제작하는 것을 통하야 체험하였지만 우리 조선朝鮮서는 그저 구경하면서 지내온 것이다.
>
> 그럼으로 엄밀한 의미에서 말하면 조선영화사朝鮮映畵史에는 활동사진시대라는 것이 있을 수 없을지 모른다. 구경만 하고 제작하지 않는 역사라는 것은 없는 법이다.
>
> 역사란 항상 만드는 것과 되어지는 일을 가르치는 말이요, 더구나 예술의 역사라는 것은 창조의 역사이기 때문이다. 그러므로 조선朝鮮에 있어서 엄밀한 의미의 영화사映畵史는 당연히 제작의 개시로부터 비롯해야 할 것이다. 활동사진시대라는 것은 영화의 전사시대前史時代일 뿐

---

15 김윤식, 앞의 책, 1989, 522~523쪽.

아니라 우리에게 있어선 우리가 일즉이 관객이든 한 시대에 지내지 않는다.[16]

임화는 한국과 일본은 비슷한 시기에 활동사진을 서구에서 수입하였지만 일본은 곧바로 활동사진을 자체 제작하였다는 점을 지적하고 있다. 즉 일본은 영화를 수입하면서 곧바로 영화를 제작하여 영화사映畵史가 본격적으로 시작되었지만 한국은 수입한 활동사진을 한동안 구경만 하였다는 사실을 솔직하게 인정하고 있다. 한국은 활동사진을 도입하였지만 자체 제작을 하지 못했기 때문에 영화사 시작이 아니고 영화의 '전사시대前史時代'를 가질 뿐이라는 것을 기술하고 있는 것이다.

또한 임화는 한국에서 영화를 자체 제작하였다 했더라도 본격적인 영화시대가 도래하였다고 볼 수 없다고 냉정하게 기술하고 있다.

독립한 작품이 만드러지기는 대정大正 9년年에 이르러 취성좌聚星座 김도산金陶山 일행이 경기도청京畿道廳의 위촉으로 제작한 호열자예방虎列剌豫防 선전영화와, 대정大正 10년年 윤백남尹白南씨가 체신국의 의뢰로 제작한 저축사상 선전영화 「월하月下의 맹서盟誓」로 효시를 삼게 된다.

그러나 이 두 작품으로 말하면 연쇄극連鎖劇 「필님」 정도는 아니드래도 완전히 독립한 영화라고는 말하기 어렵다. 전자가 만일 연극의 부속물이라면 후자는 관청의 광고지와 같은 한 선전수단에 지내지 않기 때문이다. 조선영화사朝鮮映畵史를 말하매, 이 두 작품은 최초의 작품으로 매거枚擧하는 것은 그 제작의 동기, 작품의 내용은 여하간에, 다른 예술의 보조를 받지 않고 자체로서 완결되었기 때문이다.[17]

16　정재형 편, 앞의 책, 1997, 같은 쪽.

한국에서 처음 제작된 영화는 1919년 10월 27일 단성사에서 공연된 신파극단인 신극좌 김도산의 연쇄극kino drama 〈의리적 구토〉[18]였다. 〈의리적 구토〉는 연극 배경이 되는 경성역이나 기차 등을 활동사진으로 보여줌으로써 연극관객들에서 새로운 재미를 선사했다. 관객들이 조수같이 밀려들었다는 신문기사처럼 〈의리적 구토〉는 흥행에 크게 성공하였다.[19] 연쇄극은 활동사진이 연극 장치로 사용되는 부속물이었기 때문에 본격적인 영화라고 볼 수는 없다. 임화도 연쇄극을 영화로 보지 않고 1920년 취성좌의 김도산이 만든 콜레라 예방 영화 〈호열자〉와 1923년 4월 9일에 공개된 윤백남의 〈월하의 맹서〉[20]가 한국에서 처음 제작된 영화라고 정리하고 있다. 그런데 이들 영화가 관청의 선전 영화였기 때문에 완전한 독립영화라고 볼 수 없다고 지적하고 있다. 이들 작품보다는 1923년 '황금관'과 '조선극장'을 경영하던 흥행사興行師 하야카와 고슈早川 孤舟가 '동아문화협회'의 명의로 제작한 〈춘향전〉이 더 완전한 작품이라

---

17 위의 책, 196~197쪽.
18 공보부가 중심이 된 영화의 날 제정위원회가 1962년 김도산의 〈의리적 구토〉를 한국 영화 제1호로 선정하고 10월 27일을 '영화의 날'로 선포하였다. 연쇄극이 최초의 영화인가에 대한 논란이 있으나 1963년부터 '한국영화인총연합회'는 계속 영화의 날을 기념하고 있다. 이 단체는 2019년을 한국영화 탄생 100주년이라며 다양한 행사를 준비하고 있다.
19 "쵸저녁부터 됴수갓치 밀니는 관객남녀는 삽시간에 아래 위층을 물론하고 빡빡히 차서 만원의 패를 달고 표까지 팔지 못한 대성황이 잇더라"『매일신보』, 1919.10.29.
20 이 영화는 총독부 체신국이 저축을 장려하기 위해 만든 장편 관제 계몽영화였다. 체신국은 1923년 11월 9일 경성호텔에서 언론사 기자들과 명사들을 초청하여 시사회를 여는 등 적극적으로 홍보하였다. "체신국에서는 저금 사상을 선전하기 위하여 저금 활동사진을 영사하던 중 재작일 밤에 시내 경성호텔에서 각 신문통신사 기자와 관계자 백여명을 초대하여 그 필름의 시험영사를 하였는 바 각본은 윤백남 군이 만든 월하의 맹서라는 이천 척의 긴 사진으로 내용이 매우 잘 되어 크게 갈채를 받았으며 그 필름은 경성을 비롯하여 각 지방으로 가지고 다니며 저금을 선전할 터이라더라."「저금(貯金) 사진(寫眞) 시영(始映)」,『동아일보』, 1923.4.11.

고 기술하고 있다.

〈춘향전〉은 일본인이 제작한 한국영화였다. 이 영화는 흥행에 크게 성공했다. 흥행 요인은 한국인들에게 친숙한 고전소설을 영화화 했고 한국 풍경이 처음으로 영화의 공간적 배경이 되었고, 그리고 인기 변사 김조성과 기생이 등장했기 때문이다. 일본인이 만들었지만 한국 고전 내러티브에 한국을 배경으로 하여 주연배우도 한국 배우였기 때문에 한국 관객들의 반응은 폭발적이었다.

일본인이 〈춘향전〉을 제작하였다는 사실은 당시 한국의 영화계 실상을 보여주는 서글픈 사례이다. 한국 영화인들은 자본력과 기술면에서 열악했기 때문에 본격적으로 영화제작을 할 수 있는 상황이 아니었다. 하야카와는 1924년에 〈비련의 곡〉, 1925년에 〈흥부와 놀부〉를 제작하고, 일본인 소유의 '부산 조선키네마주식회사'에서 1924년 〈해의 비곡〉, 1925년 〈운영전〉과 〈촌의 영웅〉을 제작하였다. 대부분 한국고전과 같은 소재를 선택하였는데 한국 관객을 대상으로 하였기 때문이다. 이렇듯 한국의 초기 영화들은 모두 일본인들의 자본과 기술에 의해서 제작되었다. 임화는 이러한 사정을 "조선영화朝鮮映畵는 아즉 대규모 기업의 대상이 되기엔 심히 유치했고, 조선朝鮮의 시장은 아즉 미완의 시기"[21]였기 때문이라고 진단하고 있다.

〈춘향전〉의 성공은 한국 영화인들에게 큰 자극을 주었다. 결국 너도나도 영화를 제작하게 만들었다. 임화는 이러한 현상을 한국 영화인들이 '안목휘황하야 시기상조의 오해'를 하게 되었다고 비판하고 있다. 이 시기를 "조선영화사상朝鮮映畵史上에서 「푸로덕슌」 난립시대亂立時代"이고 "영화의 정열이 일반으로 비상히 팽창했던 시대"였지간 이렇다 할

---

21 정재형 편, 앞의 책, 1997, 197쪽.

작품이 나올 수 없었다고 정리하고 있다. 임화는 다소 비판적으로 기술하고 있지만 이 시기를 기반으로 하여 마침내 1926년 참으로 영화다운 영화인 나운규의 〈아리랑〉이 탄생하게 되었다고 보았다.

〈아리랑〉이 한국 영화사의 내재적인 발전을 통하여 탄생한 것으로 기술하고 있는 것이다.

나운규(1902~1937)

이 작품에 소박하나마 조선朝鮮사람에게 고유한 감정, 사상, 생활의 진실의 일단―端이 적확히 파악되어 있고, 그 시대를 휩싸고 있든 시대적 기분이 영롱히 표현되어 있었으며 오랫 동안 조선朝鮮사람의 전통적인 심정의 한아이였든 「페이소스」가 비로서 영화의 근저가 되어 혹은 표면의 색조色調가 되어 표현되었다.

그러므로 사람들의 이 작품에서 단순한 조선朝鮮의 인상人象, 풍경風景, 습속習俗 이상의 것을 맛보는 만족을 얻었다. 이 점은 조선영화朝鮮映畵가 탄생 이후 당연히 가져야 할 것으로서 미처 가지지 못했든 것을 사람에게 주었음을 의미한다.

뿐만 아니라, 이 작품의 성공은 그 내용에서만 아니라 형성과 기술에 있어서도 재래在來의 조선영화朝鮮映畵의 수준을 돌파한대도 연유하였다. 이만하면 단순한 호기심에만 끄을니어 보아오든 관중은, 안심하고 조선영화朝鮮映畵를 대하게끔 되었었다.

또한 이 작품을 통하야 일세―世의 인기 여배우 신일선申―仙을 세상에 내여 놓아 여러 가지 의미에서 「아리랑」은 조선朝鮮의 무성영화시대無聲映畵時代를 기념하는 「모슈맨트」였다.[22]

나운규 감독·주연의 영화 〈아리랑〉 한 장면(1926)

임화는 〈아리랑〉이 한국 무성영화시대의 기념비라고 호평을 하였다.

이 영화가 이전 한국영화가 가지지 못했던 한국 사람의 고유한 감정, 사상, 생활의 진실을 보여주었고 한국 사람들의 전통적인 심정을 표현했던 점에서 관객들에게 볼거리 이상의 감동을 주었다고 기술하고 있다. 이 진술을 통하여 임화가 상정하고 있는 한국영화의 성격을 읽을 수가 있다.

하지만 〈아리랑〉이 임화가 궁극적으로 추구하고자 하는 영화가 아니었다. 카프의 맹원으로 프로문학운동의 핵심 인사였던 그는 운명에 고통을 받는 주인공보다는 운명을 개척하는 주인공을 그리는 영화를 욕망할 수밖에 없었다. 임화가 직접 영화배우로 영화의 세계에 뛰어들게 된 연유도 여기에서 찾을 수 있다.

---

22   위의 책, 200쪽.

안종화安鍾和씨가 주재하고 이경손李慶孫, 김영환金永煥씨 등 문단, 영화인이 관계하고 있는 조선영화예술협회朝鮮映畵藝術協會의 연소年少한 성원과 좌익문화인左翼文化人들과의 합류되어「유랑流浪」, 그 뒤에 서울키노,「황혼昏街」,「화륜火輪」등이 맨드러졌는데 이것은 모두 김유영金幽影씨의 작품이였다.

나운규羅雲奎씨의 작품이 다분히「내슈낼」한 경향을 가진 것이라면, 전자는 어느 정도 경향적인 의도를 가진 것이라 하겠다.

이것이 소화昭和 3년부터 5, 6년경年頃까지의 조선영화계朝鮮映畵界의 상황狀況인데, 일종의 내적內的 심열心裂의 시대이어서 신흥영화예술가동맹新興映畵藝術家同盟이라는 단체가 생기고,「씨나리오」작가협회作家協會라는 것이 생기고,「캎프」의 영화부映畵部가 생기고, 하야 새로운 동향이 활발하게 표면화되면서 조선朝鮮서 처음으로 영화이론과 비평이라는 것이 생기어 서광제徐光霽씨같은 이가 활발히 활동한 것도 이 시기다.[23]

카프 맹원들이 직접 영화에 참여한 이유는 1928년 전개된 카프의 대중화 논의와 관련이 깊다. 카프는 1927년 예술운동에서 정치적 목적성을 전면에 내세운 제 1차 방향전환을 하였다. 하지만 이 시기 생산된 작품 대부분은 현실과 괴리된 무매개적인 추상성에 머물고 있었다. 이러한 한계를 극복하기 위해 카프는 대중적인 영향력이 큰 영화에 주목하고 영화제작에 적극적으로 참여하였다. 임화가 주역배우로 영화에 출연한 것도 이러한 분위기가 반영된 것이다. 카프운동에서 영화가 차지하는 비중은 매우 높았던 것이다.

---

23 위의 책, 201~202쪽. 임화는 카프영화에 대해 자세히 기술하고 있지 않다.

그런데 임화는 이 글에서 자신이 직접 참여하기도 한 카프의 영화제작 부분을 개략적으로 기술하고 있다. 1935년 카프해산 후 프로문학 퇴조기 속에서 "카프문학의 역사적 의의를 밝혀 역사의 오롯한 자리를 마련"[24]하려는 기획으로「조선 신문학사」를 기술했던 그의 행적에 비추어 영화에 대한 기술은 너무 소략하다고 볼 수 있다. 이 이유는 카프가 제작한 영화 〈화륜〉(1931)을 살펴보면 이해할 수 있다. 〈화륜〉은 이효석·안석영·서광제·김유영이『중외일보』에 연재한 원작을 바탕으로 김유영이 연출하고 벅하로·김연실·석일량 등이 출연한 영화다. 시놉시스synopsis를 살펴보면 다음과 같다. 철호는 3·1운동에 참가해 수감되었다가 10년 만에 출감한다. 그는 생계 때문에 덕삼과 살림을 차렸던 아내가 한강에서 자살하려는 것을 구하고 다시 재결합한다. 그는 취업한 공장에서 악덕 공장주의 주구가 된 덕삼과 자주 부딪친다. 공장은 공장주의 횡포와 열악한 노동 현실 때문에 결국 파업이 벌어진다. 노사 간의 격렬한 패싸움 속에서 그는 덕삼과 활극을 벌이고 다시 투옥된다. 노동현장에서의 투쟁이라는 카프의 주제의식이 드러난 영화지만 검열로 많은 장면이 삭제되었기 때문에 제작의도가 충분히 드러나지 않았다. 설상가상으로 흥행에도 실패하였다. 이 영화를 통해서 카프 영화운동의 한계를 이해할 수 있다. 일제강점 하에서는 〈아리랑〉과 〈임자 없는 나룻배〉와 같이 '의도된 모호성' 방법 이외에는 주제를 표현할 수 있는 방법이 없었던 것이다.

  1934년대에 들어오면서 한국영화계도 무성영화 시대에서 토키시대로 전환되고 있었다. 임화는 세계 영화계의 변화에 대해서 민감하게 반응하였다.

---

24 김윤식, 앞의 책, 1982, 517쪽.

당시의 조선영화朝鮮映畵가 직면한 임무는 하로 바뻐 「싸이랜트」 시대로부터의 해탈이였다.

이 시기는 벌서 외국外國 영화는 물론, 내지內地 영화가 완전히 「토 —키」시대로 이행한 때였다. 한 상설관常設館에서 외국外國과 내지內地 의 영화는 모두 「토—키」인데 유독 조선영화朝鮮映畵만이 구태의연한 무성에 머므러 있다고 한 것은 기이했을 뿐만 아니라 관중으로 하야금 이것도 영화인가 하는 의문을 이르킬 만큼 부자연하고 「아니크로닉」 했을 것은 상상하고도 족한 일이다.[25]

임화는 외국영화와 일본영화가 완전히 토키영화로 이행되었는데도 불구하고 한국영화계가 아직도 무성영화에 머물러 있다는 점을 냉소적으로 기술하고 있다. 토키영화를 제작하기 위해서는 더 많은 자본과 기술력이 필요한데도 불구하고 이러한 사정을 자세히 기술을 하지 않고 당위성만을 강조하고 있는 것이다. 여기에서 '현해탄 콤플렉스'라는 그늘을 읽을 수 있다.

한국영화계에서도 1935년 이필우, 이명우 형제에 의하여 토키영화가 제작되었다. 한국 고전 「춘향전」을 다시 영화화 한 것이다. 그런데 임화는 한국 토키영화가 정상 궤도에 들어선 것은 1937년에 발표된 이규환 감독의 〈나그네〉라고 보았다. 성봉영화원에서 제작한 이 영화는 왕평, 문예봉, 고영란, 박제행 등이 출연했는데 4월에 '단성사'에서 개봉하였다.

시놉시스는 〈아리랑〉과 유사한 구조를 가지고 있다. 복용은 겨울 농번기에 포항 어시장으로 품팔이를 나간다. 복용은 궁핍한 생활을 영위

---

25 정재형 편, 앞의 책, 1997, 202~203쪽.

하고 있었는데 최근에는 부친이 의문의 죽음을 당하는 악재를 당했다. 또한 같은 마을에 사는 삼수라는 악당이 그의 아내를 호시탐탐 노리고 있었다. 복용이 일을 하러 마을을 떠나자 삼수는 야욕을 충족하려는 음모를 꾸민다. 아이 약값을 빌린 복용의 아내를 집으로 유인하여 겁탈하려는 것이다. 때마침 고향이 돌아온 복용은 아내가 삼수의 집으로 끌려간 것을 알고 삼수네 집으로 찾아가 아내를 구하고 삼수를 죽인다. 이 과정에서 아버지를 죽인 원수가 삼수라는 것이 밝혀지게 된다. 한바탕 활극이 끝나자 복용은 자수하러 떠난다.

임화는 〈나그네〉가 조선영화사에서 〈아리랑〉과 유사한 의의를 갖는 작품임을 지적하고 "「싸이렌트」「아리랑」을 성공시킨 것과 가치「나그네」를 성공시킨 것도「레아리즘」이란 사실"[26]을 강조하고 있다. 프로문학가인 그에게 리얼리즘이란 가치척도이자 평가 자체였다. 여기에서 임화가 상정하는 한국영화의 정체를 다시 확인할 수 있다. 한국현실을 리얼리스틱하게 형상화하는 영화가 그가 바라는 한국영화였던 것이다. 하지만 일제의 검열은 이를 용납하지 않았다.

> 공안, 풍속, 건강상이란 규정은 하나의 핑계였고 조금이라도 톤온한 기색이 있거나 흔적이 있으면 닥치는 대로 잘랐다. 그들이 생각하기에 따라서는 무엇이던지 공안, 풍속, 보건상의 이유가 되는 형편이었다. 영화 속에 약간의 사상성이 있으면 공안상 안되겠다 하면 그만이고, 대담한 애정묘사같은 것이 있으면 풍속상 안되겠다 하면 그만이었다. 도대체 총독부에서 한민족의 사상을 감시하기 위해서 하는 검열이니 더 말할 여지가 없다. 그들은 심지어 한국 사람들의 일상생활감정에

---

26 위의 책, 203쪽.

서 사상까지 감시하기 위해서 한인 급사를 채용하기도 했다.[27]

영화 속에서 한국 현실을 드러내는 리얼리즘은 '공안', '풍속', '건강'이라는 잣대를 가지고 검열을 자행하던 총독부 경무국 고등경찰과 도서실의 날카로운 시선을 벗어날 수 없었다. 때문에 주요한이 〈임자 없는 나룻배〉(1923)가 "라운규가 주연하는 춘삼이란 한 개 농부노동자의 슬픈 이야기를 우리는 한 개인의 이야기로 보지 말고 조선민족이라는 한 민족의 이야기로 볼 때 비로소 그 감격이 커지는 것이다"[28]라고 평하고 있듯이 당대 영화인들은 '의도한 모호성'이라는 담론과 같이 해석의 여지를 많이 가지고 있는 영화를 만들 수밖에 없었다.

이규환 감독의 〈임자 없는 나룻배〉 한 장면(1932)　　〈임자 없는 나룻배〉 포스터

27　이영일, 『한국영화전사(韓國映畵前史)』, 한국영화인 협회, 1969, 99쪽.
28　『동아일보』, 1932.9.14.

임화가 생각하는 민족의 현실을 그리는 리얼리즘 영화는 시나리오 단계에서 부터 가위질을 당해야 했기 때문이다.

1930년대 한국영화는 서구와 일본과 같이 토키시대로 접어들었지만 임화의 눈에 비친 한국의 토키 영화는 불완전했다. 그는 영화감독들이 현저히 기술 편중에 빠져 직장화職匠化 할려는 경향을 비판하면서 "조선영화의 건전한 발전을 위하야 기술과 더부러 예술을, 혹은 예술로서의 「조선 토-키」의 수준에 도달하기 위하야 이 한계"를 벗어나야 함을 지적하고 있다. 예술영화란 어느 정도 표현의 자유가 보장되는 환경 속에서 탄생을 한다. 그런데 식민지 현실 속에서 예술영화를 강조한다는 것은 추상적일 수밖에 없다. 하지만 검열과 상업화라는 질곡 속에서 한국영화의 예술성 강조는 공허한 외침이라고 매도할 수는 없었다. 그리고 임화가 영화비평에 관심을 기울인 것도 이러한 상황에 기인한 것이다.

임화는 영화가 자본과 카메라와 감독·배우와 같은 물적 토대만을 가지고 발전할 수 없다는 것을 인식하고 있었던 것이다. 그는 '조선영화령' 이후를 진단하는 토론회에서 다음과 같은 발언을 한다.

> 신인발견, 양성제도, 푸로듀서 문제도 문제 되겠지만 내 생각으로는 조선에도 영화비평이 있어야겠다는 말입니다. 신인이 조감독에서만 나온다는 것도 이상한 것이 그 회사에서 그 회사사람을 보는 것과 딴 사람이 비평적 눈으로 보는 것과는 다를줄 압니다. 즉 제삼자의 눈으로 냉정히 보아 비평하는데서 수준의 향상이 있지 않을까 합니다. 그럼으로 회사기구도 중요하지만 비평문제도 소홀히 해서는 안될 줄 압니다.[29]

---

[29] 「조선영화의 신출발」, 『조광』 8권 1호, 1942.1, 150쪽.

임화의 한국영화 비평은 변증법을 기반으로 하고 있다. 정반합正反合의 트리아데 즉 상호 갈등과 침투라는 논리로 한국 영화를 바라보고 있다. 즉 한국 영화 발전을 위해서는 영화 제작에 참여하는 영화인 내부 논의만이 아니라 외각에서 바라보는 비평적인 논의도 필요하다는 점을 지적하고 있다. 이러한 시각은 영화비평이 한국영화 발전의 동력이 될 수 있다는 시각도 읽을 수 있다.

임화는 한국영화가 발전하기 위해서는 무엇보다도 자본이 집중되어야 한다는 점을 인식하고 있었다. 영화는 예술이면서 동시에 사업이기 때문에 투자와 마케팅이 전제되어야 한다. 그리하여 그는 "「토―키」시대의 조선 영화가 이 이상의 발전을 위하야는 기업화의 방향"으로 가야 함을 역설한다.[30] 투기가 아니라 사업으로서의 영화제작을 할 수 있는 재정상태가 양호한 제작사가 필요하다는 것을 강조한다.

하지만 한국영화계는 1939년에 새로 실시된 '영화법'과 1940년부터 시행된 '조선영화령'에 의해서 친일영화를 제작하는 영화사만이 살아남을 수 있었다. 또한 순수한 민족자본으로 만들어진 제작사도 없었다. '그리려는 것'과 '말하려는 것' 사이의 분열이 극단화된 상황이었다.

「조선영화발달소사」는 임화의 미완의 문학사들과 같이 일제 강점기 한국영화사의 맥락을 집어나가고 있지만 심층적으로 살피지 못하고 개관에 머무르고 있다.

---

30 정재형 편, 앞의 책, 1997, 205쪽.

3. 창안의 시선 – 「조선영화론朝鮮映畵論」

「조선영화발달소사」가 일제강점기 한국영화의 역사적인 맥락을 찾고자 하는 작업이라고 한다면 「조선영화론朝鮮映畵論」은 한국영화의 정체성 규명에 초점을 닻추고 있다.

> 조선영화는 조선의 다른 모든 근대문화와 같이 수입된 외래문화의 일종이라는 것은 즈지의 사실이다. 제작의 역사에 앞서 상영만의 역사가 한참동안 계속하였다는 사실도 영화의 역사를 다른 문화의 역사로부터 구별하는 근본적 조건은 아니다. 제작의 역사의 시작이라는 것이 문화적 예술적 자립의 시초라는 것은 물론이다. 즉 조선이 영화가 수입된 지 40년이 가까운 티도 불구하고 제작의 역사는 20년을 얼마 넘지 아니한다는 사실은 다른 문화 예술의 역사에서는 보기 어려운 현상이다.[31]

임화는 먼저 한국영화의 성격이 수입된 '외래문화'임을 밝히고 있다. 그런데 "신문학이 서구적인 문학 장르를 채용하면서부터 형성되고 문학사의 모든 시대가 외국문학의 자극과 영향과 모방으로 일관되었다고 하여 과언이 아닐 만큼 신문학사란 이식 문화의 역사"[32]라는 주장과 다른 느낌을 받는다. 영화는 이식된 것이기 때문이다. 영화는 프랑스와 미국에서 발명된 새롭게 탄생한 예술 장르다. 앞 장에서 살펴보았듯이 일본에서도 영화는 이식된 문물이었다. 영화는 한국 문화예술의 내재적인 발전론이나 문화전통과는 무관한 것이었다.

---

31 「조선영화론」, 108쪽.
32 임화, 「조선문학 연구의 일과제」, 『동아일보』, 1940.1.16.

논의를 전개하기 위하여 임화의 이식문화론에 대하여 정리할 필요가 있다. 임화의 이식문화론은 내재적 발전론과 식민지 근대화론으로 쉽게 환원되지 않은 이질성을 가지고 있다. 다시 말하면 그것은 한국의 근대적인 주체형성의 기제들인 춘원春園식 근대주의와 육당六堂식의 전통주의 그리고 임화의 근대적 맑시즘으로 환원되지 않는 이질성을 가지고 있는 것이다.[33] 임화에게 이식이란 비서구에서 근대적인 것이 의미하는 것 그리하여 이식된 근대에 대한 하나의 커다란 자각이라고 할 수 있다.[34] 그리고 이식에 의해서 탄생한 신문화는 서구 근대성과 비서구 전통과의 교섭negotiation의 결과물이라고 살 수 있다. 이 교섭과정 모델은 탈식민주의에서의 모방으로서의 잡종, 문화적인 번역과정과 유사하다.[35]

> 외래문화의 수입이 우리 조선과 같이 이식문화, 모방문화의 길을 걷는 역사의 지방에서는 유산은 부정될 객체로 화하고 오히려 외래문화가 주체적인 의미를 띠지 않는가? 바꿔말하면 외래문화에 침닉沈溺하게 된다. 외래문하의 탐닉은 곧 고유문화, 재래문화 해체를 촉진하고 그것의 완료가 곧 새 문화의 제조가 된다. 이것은 낡은 문화의 패배다. 그러나 문화교류에 있어 이러한 일방적 교섭은 정치적 침략의 정신적 표현에 불과하다. 또한 그러한 침략이 완전히 수행되기는 문명인과 야만인 사이에서만 가능한 것이다. 동양 제국諸國과 서양의 문화교섭은 일견 그것이 순연히 이식문화사를 형성함으로 종결하는 것 같으나, <u>내재적으로 또한 이식문화사를 해체하려는 과정이 진행되는 것이다.</u> 즉

---

33 주창규, 「역사의 프리즘으로서 '영화란 하오': 충무로 영화의 문화적 근대성 연구」, 중앙대 첨단영상대학원 박사논문, 2004, 110쪽.
34 위의 논문, 113쪽.
35 위의 논문, 117쪽.

<u>문화이식이 고도화되면 될수록 반대로 문화창조가 내부로부터 성숙한다.</u>[36] (* 밑줄 필자)

밑줄 내용을 정리하면 이식된 문화가 주체가 되어 타자가 된 지방문화 내부에서 이식문화를 해체하려는 창조가 성숙된다는 것이다. 따라서 임화의 이식문화론은 이식의 주체(서구문화)와 객체(한국문화)의 변증법적 지양을 추구하고 있다고 할 수 있다. 이러한 논리를 따르면 한국영화는 영화전사映畵前史와 무성영화시대와 토키시대를 거치면서 창조적인 지양체로 발전할 수 있는 가능성을 원래부터 가지고 있는 것이다.

그런데 영화는 다른 예술장르와 비교하면 더딘 발전과정을 가지고 있음을 지적하고 있다. "영화가 다른 외래문화와 동시에 수입되었음에도 불구하고 오랫동안 제작을 하지 않은 감상만의 시대를 만든 원인의 하나인데 주지周知와 같이 문학이나 기타의 예술이 모방을 통하여 그것의 왕성한 이식운동을 전개하고 있는 동안에 우리는 단순히 활동사진을 보고 있었다는데 지나지 않았다는 것이 영화사의 특색"[37]으로 기술하고 있다. 이러한 특색으로 인하여 영화는 "존경할 문화와 예술이기 보다는 진기한 발명"이 되었다고 지적하고 있다.

초창기 한국영화는 모방을 통하여 이식할 수 있는 여러 조건이 결여되어 있었는데 그 중 하나가 문화전통이라고 보고 있다.

> 새로 발명된 진기한 활동하는 사진은 미국에서 볼 수 있듯 활동사진 그 자체를 구경시키는 외에 상업선전과 연극을 단편적으로 찍어 보

---

36 『동아일보』, 1940.1.3.
37 「조선영화론」, 109쪽

이는 데서 출발하지 아니할 수 없었다. 요컨대 그 자체로서의 발전보다도 기존하는 문화의 재현으로 영화는 자기의 최초의 활로를 삼은 것이다. 내지에서도 초기 활동사진은 상업선전과 가부키歌舞伎 신파극의 단편을 찍는 것으로 출발한 사정도 여기에 원인이 있다.

그러나 상업선전이라든가 연극의 단편을 촬영한다는 것은 상업의 은성殷盛과 연극의 흥륭興隆을 전제로 하지 아니 하면 아니된다.[38]

임화는 한국 영화가 미국과 일본과는 다르게 자본과 연극적 전통이 약했기 때문에 발달을 하지 못했다고 기술하고 있다. 영화를 "제작하는 자본의 결여가 또 하나 고유한 사회적 조건이 되나 그보다도 큰 문화적 조건은 연극적 전통의 빈약에 있었다."[39]고 보고 있는 것이다. 임화는 영화와 연극은 서로 상보하는 장르이자 호환하는 장르로 인식을 하고 있다. 이는 당시 연쇄극과 같이 영화가 연극을 통하여 시작되었고 많은 연극배우들이 영화배우와 겸직을 하고 있었던 현실을 반영하고 있는 것이다.

조선영화는 어느 나라의 영화와는 달리 자본의 원조를 못 받는 대신 자기 이외의 다른 인접문화와 협동으로 방향을 걸었다. 연쇄극에서 주지와 같이 영화는 연극의 원조자로서 등장했다.…가장 많이 문학에 원조를 구하였다.…고소설은 조선영화의 출발과 재출발에 있어 그 고유한 형식을 암시하였을 뿐만 아니라 풍요한 내용을 제공했다. 혹은 무성과 음화音畵의 두시대를 통하여 근대화된 조선소설은 직접으로 그 형

---

38 위의 책, 111쪽.
39 위의 책, 같은 쪽.

식과 내용을 통하여 중요한 것을 기여한 외에 간접으로 이것에게 준 기여라는 것은 높게 평가해야 한다.[43]

소설과 영화의 밀접한 관계를 기술하는 대목이다. 여기서 문학인으로서의 임화의 입장을 살필 수 있다. 그런데 이러한 기술은 주관적인 관점이 아니라 현실적인 상황에서 기인한 기술이다. 국내에서 제작된 최초의 활동사진도 〈춘향전〉이었고 이명우 감독의 최초의 토키 영화도 〈춘향전〉이었다. 임화도 "「춘향전」이란 소설이 무성, 유성을 물론하고 매양 조선영화의 출발점이 되였다는 것은 기이한 일"[41]이라고 토로를 하고 있듯이 당대 관객들의 기대지평선은 고소설에 닿아 있었다. 때문에 흥행을 목적으로 하는 영화로서는 고소설에 집중을 할 수밖에 없었다. 그리고 당대의 베스트셀러였던 이광수의 「개척자」와 「무정」을 영화로 제작한 것과 같이 시나리오 전통이 전무한 영화계에서 근대소설은 든든한 우군이었던 것이다.

또한 임화는 영화가 당대의 문학이나 기타의 예술에 의존하고 있었지만 외국영화의 모방도 무시할 수 없다는 점을 지적하고 있다.

> 내지의 어떤 작가는 조선소설을 내지의 그것에 비하면 서구적인 데 가깝다고 한 일이 있거니와 영화의 영역에서도 이 점은 통용될 듯하다. 이것은 물론 소박함에 있어 진실하고 치졸함에 있어 독자적이나 이것은 시정해야 할 결함이면서 성육成育되어야 할 장점이라고 나는 생각한다. 내지영화를 통하여 조선의 영화가 배운 것은 물론 막대한 것이

---

40 위의 책, 113쪽.
41 정재형 편, 앞의 책, 1997, 203쪽.

다. 그것의 직접의 이미제잇은 아직 현저하지 아니한 것이 아니다. 그 것은 마치 문학이 일본문학을 통하여 서구문학을 배운 것처럼 그것을 통하여 서구영화를 배웠기 때문이다.[42]

이 글에서 임화의 이식문화론 논란을 정리할 수 있는 논거를 발견할 수 있다. 그는 일본을 통해 근대소설을 배웠지만 오히려 한국소설이 근대소설을 탄생시킨 서구와 가깝다는 논의를 인용하고 있다. 여기서 한국 근대소설이 단순히 이식된 것이 아니라 창조적으로 수용한 것이라는 논리를 발견할 수 있다. 전통이란 단절될 수 없는 것이다. 문화교섭이란 주체문화가 외래요소를 받아들여 변용할 뿐 외래요소가 주인 자리를 차지하는 것은 아니다. 문화에서 이식이란 있을 수 없다는 말이다. 일본영화를 통하여 서구영화를 배웠다는 말은 중의적이다. 일본영화와 서구영화는 동일하지 않다. 서구영화를 배운 것이 일본영화이고 일본영화를 배운 것이 한국영화이다. 그러나 일본영화를 통하여 투명하게 선진적인 서구영화를 배울 수가 없다. 즉 한국영화는 일본영화를 모델로 하는 것이 아니라 서구영화를 모델로 하는 것이다. 한국영화 내부에서 일본영화를 해체하려는 욕망이 작동하고 있는 것이다. 즉 지양止揚을 통한 한국 영화 창안을 상정하고 있는 것이다.

이 글은 "성실을 통해서만 기업에 이윤을, 국가에 충성을, 국민에게 쾌락을, 그리고 자기는 성과를 각각 주고 차지하는 것"으로 마무리하고 있다. 1940년대 한국영화 현실이 드러나는 문장이다. 신체제라는 군국주의와 식민지 자본주의 속에서 한국 영화가 어떤 위치에 있는 가를 추론할 수 있다. 임화는 이러한 야만적인 신체제를 극복하기 위하여 "예술가인

---

42 「朝鮮映畵論」, 114쪽.

도리"를 다해야 한다고 강조하고 있다

4. 결어

이상으로 임화의 「조선영화발달소사朝鮮映畵發達小史」와 「조선영화론朝鮮映畵論」 분석을 통하여 일제강점기 영화제도 정착과정과 영화 문화의 성격에 대해서 살펴보았다.

「조선영화발달소사」에서는 한국영화 역사를 초창기 전사前史와 무성영화시대 그리고 토키시대로 나누어 기술하고 있다. 초창기 한국영화가 직접 영화를 제작하지 못하고 수용자 입장에서 머물고 있었는데 민족적 정조를 리얼리스틱하게 형상화한 나운규의 〈아리랑〉과 이규환의 〈나그네〉를 통하여 한국영화의 정체성을 찾았다고 보았다. 이명우가 〈춘향전〉을 통하여 토키 영화시대를 열었지만 그 후 발표되는 작품들이 기업화되지 못한 제작시스템 때문에 흥행에는 성공했을지 모르지만 수작들이 발표되지 않음을 기술하고 있다. 자신이 출연했던 카프 영화들이 흥행에 실패했음을 기술하고 있다. 그런데 영화는 문학사 기술과 달리 프로예술의 정당성이 드러나지 않고 있다. 이는 프로 영화가 관객들의 외면을 받았던 점과 일제의 신체제 속에서 자기검열을 했을 가능성을 읽을 수 있다.

「조선영화론」은 한국영화가 수입된 역사 즉 이식으로 시작되었음을 명백히 밝히고 있는데 여기서 이식을 근대에 대한 자각과 서구문화와의 교섭negotiation으로 읽어야 한다. 그리고 이식된 문화를 해체하기 위한 창조적 문화를 만드는 것으로 이해해야 한다. 즉 한국영화가 서구영화와 일본영화의 이식으로 탄생하였지만 이식 주체를 해체하는 새로운 창조성을 담지하고 있다고 이해할 수 있다. 이식이란 용어는 수사적인 표현일 가능성이 높다. 한국영화는 서구와 일본영화처럼 연극과 같은 문화전통은 없지만 인접 예술분야 특히 문학과 교류하면서 자신의 정체성을 형성하고 있다고 볼 수 있다. 그리하여 일본영화를 배웠지만 서구영화의 성격을 보여주는 탈脫이식의 움직임을 가지고 있다고 보고 있다. 그리고 한국영화의 궁극적인 지향점은 예술영화임을 강조하고 있다.

06

취미실익 잡지
『별건곤』과 대중서사물

06

취미실익 잡지
『별건곤』과 대중서사물

1. 서언

『별건곤別乾坤』은 1926년 11월에 창간하여 1934년 8월호 통권 74권까지 개벽사에서 발간한 종합지 형식의 잡지였다. 개벽사는 많은 도서 출간과 함께 『개벽』, 『어린이』, 『신여성』이라는 잡지를 발간한 대표적인 출판사였다. 그런데 외압에 의해서 1926년 8월호(통권 72호)로 『개벽』이 폐간이 되었다. 『개벽』은 6년여 동안 한 번의 결호도 없이 발간된 20년대 유일의 종합지였다. 하지만 그 내면을 살펴보면 끔찍한 수난의 역사였다. 창간호가 포효하는 호랑이 표지와 일부 기사내용 때문에 압수당한 후 문제가 된 내용을 삭제하고 호외를 발행하면서 『개벽』의 운명은 정해졌다.

『개벽』이 초창기 민족주의 색채의 종합잡지로 발행되다가 일제의 탄압에 의해서 폐간되자, 개벽사는 『별건곤』을 발간하였다. 그러나 『별건곤』은 『개벽』의 후속 잡지로 보기에는 매체적인 성격이 상이하였다.

『개벽』이 천도교의 평등주의에 입각하여 민족개조를 표방하는 계몽담론으로 짜인 정론적인 성격이 강했다면 『별건곤』은 독자들의 취미와 실익에 관한 통속적인 취미독물趣味讀物로 꾸며졌다.

　『개벽』과 『별건곤』이 변별되는 것은 한국 사회 변모와 저널리즘 변화에 기인한다. 20년대 후반부터 한국사회는 식민지 반봉건 구조에서 식민지 자본주의 구조로 변모하였고 출판과 저널리즘도 상업주의적인 색채가 강하게 나타나기 시작했다. 이 시기 신문과 잡지에는 영화와 스포츠 기사와 같은 대중문화 항목이 등장하였고, 부인란 등과 같이 여성들의 정보와 취미에 관한 항목이 독립 하는 등 오락성 강한 근대 취미독물들이 본격적으로 지면을 차지하게 되었다. 이러한 취미독물의 등장은 저널리즘의 상업주의적 욕망을 충족시켜주었고 근대 독자의 분화를 불러왔다.

　이 장에서는 먼저 『별건곤』이란 근대적인 매체와 독자의 관련양상에 주목을 했다. 『개벽』 후속 잡지이면서도 계몽보다는 취미와 실익을 강조했고, 정론적인 글보다는 취미독물로 지면을 채웠던 『별건곤』은 당시 어느 잡지매체보다도 독자와 가까웠다. 이는 『별건곤』이 어느 대중 매체보다 더 상호 소통적이었다는 것을 의미한다. 이러한 관계는 『별건곤』에 게재된 서사물의 선택에도 작용할 수밖에 없었다. 즉 당대 독자들의 독서지평선과 『별건곤』 소재 서사물이 서로 호응할 수밖에 없었다.

　근대 서사양식의 중심은 소설이다. 문학사 대부분은 1910년대 단편소설들과 1917년 이광수의 장편소설 「무정」 이후 한국이 근대소설 시대로 접어들었다고 기술하고 있다.[1] 하지만 근대소설이라는 양식의 정착은 출판 유통과정과 독자 독서문화와의 관계 속에서 다시 한 번 살펴보면 지난하고 복잡다단複雜多端했다. 김동인, 염상섭, 현진건, 이기영, 한설야,

---

1　김영민, 『한국근대소설사』, 솔, 1997, 339~419쪽.

김남천 등이 왕성한 창작 활동을 하였던 2, 30년대를 근대소설의 시대라고 명명하고 있지만 『별건곤』이란 잡지공간을 꼼꼼하게 살펴보건 과연 이 시대가 근대소설의 시대인가 의문을 느끼게 된다.

2. 계몽담론에서 취미담론으로

『개벽』을 태초의 빛과 같이 상정하고 있는 창간사를 통하여 『개벽』이란 잡지가 목적하는 바를 쉽게 이해할 수 있다. 세상의 소리가 있는데 이 소리의 옳고 그름을 판단할 수 없는 우리/민족을 계몽하기 위하여 잡지 『개벽』이 창간되었음을 다음과 같이 웅장한 필치로 강조하고 있다.

> 소리-있어 넓히 세계에 전하니 온 세계 모든 인류-이에 응하야 부르짖기를 시작하도다. 강자도 부르짖고 약자도 부르짖으며 우자愚者도 부르짖고 열자劣者도 부르짖도다. 동서남북, 사해팔방이 다같이 소리 중에 묻혀 있도다. 벽력霹靂이냐 지진地震이냐 신뢰神籟이냐 마곡魔哭이냐 우리는 아즉히 소리의 정사正邪를 판단할 수 없도다. 좌우간 다수가 갈앙渴仰하고 다수가 요구하는 인민의 소리임은 명백하도다.[2]

천도교 출판사인 개벽사에서 발행한 『개벽』은 평등주의에 입각한 사회개조와 민족문화의 창달을 표방하였다. 이러한 『개벽』의 성격 때문에 창간호에서부터 일제의 가혹한 검열과 탄압을 받게 되었다. 하지만 강제로 폐간될 때까지 정론적인 성격을 버리지 않았다.

---

2 『개벽』창간사, 1920.6.

그런데 『개벽』의 후속 잡지인 『별건곤』은 그 성격이 사뭇 달랐다. 창간호의 편집 후기의 「여언餘言」을 살펴보면 이러한 차이가 어디서 기인하는 지 이해할 수 있다.

> 인제는 가을이 왔다. 한울이 푸르고 땅 우에는 만 가지 곡식이 누르러진다. 뜨거운 녀름에서 이 가을까지 오는 동안이란 참말로 잠간 동안이다. 일년이 잠간인 것 만치 녀름에서 가을까지도 잠간 동안이다. 그러나 우리는 우리의 생활이 하로 동안에 만흔 변화가 생기는 것 만치 이 가을을 마지할 동안이란 참말노 만흔 변천이 잇섯다. 변천이란 압흐고 쓰라린 맛이 점점 롱후하여 가는 변천뿐이다.
> 압흔 생활에서 때때로는 웃어도 보아야겟다. 웃어야 별 수는 업겟지만은 그러타고 울고만 잇슬 것도 안이다. 우리는 형편도 그러케 되지 못하엿지만 웃음을 우슬 줄도 모른다. 자―좀 웃어 보자! 입을 크게 버리고 너털 우슴을 우서보자! 그러타고 압흔 것을 이저서도 안이된다.[3]

「여언」의 모두冒頭는 상당히 암시적이다. 자연스런 계절의 변화와 쓰라린 생활의 변천을 대조하면서 『개벽』 폐간의 전후 사정을 은연중에 암시하고 있다. 그리고 『별건곤』 발간은 이 아픔 속에서 웃는 것이라고 강조하고 있다. 아픔과 웃음의 메타포는 『개벽』과 『별건곤』의 성격을 그대로 보여주고 있다.

그런데 『별건곤』은 『개벽』 폐간으로 발간된 것이 아니라 폐간 일년 전부터 '취미와 과학을 가추인 잡지'를 하나 경영하자는 계획이 있었음을 밝히고 있다. 『별건곤』이 『개벽』의 후속 잡지가 아니라는 것을 알 수

---

3 『별건곤』, 「여언(餘言)」, 1926.11.

있다. 계절의 변화와 생활의 변천을 이야기한 이유는 당대 사회문화의 변화를 말하기 위함이었다. 『개벽』, 『신여성』, 『어린이』를 발간하고 있던 개벽사가 대중적인 잡지가 필요하다는 것을 간파하고 새로운 잡지를 계획하였던 것이다. 『별건곤』의 탄생은 식민지 자본주의 구조화에 의한 상업주의 대두와 대중독자의 분화 등 당시 사회문화 구조 변화와 깊이 관련이 있는 것이다.

> 취미라고 무책임한 독물讀物만을 느러놋는다든지 혹은 방탕한 오락물만을 기사로 쓴다든지--등 비열한 정서를 조장해서는 안이될 뿐만 안이라 그러한 취미는 할 수 잇는 대로 박멸케 하기 위해서 우리는 이 취미 잡지를 시작하엿다. 젊은 동지들이여! 한 가지 낡고 쓰고 생각해 보자![4]

이 글에서는 『별건곤』이 '무책임한 독물', '방탕한 오락물', '비열한 정서' 등을 조장하는 취미를 표방하는 것이 아니라고 강조하고 있다. 하지만 『별건곤』에 게재된 취미독물을 살펴볼 때 이러한 주장의 근거를 전혀 찾을 수가 없다. 오히려 『별건곤』이 만들어 내는 취미담론은 소비 욕구 팽창과 그 충족을 핵심으로 하는 당대 대중독자의 욕망을 자극하고 재생산하는 매카니즘 안에 자리 잡고 있었다.[5] 『별건곤』은 취미독물을 통하여 당대 독자들을 통속적 감수성에 자극을 하고 근대 오락문화에 배치되도록 호명하였던 것이다.

---

4 위의 글, 같은 쪽.
5 김진량, 「근대 잡지 『별건곤』의 "취미담론"과 글쓰기의 특성」, 『어문학』, 2005.6, 343쪽.

3. 호명되는 독자와 호명하는 독자

『별건곤』이 표방하고 있는 취미·실익 잡지는 당대 독자들의 자본주의적 욕구를 자극하고 그에 부합하려는 의도로 만들어낸 상업주의 담론이었다. 『별건곤』의 취미담론은 한국 땅을 소비의 공간으로 재구성하고 한국인들을 소비 주체로 호명하고 있는 것이었다.[6]

근대매체가 가지고 있는 강력한 감수성은 독자들로 하여금 매체가 가지고 있는 욕망을 자기의 욕망으로 오해하게 만든다. 이러한 오해를 유발시키고 조

『별건곤』

정하여 대중들을 매체 소비자로 만들고자 하는 것이 근대 대중매체의 전략이라고 할 수 있다. 『별건곤』 또한 이러한 근대 대중매체 성격에서 벗어날 수 없었다. 『별건곤』이 강담, 기담, 괴담, 탐정소설 등 취미독물로 채워져 있다는 것이 이 사실을 뒷받침해준다.

가자봉인의 「현대의 괴인 천하대걸물 무풍대사」(1926.12), 신경순의 「식인재판」(1930.6), 김규원의 「운니동 괴화—총각습격한 처녀귀」(1932.11), 석문양의 「정조貞操 도박사건」(1933.10·11 합병호) 등의 선정적인 제목만 살펴보더라도 취미독물의 성격을 알 수 있다.

그런데 『별건곤』이라는 매체공간은 이전의 정론적인 잡지매체와는 다른 결의 목소리를 담고 있었다. 초창기 신문과 잡지는 계몽적인 담론과

---

6   위의 글, 344쪽.

정보기능적인 담론으로 독자들을 호명하였다. 신문과 잡지라는 근대적인 제도는 근대 독자들에게 유용한 정보의 원천이자 이데올로기 자체였다. 때문에 근대 초 신문과 잡지는 권위 있는 목소리로 작용하였다.

하지만 상업주의와 취미독물로 꾸며지는 대중잡지 등장으로 독자들은 새로운 독서방법을 익힐 수 있었다. 취미독물에 대한 독서는 기존의 신문과 잡지의 정보수용과 사실 확인의 독서와는 다른 것이었다. 독자들에게 취미독물은 탈권위적이고 수평적인 이미지로 이해되었다. 이는 취미독물이 가지고 있는 통속성이 인간 내면에 존재하는 본성의 한 측면이기 때문이다.[7] 따라서 『별건곤』과 독자의 관계는 친교적이며 상호소통적인 관계로 정립될 수밖에 없었다.

또한 『별건곤』이 가지고 있는 인쇄매체적인 성격은 독자의 참여를 적극적으로 허용하고 있다. 인쇄매체는 저자와 독자의 관계를 직접적 대화를 막는다. 하지만 다른 한편으로는 저자와 독자의 의사소통은 더욱 강화될 수 있다. 왜냐하면 독자가 저자의 영향력에서 벗어나 주체적으로 저자의 메시지를 자기화할 수 있게 되기 때문이다. 이러한 강해진 독자의 성격을 알고 있는 저자는 글을 쓸 때 독자의 기대지평선을 미리 상정하게 된다.[8] 취미실익 잡지였던 『별건곤』은 독자 관심에서 결코 자유로울 수가 없었다.

『별건곤』 편집자는 독자들에게 '지방색'이라는 란에 투고를 적극 권하는 광고를 계속하였고, 매 호마다 현상 문제를 게재하였는데 현상문제 또한 독자 참여를 유도하는 한 방법이었다. 이러한 독자와의 직접적인

---

7 박성봉, 『대중예술의 미학』, 동연, 1995, 117쪽.
8 정호근, 「의사소통과 매체-매체의 기능과 역기능」, 『매체의 철학』, 나남출판, 1998, 378~379쪽.

관계맺음 속에서 잡지에 실리는 독물의 성격도 독자의 기호에 맞게 조정되었다.

때문에 『별건곤』의 잡지 공간 속에는 독자들의 목소리가 강하게 담겨 있었다. 즉 『별건곤』이 독자를 호명하고 있지만, 독자 또한 『별건곤』을 호명하고 있었던 것이다. 이러한 독자의 목소리는 『별건곤』에 게재된 서사물[9]을 통하여 확인할 수 있다.

4. 취미 · 실익과 서사물

『별건곤』에 실린 서사물은 크게 순문예 소설과 강담류 취미독물[10]로 나눌 수 있다.

창간호부터 종간되는 통권 74호까지 게재된 서사물은 대략 185여편 정도인데 이 중에서 소설로 호칭된 텍스트는 29편 정도이다. 이 속에는 김동인의 연재소설과 유모어소설과 로맨쓰가 포함되어 있으므로 순문예 소설은 그 수는 더욱 적어진다. 그런데 『별건곤』에서 서사물에 대한 장르구분은 상당히 자의적이었다. 소설 텍스트도 '창작'이란 명칭과 '소설'이란 명칭으로 구분하고 있는데 그 구별의 기준이 모호하다. 1930년 1월호에 게재된 이태준의 「기생 산월이」는 '소설'로 호칭하고, 채만식의

---

9   이 장에서 사용하는 서사물이란 용어는 하나의 이야기, 즉 시간적 연쇄로 이루어진 일련의 사건을 말한다. 하나의 이야기를 구성하는 사건들의 말하기. 서사물은 하나의 문화를 존립시키는 의미들을 구조화한다. 스티븐 코핸 · 린다 샤이어스, 『이야기하기의 이론 – 소설과 영화의 문화 기호학』, 한나래, 1996, 13쪽.

10 『별건곤』에 실린 소설 이외의 서사물은 다양한 장르명을 가지고 있다. 이를 모두 취미독물이라고 하기에는 부정확하여 전통적인 구술성을 가진 서술양식인 강담과 근대적인 취미독물을 합하여 강담류 취미독물이란 명칭을 사용한다.

「병조와 영복이」는 '창작'으로 호칭하고 있다. 또한 1927년 4월호 실린 김운정의 「찬눈물 더운눈물」은 야화野話소설로 호칭되고 있다. 이러한 모호한 구분은 『별건곤』 편집자들이 근대소설에 대해 깊이 있게 인식하고 있지 못하거나, 『별건곤』이란 매체 속에서 근대소설이란 장르가 다른 서사물보다 중요하지 않았기 때문에 일어나는 것이라고 추정할 수 있다.

이에 비하여 강담류 취미독물은 78편 정도로 압도적인 수를 차지한다. 강담류 취미독물은 다시 강담講談, 신강담新講談, 정화情話, 비사悲史, 秘史, 독물讀物, 애화哀話, 인정미담人情美談, 괴담怪談, 야담野談, 사실기담事實奇談, 전설기담傳說奇談, 기담奇譚넌센스, 범죄실화犯罪實話, 야화夜話, 野話, 괴화怪話, 만담漫談, 괴기실화怪奇實話, 사실비화事實秘話, 만문漫文, 실화實話, 특종실화特種實話 등 하위 장르로 구분되고 있다. 이러한 하위 장르 구분은 텍스트의 내용에 따른 것인데 이 또한 그 기준이 모호하다. 강담과 신강담을 왜 구별하는지 괴담과 괴화가 어떠한 차이가 있는지, 만담이나 만문이 왜 나누어져야 하는지 확실하지가 않다.

이렇게 강담류 취미독물이 많은 이유는 당대 독자들의 독서양상에서 찾을 수가 있다. 2, 30년대 소설독자들은 ① 구 활자본 고소설(ᄄᆞ지본) 및 일부 신소설의 독자, 구연된 고전소설과 일부 신소설 등의 향수자, ② 대중소설, 컨안소설, 신문 연재 통속소설, 일본 통속소설, 야담, 일부 역사소설 등의 향수자, ③ 신문예의 순문예작품, 외국 순수문학 소설, 일본 순문예 작품 등의 향수자 등 3계 층위로 구별할 수 있다.[11] 근대적인 문학제도에 의해 형성된 ②, ③의 독자들 보다 ①의 독자들은 전통적인 서사양식을 더 선호한다. ②의 독자 또한 순문예소설 보다는 강담류 취미

---

11 천정환, 「한국근대 소설독자와 소설 수용 양상에 대한 연구」, 서울대 박사논문, 2002, 131쪽.

독물이 더 친숙했을 것이다. 또한 ②, ③의 독자수는 ①의 독자 수보다 훨씬 많았을 것이다.『별건곤』편집자들은 이러한 당대독자들의 성향과 숫자를 무시할 수 없었을 것이다.

그런데『별건곤』에는 탐정소설이 순문예소설 보다 많은 29여편이 실려 있다. 이 탐정소설을 통하여『별건곤』이 표방하는 취미와 실익의 모습을 읽을 수가 있다. 즉 탐정소설 장르가 근대 오락으로서의 취미독물에 부합되기 때문이다. 강담류 취미독물 중에서 괴담류가 괴기소설과 유사한 성격을 가지고 있지만 장르소설로 미분화된 상태라고 할 있다. 하지만 탐정소설은 근대 장르소설의 대표적인 양식이다. 이 탐정소설을 통하여 독자들에게 취미로서의 독서라는 담론을 수용하게 만들고 있다고 할 수 있다. 또한『별건곤』소재 탐정소설 텍스트들은 주요필진이었던 채만식의 탐정소설과 일정부분 관련이 있다고 할 수 있다.

이상에서 살펴본 것과 같이『별건곤』에 게재된 서사물들은 대부분 당대 대중독자들의 기대지평선 안에 있는 텍스트들이었다. 순문예 소설 보다 오락성이 강한 강담류 취미독물과 탐정소설이 대부분을 차지하고 있는 것은 당대 대중 독자들의 독서취향과 무관하지 않다.

5. 결어

『별건곤』은 정론지『개벽』의 후속으로 개벽사에서 발행한 종합잡지였다. 그런데 취미·실익을 표방하고 있듯이 상업주의적인 성격이 강했다. 이는 식민지 자본주의 사회로 변모한 상황과 무관하지 않다.

『별건곤』에 실린 서사장르는 지식인 독자들 사이에 정착한 근대소설 보다는 전근대적인 서사물들이 많았다.『별건곤』은 특이하게 전근대적인 취미독물을 통해 당시 독자들을 소비주체이자 근대 대중독자로 호명呼名 하고 있다. 대다수 독자들에게 근대소설은 아직 낯선 장르였기 때문이다. 개화이후 근대출판 기술의 도입과 다양한 근대 도서 출판과 보급이 이루어지고 낭독朗讀에서 묵독默讀으로 독서방법이 전환되었으나 독자들에게 근대소설 보다는 전근대적인 서사장르가 친숙했었다. 문예동인지가 아니었던 『별건곤』은 독자들의 이러한 성격을 정확하게 인식하고 있었다.

　『별건곤』은 인쇄매체라는 특성과 상업주의적인 성격 때문에 독자들의 영향 하에 놓여 있었다. 이러한 상호관련성은 『별건곤』에 게재된 서사물 선택에 작용을 하였다. 때문에 당대 독자 수준과 기호에 맞는 강담류 취미독물이 서사물의 주류가 되었다. 순문예 소설보다는 강담류 취미독물이 서사물의 주류를 이루고 있다는 사실은 일종의 퇴행으로 볼 수도 있으나 당대 독자들의 독서문화를 고려하면 자연스러운 현상이라고 볼 수 있다.

07

새로운 광고전략
『박문博文』의 「출판出版토픽」

刊發舘書文博

07

새로운 광고전략
『박문博文』의 「출판出版토픽」

1. 서언

　　1938년부터 1941년까지 총 23호가 발행된 잡지 『박문博文』은 최초로 발간된 순수 수필잡지로 논의되고 있다.[1] 이는 '박문서관 기관지'인 동시에 각계인사의 수필지로서 탄생"하였다는 창간사와 함께 지면 배치의 대부분을 경수필과 중수필로 꾸미고, 창간호에서 종간호까지 총 211편의 수필을 수록되었다는 점에서 타당하다.

　　하지만 『박문』은 단순한 수필잡지가 아니었다. 창간사에서 읽을 수 있듯이 『博文』은 당대 출판문화 시장에서 중요한 위치를 차지하고 있던 박문서관의 기관지인 것이다. 『博文』이 창간된 1938년은 일제 군국주의 정책에 절정으로 치달리던 시기였었다. 대부분 한국 산업계는 위축될 수밖에 없었고 출판계 또한 제대로 돌아갈 수 없었다. 1920년에서 1936

1　최이안, 「한국 최초의 수필잡지 〈박문〉」, 『수필학』 13집, 2005, 227~228쪽.

년까지 한국에서 창간된 종합잡지 수가 83종이었는데 비해 1937년에서 1945년까지 창간된 종합잡지 수가 8종이었다는 사실이 이를 확인해 준다.² 특히 1936년 8월 손기정 선수의 일장기 말소 사건으로 『신동아』가 폐간되는 등 출판계가 직접적인 탄압을 받던 시기였다. 『박문』 창간은 당대 출판계 상황과의 관련에서 살펴보아야 한다.

그동안 『박문』에 대한 연구는 일천하다. 최이안이 중수필 성격의 「한국 최초의 수필잡지 〈박문〉」에서 서지적인 사항과 수록 수필의 작품론을 살핀 것이 유일하다.³ 이 글은 『박문』의 출판문화사적인 의의보다는 수필 전문잡지라는 점에 초점을 맞추어 기술되어 있다. 그런데 이 글에서도 당시 잡지들이 대부분 오래가지 못했으나 『박문』이 2년여 동안 몇 번을 제외하고 매월 발행된 것은 박문서관의 기관지였기 때문이었다는 점을 지적하고 있다.⁴ 즉 『박문』은 서적 대중화의 산물이었다. 일제강점기 한국의 서적 대중화는 전대 도입된 인쇄기술의 발달, 출판사의 활성화, 도·소매 유통체계 및 교통·통신망의 발달 등에 의해서 이루어졌다.⁵ 근대 교육의 정착과 근대 독자의 성장 또한 서적 대중화의 중요한 요인이었다.

이 장에서는 『박문』이 일제강점기 말기의 출판문화 상황과 직접적인 관련을 맺고 있는 매체임에 주목을 하였다. 특히 잡지의 후반부에 「가두수첩街頭手帖」·「영화가映畵街」·「극장통劇場通」·「음악실音樂室」·「출판出版토픽」·「청색靑色포스트」·「편집실 일기초編輯室 日記抄」·「편집부통신

---

2 김봉희, 「일제시대의 출판문화—종합잡지를 중심으로」, 『일제 시기 근대적 일상과 식민지 문화』, 이화여대출판부, 2008, 205쪽.
3 최이안, 앞의 책, 2005, 같은 쪽.
4 위의 책, 247쪽.
5 김봉희, 앞의 책, 2008, 199쪽.

編輯部 通信」 등과 같은 고정란이 있어 당대 문화계 상황을 정리하고 있다. 그 중에서 「편집부 통신」과 「출판토픽」이 출판문화 소식을 알려주는 공간이었다. 「편집실 통신」이 주로 자사 서적 정보를 제공하는 공간이라면 「출판토픽」이 자사 서적과 함께 출판문화 전반의 소식을 알려주는 공간이었다. 하지만 「출판토픽」은 단순한 소식을 전해주는 공간이 아니었다. 즉 박문서관의 기관지 『박문』의 성격을 여실히 보여주는 자사 출판물의 홍보과 광고의 공간이었다.

2. 『박문』이라는 월간 잡지

1) 1930년대 이후 출판계 사정

일제 강점기 초기 한국의 민간출판사들은 대부분 소매서점이나 도매서점을 겸했다. 소매서점으로서 이들 출판사는 서점 내방객에게 자사가 출간한 서적을 직접 판매하였고 지방의 구매자들에게는 진체구좌를 통해 우편으로 판매를 하였다. 출판사들은 자사 출판서적 외에 다른 출판사의 서적도 판매를 하였다. 1930년대 이후 지방의 소매서점들이 늘어가면서 출판 유통망이 정비되었다.[6]

또한 한글맞춤법 통일안 제정(1933)과 이기영의 「고향故鄕」(1933), 강경애의 「인간문제人間問題」(1934), 김남천의 「대하大河」(1939)와 같이 본격적인 장편소설Roman이 생산되는 등 한국어문학이 심화 발전되던 시기였

---

6 방효순, 「일제시대 민간서적발행활동의 구조적 특성에 관한 연구」, 이화여대 박사논문, 2001, 26쪽.

다. 이러한 문화 변동은 근대독자들을 육성하였고 인쇄·출판업은 상업적인 이익이 남는 사업으로 성장하였다.

하지만 1931년 만주사변 이후 일제는 언론·출판계에 대한 통제를 강화하였다. 1938년 5월 일본에서만 시행하던 칙령 제 316호 '국가총동원법'을 한국에서도 전면 시행하였고 '불온문서 임시 취체법'에 대응하는 '조선 불온문서 임시 취체령'을 제정하여 시행하였다. 1941년에는 일본의 언론·출판·집회·결사 등 취체법에 대응하는 '조선임시보호령'도 제정하여 시행하였다. 이 법령은 제 9조와 11조 등에 규정하고 있듯이 행정관청이 필요하다고 인정하는 때에는 언제든지 신문지 기타 출판물 발매 및 반포 금지와 압수 그리고 인허가 취소를 할 수 있는 한국의 언론출판을 옥죄는 악법이었다.[7] 이렇듯 1930년대 후반기부터 한국에서의 모든 언론과 출판은 일제의 정책에 따르지 않으면 존립할 수 없게 되었다.

신문 잡지 등 언론출판계 위축은 문예계 위축을 불러왔다. 1930년대 들어오면서 한국 문화계가 전체적으로 침체 국면으로 접어들었다. 출판계는 새로운 활로를 모색하게 되는데 그 중에 하나가 전집의 발간이었다. 최초 전집은 1937년 박문서관에서 발간된 『현대걸작장편소설전집』이었다. 이 전집은 작품선정이 자의적이고 상업적인 의도가 강하게 개입되어 있지만 당시의 시대상황 속에서 상당히 정성을 들인 선집이었다. 때문에 상업적으로 성공하였다.[8]

박문서관에서는 계속 『신찬역사소설전집』과 1940년에는 『신선 역

---

7 김창록, 「일제강점기 언론·출판법제」, 『한국문학연구』 30집, 2006.6, 304~307쪽.
8 강진호, 「한국 문학전집의 흐름과 특성」, 『돈암어문학』 제 16집, 2003.12, 358~359쪽.

사소설전집』을 간행하였다. 조선일보사에서도 1938년에 『조선아동문학집』, 『여류단편걸작집』, 『신인단편걸작집』을 발간하였고, 한성도서에서는 1938년에서 1939년에 걸쳐 『현대장편소설전집』을 발간했다. 조광사도 1938년에 『현대조선문학전집』, 1940년에 『현대조선여류문학선집』, 『신선문학전집』, 『조선야담전집』 등을 발행했고, 동광당 서점은 1940년 『박용철전집』을 발간하였다.

중일전쟁의 발발과 전시 동원체제로 일제가 한국사회를 옥죄이던 상황 속에서 문학 전집이 풍성하게 발간이 되었다는 것은 상당히 역설적이다. 이러한 전집 출판 붐은 민족의 얼과 말을 지키고자 하는 지사적 열정과 관계되어 있다고 볼 수 있으며[9] 동시에 당시 극도로 위축된 출판계에서 새로운 활로 모색의 결과로 이해할 수 있다. 또한 전집 출판 붐을 통하여 성장을 거듭했던 한국의 근대 출판 자본이 어느 정도 자생력을 가지고 있었음을 읽을 수 있다.

그러나 태평양 전쟁과 일제의 전시체제 정책 속에서 대부분의 출판사들은 친일적인 출판물을 내어 놓아야 했다.

2) 『박문』 탄생의 산파―노익형盧益亨

월간지 『박문』이 탄생하는데 주동 역할을 한 것은 노익형(1884~1941)이다. 출판 자본가는 단순히 책을 독자들에 전달하는 수동 공급책에 머물지 않는다. 출판시장에 내놓을 텍스트, 판매부수, 장정과 가격 등 출판의 모든 부분이 그의 의지에 의해서 결정이 된다.[10] 월간잡지 『박문』의 발간

---

9 위의 글, 360쪽.
10 김종수, 「일제강점기 경성의 출판문화 동향과 문화서적의 근대적 위상 – 한성도서

도 박문서관 사주 노익형의 선택이었다.

1907년 박문서관을 설립한 노익형은 민족주의적인 성향을 보였다. 대한제국 시기 양기탁, 주시경, 이준 등과 가까이 지냈고 상동교회의 상동청년학원 설립할 때 많은 찬조금도 냈다. 이 학교는 주시경이 교사로 재직하였다. 1907년 주시경이 순한글로 번역한『월남망국사』를 출판했고, 1938년에는 최초의 국어사전인 문세영의『조선어사전朝鮮語辭典』을 출판하였다.[11] 문세영은『조선어사전』이 발간 과정에서 많은 우여곡절을 겪었지만 노익형의 노력 때문에 출간할 수 있었다고 '은인恩人'이라고 칭송하고 있다.[12]

1913년 박문서관 전경『신문계』7호, 1913.10. 화보

노익형은 빈한한 가정에서 태어나 일곱 살 때 육의전六矣廛의 하나인 저포전苧布廛 사환으로 사회에 첫발을 내디뎠다. 사환으로 6년을 일한 후 남대문 물산객주의 거간 노릇을 하다가 삼백 원이란 자금으로써 박문서관博文書舘이란 상호를 걸고 서적상을 시작하였다. 전통적인 장사를 하다가 이익이 많이 나는 근대 출판업으로 전환한 회동서관, 신구서림,

주식회사(漢城圖書株式會社)의 활동을 중심으로」,『서울학연구』제 35호, 2009.5, 248~249쪽.
11 최경봉,『우리말의 탄생』, 책과함께, 2005, 268쪽
12 「조선어사전 완성 – 저자 문세영씨 방문기」,『조광(朝光)』, 1938.9; 위의 책, 247쪽 재인.

영창서관과 비슷한 경로를 밟았다.[13] 당시 서적상과 인쇄출판 분야는 상리를 챙길 수 있는 유망한 분야였다.

박문서관은 근대 지식에 목말라 하는 대중들이 독서 욕망의 비등沸騰 속에서 크게 성공하였다. 한참 성공가도를 달리던 박문서관은 월간잡지 『공도公道』를 발행하고 영웅전英雄傳과 같은 계몽서적들을 출판하면서 출판문화계 활성화에 큰 역할을 했다. 『공도』는 교육·종교·사회개혁을 사시社是로 했던 종합지였다. 1914년 10월 16일 창간하였는데 사장은 신흥우申興雨였고, 편집 겸 발행인은 강매姜邁였다. 그런데 『공도』와 같은 정론지는 당시 문화계 실정에 맞지 않았다. 결국 운영난으로 1915년 3월 10일에 통권 5호로서 종간할 수밖에 없었다. 또한 강제병합 이후 영웅전 같은 사상서적들이 일제 당국에 의해 모두 압수당함으로써 큰 손실을 보았다. 하지만 그는 적극적인 마케팅으로 위기를 극복하고 대동인쇄소와 박문서관으로 십수만원의 부를 일궈 대사업가가 성장하였다.[14] 이러한 성공은 그가 근대적인 시장논리에 정통했기 때문이었다.

그런데 그는 이익에 밝은 사업가이기 보다 일반 민족문화에 대해 관심이 깊은 문화 사업가였다.

> 「…처음으로 출판出版한 서적書籍은 무엇이었읍니까?」, 「지금은 머 이야기할 자유自由들이 없는 서적書籍이었읍니다.」 …(중략)… 「그후 말슴이요? 그후엔 춘향전春香傳, 심청전沈淸傳, 옥루몽玉樓夢, 유충열전劉忠烈傳 그저 이런 것들이었습니다.」, 「그래 그런것들이 잘 팔녔읍니까?」 「잘 팔니구 말구요 지금도 잘 팔니지요 예나 이제나 같습니다. 춘향전

13　김종수, 앞의 책, 2009.5, 256쪽.
14　「적수공권(赤手空拳)으로 성공(成功)한 상계인물(商界人物)」, 『삼천리』 제7권 제8호, 1935.9.1, 198~199쪽.

春香傳, 심청전沈淸傳, 유충열전劉忠烈傳 이 셋은 농촌農村의 교과서敎科書이지요.」…(중략)…「아니올시다. 춘원春園은 잘 팔립니다. 다 중간重刊이 됐지요. 염상섭씨廉想涉氏 것은 잘 이상하게 안팔립니다.」…(중략)…「그러면 일반적으로 아직도 구소설류舊小說類가 잘 나가는 형편이구녀」「그렇습니다. 원체 일반一般의 수준이 그런 문예소설文藝小說을 이해理解를 못하니까요.」하고 통탄痛嘆을 할 일이라는 듯이 입을 한번 다신다. 「그러면 앞으로 문예방면文藝方面의 서적은 출판出版할 의향이 없으십니까?」「웨 없어요. 하겠습니다. 지금까지 어디 우리집에서 책冊 같은 것을 하나이나 출판出版해보았읍니까? 앞으로는 문예소설류文藝小說類에 주력하겠습니다.」[15]

위의 인용은 『조광朝光』지의 "출판업出版業으로 대성大成한 제가諸家의 포부抱負"라는 기획에 실린 내용이다. 이 기획은 출판업을 통하여 부를 축적한 출판 사업가―박문서관博文書館 노익형盧益亨, 영창서관永昌書館 강의영姜義永, 홍덕서림德興書林 김동진金東縉―를 탐방하여 성공과정과 포부를 독자들에게 알리려는 목적을 가지고 있었다. 출판업이 당시에 매우 유망한 업종이었음을 알 수 있다. 박문서관이 애국계몽 소설을 주로 출간하다 강제병합으로 낭패를 보았고, 춘향전과 같은 구소설 출판을 통하여 많은 이익을 남겼음을 알 수 있다. 이광수 소설은 잘 팔려 이익을 볼 수 있었지만 염상섭 소설과 같은 문예소설은 이익보다는 손해를 보았다는 진술 속에서 당시 독서문화를 읽을 수 있다. 노익형은 손해를 보았지만 문예소설류 출간에 주력하겠다고 말하고 있다. 한국 문화 발전을 위해 출판 사업을 하겠다는 포부를 내비친 말이다. 그는 문세영의 『조선어사전朝鮮

---

15 「출판문화의 전당 박문서관의 업적」, 『조광』 1938.12. 313~314쪽.

語辭典』 출간이 희생적 출판이었다고 토로하면서도 처음으로 양심적 출판을 한 것에 만족한다고 밝히기도 했다.[16] "지금까지 어디 우리 집에서 책 같은 것을 하나이나 출판해 보았습니까?"라는 진술 속에서 그의 출판사업이 상업적인 이익만을 추구하는 사업이 아님을 보여주고 있다.

> 박문博文은 조그마한 잡지雜誌이외다. 이 잡지雜誌는 박문서관博文書館 기관지機關誌인 동시同時에 각계인사各界人士의 수필지隨筆誌로서 탄생誕生된 것입니다. 이 잡지雜誌의 사명使命이 점점 커지는 때에는 이 잡지雜誌 자신自信도 점점 자라갈 것입니다. 우리는 이 조고마한 책이 점점 자라나서 반도半島 출판계出版界에 큰 자리를 차지할 때가 속히速히 오기를 기다립니다. 그리고 앞으로 더욱 이 지면誌面을 광채光彩 있게 꾸며 갈 것을 여러분께 약속約束합니다.[17]

『박문』 발간사에서 "반도출판계에 큰 자리를 차지할 때"를 기약하고 있다. 이는 노익형이 출판 사업에 거는 기대를 담고 있다. 월간 잡지 『공도』 발행으로 많은 손실을 보았음에도 불구하고 다시 『박문』을 발간하였다 점이 주목된다. 『박문』은 박문서관의 자체 광고와 홍보를 목적으로 창간되었지만 종합잡지들의 폐간과 종간으로 지면이 없어진 문인들에게 활로를 제공하고 출판정보와 문화정보를 제공하려는 민족 문화 사업을 심화시키려는 포부가 담겨 있었던 것이다. 손자 노승헌도 할아버지 노익형이 출판사를 하고 있었지만 어느 정도 사명감을 가지고 있었다고

---

16 위의 글, 314쪽.
17 박문 발간사(博文發刊辭), 『박문(博文)』 제일집(第一輯), 소화(昭和) 13년 10월 1일(1938.10). 32쪽.

기억하고 있다.[18]

하지만 일제강점기라는 상황은 노익형의 포부를 제대로 펼칠 수 없게 만들었다. 그는 1941년 1월 『박문』을 종간 한 직후 곧바로 친일 잡지 『신시대新時代』를 발간하였던 것이다. 『신시대』는 창간호의 연두사에서 "본지의 창간도 황국皇國의 중대 시국을 돌파 정복함에 일호의 가치라도 있어지기를 힘쓰고, 홍대하옵신 황은皇恩의 만의 하나라도 봉답하기를 서원誓願하옵는 바입니다"라고 밝혔듯이 군부의 지시로 창간부터 전쟁협력, 전쟁교육열의 고취에 열중한 완전한 친일 잡지였다.[19] 하지만 노익형의 본격적인 친일행위는 길지 않았다. 그해 12월 9일 세상을 떴기 때문이다.

3) 『박문』의 성격

『박문』의 편집자는 개벽사의 잡지 『학생』, 『어린이』 편집을 담당했던 아동문학가 최영주崔泳柱(1905~1945)였다. 그는 1938년 박문서관 출판부에 입사하여 장편소설 전집 편집을 담당하였는데 1938년 10월 창간한 『박문』의 편집을 담당하였다.

『박문』은 1938년 10월부터 1941년 1월까지 발행되었다. 그런데 1938년 4월, 11월, 1940년 5월, 9월, 11월 격월간으로 발행되어 통권은 23호였다. 잡지의 크기는 국판이었고 통권 11호까지 32쪽으로 발행되다가 12호는 50쪽, 13호와 14호는 28쪽이고 15호부터 종간호까지는 24쪽으

---

18 노승현, 『지금에서야 알 수 있는 것들』, 시공사, 2011, 154쪽.
19 친일인명사전편찬위원회, 『친일인명사전』 친일문제연구총서 인명편 1, 2009, 761~762쪽.

로 발행되었다. 가격은 5전이었다.[20]

발간사에도 나와 있듯이 『박문』은 박문서관의 기관지이자 수필전문잡지였다. 잡지의 대부분의 지면은 수필로 채워져 있고, 잡지의 후반부에 「가두수첩街頭手帖」, 「영화가映畵街」, 「극장통劇場通」, 「음악실音樂室」, 「출판出版토픽」, 「청색靑色포스트」 등과 같이 문화정보를 알려주는 주지항목과 자사 출간 서적 정보를 알려주는 「편집실 일기초編輯室 日記抄」와 「편집부 통신編輯部 通信」 그리고 광고가 배치되었다.[21] 그런데 본문의 지면을 많이 차지하고 있는 수필 작품들의 비중과 「출판토픽」, 「편집실 일기초」, 「편집부 통신」과 같은 출판정보와 서적광고의 비중은 엇비슷했다.

수필은 매호마다 10여편 내외가 실렸는데 종간호까지 총 211편이 실렸고 필자는 100명이었다. 그리고 이광수의 시 「조박용철군弔朴龍喆君」과 김소월의 시 「진달래꽃」과 박종화, 박영희, 현진건, 채만식, 이태준의 소설 중 일부를 발췌해서 실었고 이성표의 콩트도 실려 있다.[22] 이러한 구성을 보면 『박문』은 수필전문지임이 확실하다.

창간호에 게재된 광고를 살펴보면 앞표지 내면에 이광수의 장편소설 「무정無情」의 광고가 있다. 독자의 주목성이 높은 이 면에는 "조선문단의

---

20 최이안, 앞의 글, 2005, 229쪽.
21 창간호 목차를 살펴보면 이태준 「작품애(作品愛)」, 김남천 「독서(讀書)」 이희승의 「청추수제(淸秋數題)」, 이극로 「어문정리(語文整理)와 출판업(出版業)」, 김문집 「정치와 조선문학」, 김진섭 「살인서비화(殺人書秘話)」, 심형필, 「의문(疑問)의 인과칙(因果則)」, 이병기 「약간어제(若干御製)에 대(對)하여」, 이병도 「하멜 표류기(漂流記)에 대(對)하여」와 같은 수필 텍스트와 「거리의 수첩(手帖)」(5호부터 가두수첩(街頭手帖)으로 변경), 「영화가(映畵街)」, 「극단통(劇團通)」(「연극통」으로 변경되고 함), 「출판(出版)토픽」, 「청색(靑色)포스트」, 「편집일기초(編輯日記抄)」(본문에서는 편집실일기초(編輯室日記抄)로 게재), 「출판부통신(出版部通信)」과 같은 주제항목, 그리고 「박문 발간사(博文發刊辭)」 등으로 구성되어 있다. 이러한 구성은 큰 변화 없이 종간호까지 유지되었다.
22 최이안, 앞의 글, 2005, 228쪽.

대기념비―불후의 명작 영화화"와 같이 「무정」이 영화화 되는 것을 주 내용으로 하고 있다. 그리고 박문서관의 『우량대전과優良大全科』(9쪽), 동화사童話社의 최인화崔仁化편 『세계소화집世界笑話集』(11쪽), 조선교육연구회朝鮮敎育硏究會의 『전선중등학교全鮮中等學校 입학시험문제집入學試驗問題集』(13쪽), 청색지사靑色紙社 김문집金文輯 평론집 『비평문학批評文學』(23쪽), 박문서관이 발간한 도서광고(24~25쪽), 박문서관의 춘원春園 소설(31쪽) 박문서관의 염상섭 장편소설 『사랑의 죄罪』(35쪽) 박문서관의 문세영文世榮 『조선어사전朝鮮語辭典』(뒷표지) 광고가 실려 있다. 『박문』에 실린 광고는 모두 서적광고인데 이는 독자들에게 출간서적에 대한 정보는 제공해주는 역할을 하고 있다.

그리고 문화정보를 제공해주는 「거리의 수첩(5집부터 가두수첩)」은 "요지음 서울의 거리는 다방茶房의 홍수시대洪水時代! 그러나 점원店員의 불친절不親切이 눈에 거슬려!"(1집), "이즘 여성들의 머리쪽처럼 기이奇異한 존재存在는 없다"(9집), "하이킹이 성행盛行한다"(10집), "이중과세二重過歲는 이미 해소된 문제려니 하였드니 서울거리는 의연 구정기분에 휩싸여있다"(15집), "사치후품奢侈後品 금지禁止로 거리가 수선수선"(20집)과 같이 당시 서울의 풍물을 스케치하고 있다. 그런데 이 주제항목에도 "출판계 활황活況을 보報를 선전하는 이 많다"(5집)나 윤석중尹石重의 동요생활 이십년을 축하하는 『동요童謠의 밤』 소식(6집) 등과 같이 출판이나 문학관계 정보들을 담고 있다. 그리고 문인들의 동정을 전하는 「청색포스트」[23]와 「문단왕래文壇往來」[24] 난이 있었다.

그리고 영화계 소식을 전하는 「영화가映畵街」[25]와 연극계 소식을 전하

---

23 1집~23집.
24 21집, 22집.

는 「극장통劇場通」,²⁶ 음악계 소식을 전하는 「음악실」,²⁷ 미술계 소식을 전하는 「아토리에」,²⁸ 학술계 소식을 전하는 「학예춘추學藝春秋」,²⁹ 언론계 소식을 전하는 「윤전기輪轉機」³⁰ 그밖에 「촌문촌감寸聞寸感」,³¹ 「사계촌감四季寸感」³² 등이 있었다.

『박문』이 박문서관의 기관지임을 보여주는 난은 「편집실 일기초」와 「편집부 통신」 그리고 「출판토픽」이다. 「편집실 일기초」와 「편집부 통신」은 주로 자사의 출판서적을 소개하고 있는데 1집에서 23집까지 빠지지 않고 실려 있다. 그리고 「출판토픽」은 자사의 주력 서적이나 타 출판사의 화제작을 소개하고 있다.

이렇듯 『박문』은 당대 대표적인 문인들의 경수필과 증수필 작품을 게재하는 수필 전문잡지면서 동시에 박문서관의 서적을 홍보하는 기관지 성격을 가지고 있었다.

3. 「출판토픽」이 만든 출판계 토픽

「출판토픽」은 당대 출판계의 빅뉴스를 전하는 난이라고 할 수 있다. 그런데 이 속에는 박문서관의 서적에 대한 소개가 대부분을 차지하고 있다. 이는 「출판토픽」 자사 발간 서적의 홍보를 위한 목적도 있었다고

---

25 1집~7집, 11집, 15집 17집~19집, 20집은 영화춘추(映畵春秋).
26 1~4집. 3집은 연극통(演劇通).
27 2집, 5집~8집, 10집은 음악가(音樂街), 13집~14집, 15집, 19집
28 7집~9집.
29 12집, 14집.
30 13집.
31 21집.
32 23집.

할 수 있다. 즉 토픽을 전하는 것이 아니라 토픽을 만들어 내는 홍보적인 성격을 가지고 있었던 것이다.

박문서관에서 발행한 이광수의 『사랑』에 대한 「출판토픽」의 내용을 살펴보면 이를 확인할 수 있다.

① 『사랑』(춘원작春園作). 현대現代 걸작傑作 장편소설長篇小說 전집全集 제일회第一回 배본配本은 춘원작春園作 『사랑』으로 시월이십일경十月二十日頃에 나온다.　　　　　　　　　　　　　　1938.10, 1집

② 『사랑』(춘원작春園作). 목하目下 발매중發賣中. 『사랑』은 춘원春園이 비로소 처음으로 시험한 가까오로시며 또한 춘원春園의 인생관人生觀과 세계관世界觀이 가장 명확明確하게 나타난 그야말로 춘원春園 일생일대一生一代의 심혈心血을 경주傾注한 거편巨篇으로 도처到處마다 인기人氣! 인기人氣! 대호평大好評!　　　　　　　　1938.11, 2집

③ 『사랑』(춘원 이광수저春園李光洙著) 전집全集의 제일배책第一配冊으로 발매發賣된지 이주二週도 못되어 초판이천부初版二千部가 매진賣盡될 형세. 가는곳마다 『사랑』이 화제話題! 『사랑』 호평好評!　　1938.12, 3집

④ 『사랑』 각색상연脚色上演

극연좌劇硏座에서는 춘원春園의 『사랑』을 각색상연脚色上演키로 내정內定하였다는 소식消息이 있다. 각색脚色은 신진희곡작가新進戱曲作家 한상직 군韓相稷君. 연출演出은 원로元老 유치진 씨柳致眞氏로 내정內定되어 방금方今 예의銳意 그 준비準備를 진행進行하고 있다고 한다. 『사랑』의 인기人氣를 가히 이것으로 짐작할 수 있다.

춘원春園의 조품作品으로 무정無情이 영화화映畵化되었으나 희곡화戱曲化되는 작품作品은 이것으로 효시曉矢일 것이다.

소설小說의 희곡화戱曲化는 외국外國만이 아니다. 조선朝鮮서도 예로부터 있던 사실事實이다. 그 가장 가까운 예例가 저 유명有名한『춘향전春香傳』이다.『춘향전春香傳』은 이제와서는『소설 춘향전小說春香傳』의 면목面目은 전수히 사라지고 창극唱劇(?)『춘향전春香傳』이 일반一般에게 알려져있는 터이다.

『사랑』의 희곡화戱曲化가 얼마만큼 성공成功할지 신진기예新進氣銳한 각색가脚色家 한군韓君에게 기대期待가 크며 또 극극劇으로써『사랑』이 얼마만큼 환영歡迎을 받을지 자못 흥미興味가 심대甚大함은 저자筆者뿐이 아닐 것이다.

『사랑』일편一篇은 춘원春園을 새로 크게 더 인식認識케한 명편名篇이나 극연좌劇硏座에서 이 작품作品을 희곡戱曲하려는 모험冒險─감敢히 모험冒險이라고 쓴다─을 감행敢行하여주는데는 문단文壇과 극단劇壇과의 접근接近이라는 의미意味로서도 환영歡迎하며 경의敬意를 표표하는 바이다.   1939. 2, 5집

『박문』창간호에서 이광수 장편소설「사랑」이『현대 걸작 장편소설 전집』1회 배본으로 출간됨을 예고하고 있다. 2집에서는『사랑』이 발매되었는데 처음 시도하는 전작소설(가끼으로시카키-하로시)이며 춘원의 일생일대 심혈을 경주한 작품, 인기, 인기, 대호평! 등의 광고 문안과 같은 글을 통하여 독자들의 관심을 유도하고 있다. 3집에서는 발간 2주도 안 되서 초판 2천부가 매진될 형세라고 밝히며 성공을 미리 전제하고 있다. 그리고 5집에서는『사랑』의 연극화 소식을 자세히 전함으로써「사랑」을 출판계 화제로 끌어올리고 있다. 이광수 소설 중 영화화 되었던「무정」이

있지만 연극화되는 소설이 「사랑」이 처음이라는 것을 강조하고 있다. 소설의 희곡화의 사례로 창극화된 「춘향전」을 제시함으로써 독자들의 관심을 환기喚起시키고 있다.

『출판토픽』의 이러한 마케팅 전술은 『소파전집小波全集』 발간과정에도 동일하게 적용되었다.

① 어린이의 동무 소파 방정환 선생小波方定煥先生의 동화전집童話全集이 이번 생전生前의 동지同志였던 색동회會 여러분의 손을 거쳐 간행刊行되기로 되었다. 생전生前에 그가 발표한 동화童話와 미담美談의 전부全部를 편編 한 것으로 가정독물家庭讀物 아동독물兒童讀物로 최상最上의 저서著書일 것이다. 한정판限定版. 사육판四六版 고급지사용高級紙使用, 오백엽五百頁, 양장미본洋裝美本으로 정가定價는 대략大略 이원정도二圓程度이다. 팔월초八月初에 발간發刊될 것이다. 　　　　　1939.6, 8집

② 소파小波 방정환 씨方定煥氏가 세상을 떠난지도 어언於焉 열해를 헤이게 된다. 열해만에 씨氏의 친지제씨親知諸氏의 손으로 그의 유고遺稿를 엮은 전집全集이 간행刊行되었다. 소파小波의 이름은 그가 주재主宰하던 아동잡지兒童雜誌 『어린이』와 함께 세상에 널리 알려있다. 처음으로 조선朝鮮에서 아동兒童의 개성個性과 인격人格을 옹호擁護하야 눈물을 뿌리며 절규絶叫하고 강조强調한 이가 그다.

「젊은이」에 대하야 『어린이』라는 새 명사名詞를 조작造作한 이가 방소파 선생方小波先生이다. 「어린이날」의 창정創定 「소년운동少年運動의 선구先驅」― 삼십삼세三十三歲의 그의 짧은 일생一生은 오직 어린이를 위하고 섬기려는 적성赤誠과 정열情熱로써 가득히 담겨있다.

그가 비로소 소개紹介한 가지가지의 서양동화西洋童話와 감격感激으로 집필執筆한 미담가화美談佳話하며 교훈담教訓譚들은 확실히 불멸不滅

의 광채光彩와 영원永遠한 약동躍動을 가지고 있다. 「어린이」 잡지雜誌를 통通하여 장성長成한 이들이 이제 각방면各方面에서 보람있는 활동活動을 하면서도 소파小波를 못잊는 것은 확실確實히 소파小波의 컷음을 말하는 것이다. 그는 정情의 인人이오 덕德의 인人이었다. 그리고 무섭게 뜨거운 인물人物이었다. 짧은 생애生涯였으나 그는 각방면各方面으로 뚜렸한 존재存在를 빛낸던 인물人物이다. 화술話術로 동화가童話家(구연口演)로 쩌너리스트로 또 소년운동자少年運動者로 다각적多角的 활동活動을 하였다.

그가 간지 십년十年. 십년十年동안 잊지 못하고 잊으려다 잊으려다 못잊고 나오는 그의 전집全集! 이것만은 확실確實히 오늘 우리 회사會社의 가화중佳話中하나이다. 1939.9. 11집

③ 스파小波 방정환 씨方定煥氏의 유작遺作을 모은 『소파전집小波全集』이 이번에 상재上梓되었다. 책이 나오기도 전前에 열권만 스무권만 하고 미리부터 청탁請托이 들어오는 감격感激속에서 책이 나왔다.

○그가 생전生前에 쌓아논 덕德이 십년十年을 지난 오늘에도 가시지 않고 남아있음을 깨닫게 한다.

○혹·실확實히 간권萬卷을 팔수있다는 예상豫想을 가지고도 오백부한정본五百部限定本을 만든 고충苦衷도 고충苦衷이지만 조선朝鮮에 귀貴한 책이 한가지 나온것만도 숨길수 없다.

○교정校正보던 사람을 울리키는 소파小波의 명문名文이 십년十年동안이나 숨겨있었다는 것은 무슨까닭이었든가? 조선朝鮮의 출판세계出版世界가 좀더 능동적能動的이 되어야한다.

○사변하事變下의 출판계出版界언만 조선말토된 시국적 출판時局的出版物이 십지十指를 넘지 못함은 무슨까닭인가?

○국어출판國語出版의 압력壓力에 늘려선가? 그것은 구실口實, 잠자

는 출판계出版界, 어여 머리를 움즉이라. 머리를 달리라. 1940.6, 18집

　　8집에서 방정환 동화전집이 발간 예정임을 예고하고 있다. 그런데 그 예정이 구체적으로 제시되고 있다. 어린이의 동무였던 방정환 선생의 유고를 색동회 회원들이 참여하여 최상의 저작으로 만들었는 점을 강조하면서 사륙판 크기의 5백 쪽 한정판으로 발간되고 정가가 2원 정도라는 것을 명시하고 있다. 이것은 단순한 발간 예고가 아니라 독자들의 관심을 유도하고자 하는 박문서관의 의도가 담긴 것이었다.
　　11집에서는 방정환 선생이 "처음으로 조선에서 아동의 개성과 인격을 옹호하야 눈물을 뿌리며 절규하고 강조한" 선구적인 인물이며, 어린이라는 명사와 어린이날을 만든 소년운동가, 언론인, 동화작가였다는 점을 강조하고 있다. 『소파전집』의 가치를 간접적으로 홍보하고 있는 것이다. 또한 이 전집이 박문서관이 사회에 기여한 아름다운 업적 중에 하나라고 자부하고 있다.
　　18집에서는 『소파전집』이 책도 나오기 전에 미리 주문을 받고 있다는 사실을 밝히고 만권이상 팔릴 수 있는 책이지만 오백부 한정으로 발간되었다는 점을 강조하고 있다. 또한 교정보는 사람까지 울리게 만드는 명문이 10년만에야 발간되는 이유가 무엇인지 물어보고 있다. 곧바로 그 이유가 "사변하의 출판계언만 조선말로 된 시국적 출판물이 십지를 넘지 못함은 무슨 까닭인가?", "국어출판의 압력에 눌려선가? 그것은 구실, 잠자는 출판계, 어여 머리를 움즉이라. 머리를 달리라."라며 열악한 당대 출판사정 때문이라는 것을 암시하고 있다. 일제는 1938년 3차 조선교육령을 통하여 한국어와 한문 과목을 선택과목을 만든 후 1939년 한국어수업을 사실상 폐지시켰다. 그 후 1940년 『조선일보』와 『동아일보』를 폐간시키고 1942년 조선어학회사건을 통하여 학자들을 탄압하였다.

1943년에는 4차 조선교육령을 시행하여 학교에서 한국어 교육을 퇴출시켰다. 체계적인 한국어 말살 정책이었다. 당대 출판계 토픽은 한국어 출판물을 출판할 수 없는 현실이 토픽이었다. 당대 출판사정은 참으로 열악했다.

> 종이가 참말 없다.
>
> 모지某誌와 같은 경우境遇에는 「갱지更紙」 일백연一百連을 구求하지 못하여 이개월간二個月間의 시일時日과 칠팔종七八種의 대용물代用物을 섞어서 겨우 인쇄印刷를 하였다.
>
> 앞으로의 전망展望은 당분간當分間 혼돈混沌하다. 출판업자出版業者들의 고심苦心은 이제와서는 원고난原稿難도 판매난販賣難도 선전난宣傳難도 아니요 오직 용지난用紙難이 가장 고민苦悶이다.
>
> 선전비宣傳費가 이할정도二割程度로 인상引上된다. 각신문사各新聞社가 『감엽減頁』를 이유理由로 강경强硬히 단가인상單價引上에 노력努力한다.
>
> 출판물出版物의 정리整理가 자연적自然的으로 진행進行되어 채산採算을 무시無視한 출판出版은 영자影子를 감추기 시작한다.
>
> 재판再判! 중판重版! 이 곤란困難하여짐과 동시同時에 출판업자出版業者의 이윤利潤도 줄어진다.
>
> 정가인상定價引上의 태동胎動이 있다. 신간新刊은 거의 정가인상定價引上이 된 형편形便이나 구간舊刊에 있어서는 곤란困難하다. 거기에 나타나는 것이 질의 변경變更이다. 그러나 그것도 이제는 막달은곳까지 욌다.
>
> 남은 문제問題는 책冊을 소중所重히 하자. 종이를 애끼자. 하는 소극적消極的인 방향方向外에 없다. 책을 만드는 이는 한 권卷의 신간新刊에 그 애착愛着이 전前에 십배十倍 이십배二十倍 더하다.
>
> 「출판사담出版私談」, 1940.3, 16집

16집은 「출판토픽」이 아니라 「출판사담出版私談」이란 명칭으로 꾸며졌는데 일제말기의 출판계 상황이 구체적으로 드러나 있다. 종이가 없어서 재판, 중판을 할 수 없는 상황을 전하고 있다. 원고료. 판매난, 선전난도 아니고 용지난이 출판업자의 가장 고민이라는 구절 속에서 극단으로 치달리는 일제의 전시체제가 불러 온 물자난과 경제난을 읽을 수가 있다. 1940년에 들어와서 출판계 토픽은 콘텐츠보다는 하드웨어적인 문제 즉 인쇄할 종이 문제일 수밖에 없었던 것이다.

이러한 열악한 상황 속에서 박문서관은 조선말로 된 『소파전집』을 출간했다고 자부하며 독자들에게 전집의 가치를 홍보하고 있다. 이렇듯 「출판토픽」은 독자들의 관심을 유도하는 정보와 발간 서적 가치를 강조하여 글을 통하여 독자들의 구매욕망을 자극하는 기능을 담당하고 있다.

「출판토픽」이 박문서관 이외의 출판사에서 발간된 서적들도 토픽화하였다.

① ○『명일明日의 포도鋪道』(이무영 씨저李無影氏著) 삼문사三文社에서 발간發行하는 조선문인전집朝鮮文人全集의 제이회第二回 배본配本으로 시월초순十月初旬에 나오게 된다.

○ 조선문학독본朝鮮文學讀本. 조선일보사朝鮮日報社 출판부出版部에서 발행發行하는 신선 문학전집新選文學全集의 제일회第一回 배본配本으로 시월중十月中으로 나온다고.

○ 신인걸작단편소설집新人傑作短篇小說集 역시 조보출판부朝報出版部에서 나오는 것으로 배본配本은 십일월중十一月中 이라고.

출판出版토픽 원고原稿를 게재揭載코저하시면 본편집부本編輯部까지 알려주십시오.(손孫)　　　　　　　　　　　　　　1938.10, 1집

② ○『소설가 구보씨小說家仇甫氏의 일일一日』(박태원저 단편집朴泰遠著短篇集) 문장사文章社에서 금월 중 발매今月中發賣하己 라고.

1938.11, 2집

③ ○『비평문학批評文學』(김문집저슾文輯著) 청색지사靑色紙社에서 발행發行. 방금발매중方今發賣中. 1938.12, 3집

④ ○『소설가 구보씨小說家仇甫氏의 일일一日』(박태원저 단편집朴泰遠著短篇集) 문장사文章社에서 발행發行. 방금발매중方今發賣中! 대호평大好評! (장정裝幀·정현웅 화백鄭玄雄畵伯 가價 ㅡ·五0) 1939.1, 4집

⑤ 동경東京있는 조선문화사朝鮮文化社는 조선화보朝鮮畵報를 창간創刊하고 경성京城있는 조선문화사朝鮮文化社 「태양太陽」을 출간出刊한다고 전傳한다. 전자前者는 전 매신기자前每申記者 김을한 씨金乙漢氏의 노력努力으로 후자後者는 전 조선일보 주필前朝鮮日報主筆이시던 서춘 씨徐椿氏의 노력努力으로 다각기 상당相當한 지반地盤과 계획計劃과 신념信念으로써 출판出版하는 것이다 (하략)… 1939.8, 8집

⑥ 이태준李泰俊氏의 『딸삼형제』는 단연斷然 최근소설계最近小說界를 휩쓸은 감感이 불무不無하다. 초판初版은 삽시간에 없어지고 재판再版에 불야불야 착수着手하는 호평好評에 이제까지『멋지는출판』단 하였다고 자랑삼던 『문장사文章社』는 그 자랑하나가 없어지게 된 셈이다.

1940.2, 15집

그런데 「출판토픽」에서 다루는 타출판사 발행 서적은 박문서관 출판물과 비교하면 매우 적다. 또한 기술하는 내용도 간략하거나 단순한 사실 기술 위주다. 문장사에서 출간된 「소설가 구보씨의 일일」에 대한 소개와 앞에서 살펴본 『사랑』과 『소파전집』에 대한 소개를 비교하면 그 차이를 금방 확인할 수 있다. 「출판토픽」이 다루는 내용이 당시 한

국 출판계의 토픽이 아니라 박문서관의 토픽이었던 것이다.

이러한 「출판토픽」의 성격은 『박문』이 박문서관의 기관지였다는 점에서 이해할 수 있다. 또한 「편집실 일기초」와 「편집부 통신」이라는 고정란이 있었음에도 불구하고 「출판토픽」이라는 란을 배치하고 있는 것은 광고 효과를 극대화시키려는 기획이었다고 볼 수 있다. 1930년대 언론매체의 상업주의 경향 속에서 광고의 중요도가 점점 높아지고 있었다. 1935년 11월부터 발간되기 시작한 『조광朝光』은 전면광고와 광고목차를 배치시킴으로써 광고를 논설과 문학작품과 같은 본문과 동등한 위치로 격상시키고 있다.[33] 이렇듯 잡지에서의 광고의 위상은 비약적으로 확대되었다. 당대 광고의 위상 변화 속에서 「출판토픽」 또한 광고 전략의 하나로 볼 수 있다.

4. 결어

잡지 『박문』은 그동안 최초로 발간된 순수 수필잡지로만 논의되었다. 하지만 『박문』은 박문서관의 기관지로서의 역할도 충실히 한 출판전문 잡지였다.

『박문』이 창간된 1938년은 일제당국에 의해서 언론·출판계에 대한 통제가 강화되던 시기였다. 1938년 5월 칙령 제 316호 국가총동원법이 전면 시행되었고 불온문서 임시 취체법에 대응하는 조선 불온문서 임시 취체령도 제정되었다. 일제가 필요하다면 언제든지 출판물에

---

[33] 최수일, 「잡지 『조광(朝光)』을 통해 본 광고의 위상 변화」, 『상허학보』 32집, 2011. 6, 361쪽.

대한 탄압을 할 수 있게 된 것이다. 때문에 출판물계가 매우 위축되던 시기였다. 이러한 시국에 월간잡지를 창간한다는 것은 모험이었다. 하지만 박문서관은 이러한 모험을 감행하였다. 출판업이 유망한 수익사업이라는데 사주 노익형의 판단 때문이었다. 일제 통제가 점점 극렬해지는 시기였음에도 불구하고 유력 출판사들이 앞 다투어 문학전집을 발간한 것도 출판업이 매우 부가가치가 높은 사업이었기 때문이었다. 때문에 출판업자들은 군국주의 신체제 속에서 새로운 활로를 찾으면 계속 수익일 날 것이라고 생각하였다. 출판전문 잡지 『박문』의 탄생은 이러한 분위기 속에서 탄생한 것이다.

그러므로 잡지 『박문』의 내면에는 상업적인 목적이 작동할 수밖에 없었다. 당대 중견문인들의 수필을 통해 문학 독자들을 끌어 모으면서 동시에 자사 출판물의 홍보와 광고에도 치중하였다. 이러한 사례를 구체적으로 살필 수 있는 것은 「출판토픽」이다.

「출판토픽」은 당대 출판계의 빅뉴스를 전하는 공간이었다. 그런데 「출판토픽」은 대부분 박문서관 서적에 대한 소개로 채워졌다. 「출판토픽」에서 다루는 타출판사 발행 서적은 박문서관 출판물과 비교하면 매우 적고 내용도 간략하다. 이는 「출판토픽」이 다루는 내용이 당시 한국 출판계의 토픽이 아니라 박문서관의 토픽이었던 것이다. 「출판토픽」이 자사 발간 서적 홍보를 위한 목적으로 배치되었다는 것을 알 수 있다.

이러한 「출판토픽」의 성격은 『박문』이 박문서관의 기관지였다는 점에서 찾을 수 있다. 「편집실 일기초」와 「편집부 통신」이라는 고정란이 있었음에도 불구하고 「출판토픽」이라는 공간을 배치한 것은 일종의 광고 전략의 일환이었다고 볼 수 있다. 1930년대 이후 광고의 위상이 변화하는 가운데 『조광』은 전면광고와 광고목차를 제시하는 광고의 효과를 극대화하려고 시도하였다. 이러한 출판계의 상업주의적 분위기 속에서 「출판토픽」도 박문서관의 광고 전략의 하나로 이해할 수 있는 것이다.

08

문학 속의
경성京城/서울

08

문학 속의
경성京城/서울

1. 타인 의식하기의 설움 : 한성 – 서울

한성에서 서울로 이름이 바뀐다는 의미는 무엇일까? 1900년대 서울의 모습이 벽안의 외국인 이사벨라 비숍Isabel a Bird Bishop(1831~1904)의 눈에는 다음과 같이 포착되었다.

> 나는 서울을 밤낮으로 조사하면서 그 왕궁과 빈민가를 빛 바래가는 왕조의 광휘와 필설로 형용할 수 없이 궁핍한 삶을 보았다. 나는 또 목적 없이 빈둥거리는 군중들과 그들의 중세적인 행렬을 보았다. 나는 서울의 군중들에서 오랑캐 문화를 받아들이지 않으려는 완강한 항렬, 이제 막 태동하고 있는 중세를 해체시키려는 세력들의 면전에 좁은 길을 가득 메우고 그들의 예법과 관습과 중세적인 군주국의 수도로서 정체성을 지키려는 안타까운 몸부림을 하고 있는 행렬을 본 것이다.[1]

20세기 초 중세 군주국 조선의 수도라는 정체성 자체가 인습이 되어 버린 상황인데도 불구하고 시민들은 아직도 그 인습을 전통으로 믿고 살아가고 있었다. 로마 교황청의 위임을 받아 당시 서울을 방문한 헝가리 대주교 버이 페테르는 조선을 "서서히 변화하는 것이 아니라 급작스럽게 초현대적인 것과 뒤섞여"있다고 분석하고 신식전차가 낡은 성문을 지나다니고 점쟁이 옆에 공장 굴뚝이 솟아있는 기이한 풍경에 대해 기록하고 있다.²

중세의 일상에서 빠져 나오지 못한 채 근대라는 대조류 속에 휩쓸려 들어갈 수밖에 없었던 사람들, 이러한 서울 시민들의 모습을 비숍은 '안타까운 몸부림'으로 정리하고 있다.

헝가리 군의관 보조키 데죠가 찍은 1908년 남대문 전경

---

1   이사벨라 버드 비숍, 이인화 역, 『한국과 그 이웃나라들』, 살림, 1994, 49쪽.
2   초머 모세, 『한반도를 방문한 헝가리인들의 기억 비망록』, 집문당, 2009, 20~21쪽.

그런데 중세를 해체시키려는 세력은 누구였는가? 이러한 질문을 던지면 갑자기 우울해진다.

> 지금 서울 성들이 많이 무너지고 퇴락하여 첫째 보기에 가난하고 허술하여, 외국 사람들이 와서 서울이라고 보게 되면 추한 길과 더러운 집들은 고사하고 의선 성이 퇴락하였은즉 보기에 울타리 무너진 집 같아서 위선 더러운 길과 무너져 가는 오막살이집들 보기 전에 벌서 가난하고 추하고 허슬한 서울을 알지라. 이런 더러운 속에서 사는 사람들은 어느 나라 사람이 대접을 하며, 어찌 업신여기고 천히 여기는 다음이 아니 나리요… 『독립신문』, 1896.10.29.

훼손된 성곽이 지니고 있는 상징성. 보호막이 걷혀버린 근대도시 서울은 타인의 눈을 의식하게 되었다. 그리고 부끄러움을 가지고 되었다. 가난과 추함을 결정하는 것은 외국인의 눈이었다. 비숍의 눈 또한 예외가 아니었다. 서울의 부끄러움은 내부에서 생겨난 것이 아니라 외부의 눈을 의식하면서 생겨난 것이다. 끊임없이 서울을 규정하는 근대인의 눈. 여기서 타자화된 서울의 본 모습을 읽을 수 있다.

이제 서울의 중심은 동경이었고 파리와 뉴욕이었다. 그리고 서울은 반성 없이 근대 쫓아가기에 헐떡이는 불쌍한 도시가 되었다.

그렇다면 내지인 야나기 무네요시(柳宗悅)가 발견한 경성의 아름다움은 어떻게 이해해야 하나?「그의 조선행」(1920)에서 그리는 경성은 주자학적인 세계관에 입각하여 건설된 중세도시가 아니었다.

> 지도가 가리키듯이 경성 시가는 분명히 그 자연을 배경으로 해서 계획된 도읍이었다. 오늘날에도 조금 걸어서 남산에 올라가면 그 점을

한 눈에 볼 수가 있다. 그 가운데서도 아름다운 것은, 남쪽에 남산을 끼고 이어지는 성벽을 지키는 숭례문崇禮門(남대문)에서 큰길을 지나 광화문에 이르러, 본궁인 근정전勤政殿을 앞에 두고 높이 북한산을 우러르는 질서 있는 건축과 그 자연의 배경일 것이다. 누구나 알 수 있듯이 이 경복궁은 항상 자연을 되돌아보며 올바른 장소에 그 기초를 두었다는 점에 주의해야 한다. 고대 사람들은 언제나 도읍을 자연적으로 수비할 수 있는 곳에다 택했다. 그러면서도 그들은 또한 건축으로써 자연을 더욱 꾸미는 것을 잊지 않았다. 자연에 의해 도읍은 수비되고 도읍에 의해 자연은 꾸며졌던 것이다. 이 점은 특히 부府의 넓이가 동서로 겨우 10리, 남북으로 5리 남짓한 이 경성에서 명확하게 드러나는 미관美觀이라고 생각한다.

　　그는 지도를 볼 때마다 이러한 아름다움이 오늘날 사라져가고 있음을 슬퍼하지 않을 수 없었다.[3]

경성 시가는 서양식 건물이 우후죽순으로 들어서고 거리는 전차와 자동차가 달리고 있었다. 이러한 근대적 화려함의 이면에는 식민지 도시의 보편성이 감추어져 있었다. 일제는 조선상인들의 기반인 운종가를 중심으로 하는 북촌을 배제한 채 일본인 거주민촌이 있었던 명동을 중심으로 하는 남촌 위주의 개발을 추진했다. 그리하여 북촌의 도시기반 시설은 낙후될 수밖에 없었다. 경성은 일본인에게는 편리하고 쾌적한 도시였지만 조선인들에게는 불편하게 하루하루를 살아가는 괴로운 도시였다. 이러한 현실을 외면한 채 자연과 조화로운 도시 경성을 찬미한다는 것은

3　야나기 무네요시, 심우성 역, 「그의 조선행」, 『조선을 생각한다』, 학고재, 1996, 105쪽.

일종의 감상적인 복고주의와 다름 아니다. 이 또한 타인의 시각일 수밖에 없었다.

　타자화된 서울. 일제에 의해 1912년 '경성시구개수 예정 계획노선'과 1934년 '조선 시가지계획령'에 의해서 강제적으로 구조화된 서울/경성을 21세기 대한민국의 수도 서울에서 쉽게 발견할 수 있다는 놀라움 속에서 서울의 근대도시화를 생각해 본다. 그리고 백여년 전 한국을 방문하여 '서울을 한국의 메카'라고 지적한 비숍의 말이 과연 맞는 말이었나를 생각해 본다.

2. 찬란한 슬픔의 경성 : 김동인의 「약한 자의 슬픔」

　1910년대 서울은 근대기획에 너무나 충실한 표정을 짓고 있었다. 경인선(1899), 경부선(1905), 경의선(1906) 철도의 개통은 서울의 근대화를 가속시켰다. 최남선이 '우렁차게 토吐하는 기적汽笛소리에/남대문南大門을 등지고 떠나가서/빨리 부는 바람의 형세形勢같으니/날개가진 새라도 못 따르겠네'(「경부철도가」)라고 예찬하고 있듯이 철도는 근대화의 가장 중요한 표상이자 가치척도라고 할 수 있다. 철도의 발착역이었던 서울이 한반도의 중심이 되는 것은 당연한 일이었다. 기차는 '천리길도 하루에 다달은 기이성奇異性'만 가지고 있었던 것이 아니다. 경부선이 개통된 해에 을사늑약이 체결되었다는 데서 철도의 이면을 읽을 수 있다. 한반도의 철도부설은 일제의 제국주의 야욕에서 비롯된 것이었다.

　하지만 시대의 흐름은 근대화가 대세였고 서울이란 공간은 근대화의 중심지였다. 김동인金東仁(1900~1951)의 「약한 자의 슬픔」(1910)⁴을 통해서 1910년대 서울을 살펴보자.

그는 낮고 더럽고 답답하고 덥고 시시한 냄새나는 촌집보다 높고 정한 서울집이 낫고, 광목바지 입고 상투 틀고 낯이 시꺼먼 원시적인 촌무지렁이들보다 맥고모자에 궐련 물고 가는 모시두루마기 입은 서울 사람이 낫다. 굵은 광당포치마보다 가는 모시치마가 낫고, 다 처진 짚신보다 맵시 나는 구두가 낫다. 기름머리에 맵시 나게 차린 후에 파라솔을 받고 장안 큰 거리를 팔과 궁둥이를 저으면서 다니던 자기 모양을 흐린 하늘에 그려 볼 때에는, 엘리자베트는 자기에게도 부끄럽도록 그 그림자가 예뻐 보였다(88쪽).

19세의 여학생 강엘리자베트에게 서울은 단순히 거주하는 공간이 아니었다. 서울 이외의 공간은 아직까지 봉건의 그늘아래서 벗어나지 않았기 때문에 서울은 신여성에게 존재의 토대이자 유일한 활동 공간이었다. 맥고모자, 궐련, 구두, 파라솔 등은 모두 서구적인 근대의 산물이다. 팔과 궁둥이를 전후좌우로 저으면서 걷는 것은 당시 여학생들 간에 유행하는 보법이었다. 이렇듯 당시 서울은 근대의 상징들이 지배하는 공간이었다. 엘리자베트가 시골과 대비하여 서울을 선호하는 것은 당연한 일이었다. 이러한 근대의 이분법적 논리는 근대도시 서울이 가지고 있는 모순을 한꺼번에 덮어 버리고 현실을 통찰할 수 있는 기회를 주지 않는다.

하지만 작가 김동인의 서울에 대한 시각은 여주인공 엘리자베트와는 사뭇 다르다. 그가 창조해 낸

김동인(1900~1951)

---

4   김동인, 『감자』, 문학사상사, 1993.

서사구조 속의 서울은 이중적인 속성을 가지고 있다. 즉 서울에는 엘리자베트가 사랑하고 있는 H의숙생 이환과 엘리자베트의 정조를 유린한 K남작이 거주하고 있다. 사랑하는 이환에게 마음을 전하지도 못하고 전전반측하다가 가정교사로 숙식하고 있던 집 주인 남작에게 정조를 빼앗기게 된 엘리자베트. 여기서 문제적인 것은 엘리자베트가 남작을 적극적으로 거부하지 않는다는 것이다.

"부인이 아시면?"/'아차!'/그는 속으로 고함을 쳤다./'부인이 모르면 어찌한단 말인가?…… 모르면?…… 이것이 허락의 의미가 아닐까? 그러면 너는 그것을 싫어하느냐? 물론 싫어하지. 무엇? 싫어해? 내 마음속에, 허락하려는 생각이 조금도 없냐 아…… 허락하면 어쨌냐?"(54쪽)

이러한 엘리자베트의 행태는 구세대 여성의 정조관념과 대비되는 신여성의 자유연애 의식의 반영이라고 할 수는 없고 일종의 성격적인 결함으로 읽혀진다. 남작하고 불륜관계를 지속하면서 계속 '이환'을 그리워하고 있는 것 또한 엘리자베트 성격의 모호함을 알 수가 있다. 이러한 측면에서 이 소설을 심리주의계열로 정리한 백철의 견해가 타당하다. 텍스트는 엘리자베트가 임신을 하면서 외적 갈등이 심화된다. 엘리자베트는 죄의식 때문에 남작집을 나와 시골 오촌아주머니 댁에 의탁을 하게 되고 자신의 정조유린을 보상받기 위해서 남작을 상대로 소송을 제기한다.

시골로 내려온 엘리자베트는 먼저 정체성의 혼란에 시달린다. 몸과 마음이 편한 전원생활이었지만 서울을 맹목적으로 그리워한다. 서울에서 자신의 삶이 파괴되었음에도 불구하고 서울을 그리워 한다는 이율배반성. 여기서 신여성과 서울이 순치(脣齒)관계였다는 것을 다시 한 번 확인할 수 있다. 또한 이제 엘리자베트는 서울사람이 아니라 시골사람이라는 냉혹한 현실을 경험하게 된다. 시대의 중심에서 주변으로 밀려났다는 의미이고, 근대적인 제도인 재판에서 이길 가망성이 없어졌다는 의미가 된다. 결국 변호사를 고용한 남작과는 대적이 될 수 없었고 재판에서 지게 된다. 여기서 다시 한 번 서울과 시골의 이분법적 구조의 모순을 읽게 된다. 엘리자베트는 약한 자의 슬픔을 깨닫게 된다. 서울은 이환의 세계가 아니라 남작의 세계였다.

하지만 엘리자베트는 서울에 대한 그리움을 버리지 못한다.

"아— 내 서울아, 내 사랑아/나는 너를 바라본다/붉은 눈으로 더운 사랑으로······/아침 해와 저녁 놀, 잿빛 안개/흩어진 더움 아래서, 나는 너를/아— 나는 너를 바라본다./천 년을 살겠냐 만 년을 살겠냐./내 목숨 다하기까지, 내 삶 끝나기까지,/나는 너를 그리리라."(89쪽)

서울은 진정한 대상이 아니었고 르네 지라르의 욕망의 삼각형 구조에서 설정한 매개체일 뿐이었다. 근대 서울은 낭만의 공간이 아니라 우승열패優勝劣敗의 세계였다. 이를 통찰한 작가 김동인의 시각 속에 포착된 엘리자베트의 서울 찬가는 엘레지일 수밖에 없다.

3. 경성의 빈곤 : 조명희의 「땅 속으로」

"자, 인제부터는 내가 서울서 지내온 일, 또는 앞으로 지내어 가는 모양, 그것을 대강 적어 보자"라는 주인공의 말처럼 포석 조명희趙明熙(1894~1938)의 단편 「땅 속으로」(1925)[5]는 1920년대 서울을 읽는 기초 자

조명희(1894~1938)
진천 포석 조명희 문학관 부조

료라고 할 수 있다.

「땅 속으로」가 포석이 최초로 쓴 단편 소설이라는데 주목을 하면 작가의 경험이 일정부분 반영되고 있음을 예상할 수 있다. 또한 이 텍스트의 주인공 '나'는 농촌 출신의 동경유학생이며 시인인데, 이는 포석의 개인사와 유사하다. 즉 '나'는 포석의 분신처럼 읽을 수 있다. 이런 작가론적 측면으로 텍스트를 살펴보면 텍스트와 당대 현실 관계를 무매개적인 반영으로 읽게 된다.

그럼 「땅 속으로」 그려지는 20년대 서울은 어떤 모습인가?

> 서울은 20만 인구의 도회로서 무직업한 빈민이 18만이라는 말은 신문기사를 보고 알았지마는 세계지도 가운데 이러한 데가 또 있거던 있다고 가르쳐 내어 보아라. 말만 들어도 곧 아사자, 걸식자가 길에 널린 것 같다. 배보다 배꼽이 더 크다는 셈으로 20만 인구에 걸식자가 18만.
> 나도 물론 이 거대한 걸식단 가운데 신래자新來者의 한사람이 되었다(29쪽).

서울의 20만 인구 중에 18만이 걸식자. 주인공 '나'의 눈에는 서울이 빈궁의 도시로만 보인다. 이러한 '나'의 시각은 과장된 것이 아니다. 일제의 식민지 경제 정책은 이중의 착취구조를 가지고 있었다. 식민지 조선의 미곡과 원자재를 헐값으로 매입하고, 그 원료로 만든 제품을 다시 비싼

---

5   조명희, 『조명희 단편소설집』, 평양 : 문예출판사, 1921.

값으로 되팔아 한반도 내의 재화는 점점 일제의 손으로 넘어갔다. 총독부는 조선 농민을 몰락시킨 토지 조사 사업 이외에도 임업, 어업, 광업 등 산업 전반에 걸쳐 철저한 착취 정책을 폈다. 한반도 내의 모든 경제 활동은 일제가 설립한 금융 조합, 농공은행 등에 의해서 통제되었고, 민족 기업을 규제하기 위하여 회사령을 제정, 공포하였다. 당연히 조선의 민족자본은 위축되고 식민지 경제 또한 파행으로 흐를 수밖에 없었다. 1920년대 서울은 이러한 식민지 모순이 직접 드러나는 공간이었다.

그런데 나에게는 서울이 궁핍의 공간이듯이 고향 집도 가난하긴 마찬가지였다. '가난한 집에는 싸움이 많다더니 사람들이 모두 악만 남아 그러한지 아이 어른 할 것 없이 걸핏하면 싸움질을 일'삼는 난장판 같은 고향집. 고향집 식구들은 내가 서울 가서 변호사가 되거나 군수나 도장관이 되길 바란다. 하지만 식민지 지식인의 양심을 지키려는 '나'는 식구들의 이러한 바램을 묵살할 수밖에 없다. 고향 집은 또한 끔찍한 아내가 있는 공간이다. 사랑이 아니라 관습이 맺어준 아내와는 부부간의 정이 있을 수 없다. 가난과 조혼이라는 봉건적인 굴레를 벗어던지기 위해 상경한 주인공 '나'에게 서울은 또 다른 시련을 준비하고 있다.

> 남촌이라는 이방인 집단지의 특수지대를 제해 놓고 그 외는 다 퇴락하여 가는 옛 건물, 영쇠하여 가는 거리거리, 바짝 마른 먼지 냄새로 꽉 찬 듯한 기분 속에서 날로날로 더 패멸 조잔의 운명의 길로 도라 가는 서울이란 이 땅, 아니 전 조선이라는 이 땅, 그 속에 굼질대는 백의인―빈사 상태에 빠진 기아군. 아무 것도 없다. 아무 것도 없다! 이 사막에는 이 초지草地에는 아무 것도 없다. 마른 땅과 마른 뼈밖에는 아무 것도 없다!(29쪽)

주인공 '나'가 신래자로 도착한 서울은 퇴락한 건물, 빈사상태의 백의인 등 패멸조짐의 은명의 길로 들어서고 있는 곳이다.

그런데 서울 전체가 퇴영의 그림자를 보이는 것이 아니다. 주인공의 날카로운 눈에는 남촌의 풍요가 포착된다. 왜인들의 거주지. 서울의 근대화는 조선인들의 터전인 북촌을 소외시키면서 시작되었다. 이제 서울의 주인은 총독부였고 왜인들이었다. 이 속에서 식민지 지식인 '나'의 행로는 정상적일 수가 없었다. 식민지 시인이 발 디디고 살 수 있는 공간은 서울에는 없었다. 이런 '나'에게 설상가상으로 처자식까지 찾아온다. 하지만 혹처럼 여겼던 처자식에게서 처음으로 육친의 정을 느끼게 된다. 혹독한 빈궁 속에서 인간적인 정이 되살아 난 것이다. 주인공 '나'는 굶주리는 자식들을 의하여 시인의 자존심을 버리고 책사에게 시집 초고의 판권을 팔고 경멸하던 H에게 돈을 꾸는 등 모든 노력을 다하게 된다. 그리고 '나'는 무서운 외적 생활의 압박 때문에 내적 생활을 돌아보지 못하고 있는 무산대중의 고통을 깨닫는다. 그리하여 '우로 말고 아래로 파들어 가자'는 실천논리를 확립을 한다.

하지만 서울은 냉혹한 공간이었다. '나'는 수탈과 빈궁의 터전인 서울을 텅 빈 사막이나 초지로 인식을 한다. 죽음과 불이 내리길 갈망한다. 그리고 죽음의 구덩이에서 춤을 추고 싶다고 한다. 점점 '나'의 생각은 극단적으로 변모하고 강도가 되는 고약한 꿈까지 꾸게 된다. 이러한 결말 처리는 자연발생기 프로문학이라고 평가받고 있는 박영희나 최서해의 소설들과 유사하다.

1925년은 카프가 결성되었고 지식인들 사이에 프롤레타리아 의식이 광범위하게 유포되던 시기였다. 「땅 속으로」는 카프, 사회주의, 프롤레타리아란 담론 안에서 읽혀진다. 포석은 서울이 가지고 있는 식민지 근대 도시 모순을 지식인 주인공 '나'를 통하여 드러내고 있다. 그런데 이 텍스트에서 '나'의 비참한 서울 생활이 단순한 허구로 읽혀지지 않는다. 문학은 항상 역사 속에서 유영하기 때문이다.

4. 상고주의자의 30년대 경성 읽기 : 이태준의 「장마」

'책만은 책보다도 冊으로 쓰고 싶다. 책보다 冊이 더 아름답고 더 책답다'라고 주장했던 상고주의자 상허 이태준李泰俊(1904~미상)의 시선에 잡힌 30년대 서울은 어떤 모습일까? 상허는 우리근대문학사에서 최고의 스타일리스트라고 평가를 받고 있는 소설가다. 그는 문학성과 문체의 완성에 심혈을 기울인 작가였다. 당시의 작가들, 특히 프로작가들이 문학의 현실 모순고발과 정치적 목적성을 강조한 데 비하여 상허는 문학 자체의 완성에 몰두하였다. 그의 대부분의 소설들은 작품 자체의 미적 완결성에 초점을 맞추고 있다. 하지만 문학의 토대는 작가의 세계인식에 있으므로 상허의 소설들 또한 당대 현실을 반영하게 된다.

단편소설 「장마」(1936)는 상허의 자전적인 경험을 바탕으로 하고 있다. 이 텍스트는 식민지 자본주의가 확립되던 30년대 서울을 그리고 있다. 소설가이자 학교선생인 주인공이 성북동 집을 나와 버스를 타고 돈화문을 거쳐 안국동에서 전차로 갈아타고 종로에 있는 조선중앙일보사, 다방 '낙랑'을 거쳐 진고개, '대판옥서점', '일한서방'을 들렀다가 사업하는 친구 강군과 본정그릴에서 식사와 맥주를 하고, 중국요리집 '천증

이태준(1904~?)
출처 : 『한반도-헝가리 관계사 희귀사진집』, 서울셀렉션, 2019.

원'·'한도'를 들러 다시 성북동 집으로 돌아오는 과정을 그리고 있다. 박태원의「소설가 구보씨의 일일」과 유사한 구조를 가지고 있는 소설이다. 그러나 박태원의 소설이 서울 거리를 고현학考現學적으로 관찰하고 있다면 이 텍스트는 서울거리를 헤매고 있는 주인공의 내면심리에 초점이 맞추어져 있다.

> 안국동安國洞에서 전차로 갈아탔다. 안국정安國町이지만 아직 안국동이래야 말이 되는 거 같다. 이 동洞이나 리里를 깡그리 정화町化시킨 데 대해서는 적지 않은 불평을 품는다. 그렇게 비즈니스의 능률만 본위로 문화를 통제하는 것은 그릇된 나치스의 수입이다. 더구나 우리 성북동을 성북정이라 불러보면 '이주사'라고 불러야 할 어른을 '리상'이라고 남실거리는 격이다. 이러다가 몇 해 후에는 이가니 김가니 박가니 정가니 무슨 가니가 도두 어수선스럽다고 시민의 성명까지도 무슨 방법으로든지 통제할는지 모른다.[6]

주인공은 식민지 통치를 위해 재배치되고 있는 서울의 모습에 불만을 가진다. 지역명이 동에서 정으로 바뀐다는 것은 단순한 명칭의 변경이 아니다. 근대적 효율성(식민지 통치를 위한 효율성)이라는 척도에 의해서 정신보다는 물질이 우선하는 공간으로 서울이 재편되고 있는 것이다. 상허는 이러한 서울의 변화에 대해서 나치스의 그릇된 수입이라고 비판을 하고 있다. 또한 상허는 이러한 명칭의 변화가 불러올 앞으로의 상황도 예측하고 있다. 시민의 성명까지도 통제할 모른다는 주인공의 우려는 곧바로 현실화되었다. 창씨개명과 내선일체론 등 일제의 민족말살 정책이 30년

---

6 이태준,「장마」,『이태준 문학전집』2, 서음출판사, 1988, 62쪽.

대 후반기부터 시행되었던 것이다. 작가는 이러한 상황을 극복하기 위하여 우리 전통 문화를 호명한다. 이러한 작가의 내면 풍경이 수필「고목」 (1936)에 잘 드러나 있다.

> 아무커나 우리 성북동의 봄은 순동양적 순조선적 봄이여서 좋다. 요즘 꼴같지 않은 양관을 짓고 을리지도 않는 사구라를 심거놓는, 그래서 성북동의 순수성을 더럽히는 딱한 친구들이 생기는 것은 약간치 않은 비애이긴 하다만.[7]

'순동양적 · 순조선적인 봄', '성북동의 순수성' 등에서도 읽을 수 있듯이 상허에게 전통적인 세계는 문학의 거처이자 마음의 고향이다. 최재서가 상허의 단편소설을 '소멸되어 가는 조선적 감각 또는 미학'으로 평가했듯이 상허의 문학은 전통세계에 그 뿌리를 가지고 있다. 이러한 상허에게 성북동이 성북정으로 불린다는 것은 견딜 수 없는 상실의 아픔이었다. 파초와 석류나무 그리고 화초에 둘러싸인 그의 고졸한 사간초옥이 있는 곳이 바로 성북동이었다.

하지만 상허의 마음과 달리 서울은 급격한 변화를 겪고 있었다.

> 요즘 성북동과 혜화동엔 짓느니 집이다. 작년 가을만 해도 보성고보에서부터 뻐쓰종점까지 혜화보통학교 외에는 별로 집이 업섯다. 집장 배추밭이 시퍼런 것을 보고 다녔는데 올 가을엔 양관, 조선집들이 제멋대로 석기여 거의 공지空地 업는 거리를 이루엇다. 성북동도 지형이 고르기만한 데는 공터라고는 조금도 업다 …(중략)… 대체로 조선

---

7 이태준,「고목」,『이태준 문학전집』15 무서록, 서음출판사, 1988, 104쪽.

사람들은 집짓는 것을 보아도 취미생활이 너무 업다. 조선 개와집엔 결코 어울리지 안는 싯뻘건 벽돌담을 쌋퇴 추녀 끝을 올려 삿는다. 그리고 스사로 그 감옥 속에 드러안기를 즐긴다.[8]

수필「집 이야기」(1935)에서 상허는 김장 배추밭의 푸르름과 공터의 사라짐에 대하여 이야기하고 있다. 상허의 섬세한 시각은 서울거리에 서양식 건물들이 늘어나는 것보다는 감옥같이 붉은 벽돌담에 둘러싸인 기와집들이 늘어나는 현상에 더 주목을 하고 있다. 외래적인 물결 속에서 착종하고 있는 전통의 모습을 서울거리와 가옥의 변화를 통하여 포착하고 있는 것이다. 취미도 없이 스스로 감옥 속으로 들어가는 사람들. 근대에 대한 상허의 인식이 드러나는 대목이다.

이렇듯 상허는 당대 서울을 식민지 근대가 가지고 온 외래문화에 의해서 전통문화가 밀려나고 있는 공간으로 인식하고 있었다. 그러므로 상허의 문학에서 1930년대 서울은 정체성을 상실하고 점점 타자他者로 변모하고 있는 모습으로 형상화되고 있다.

5. 모더니스트 이상李箱의 아주 모던한 경성 :「날개」기타

향기로운 MJB 커피를 즐겼으며 임종의 순간에 레몬을 찾았다는 모더니스트 이상李箱(1910~1937)에게 30년대 서울은 어떠한 의미로 읽혀졌을까?

이상은 근대도시로 성장하던 서울이 낳은 작가였다. 그는 '구인회'

---

8   이태준,「집 이야기」, 위의 책, 98쪽.

동인으로 활동하면서 '카프' 작가들이 추구했던 리얼리즘과는 달리 작품의 미적 완결성에 초점을 맞추는 모더니즘 문학을 창작하였다. 즉 그는 세계를 형성이 아니라 제작의 일종으로 보는 비유기체적인 예술관을 가지고 있었다.

이상(1910~1937)

이 마을에는 신문이 오지 않는다. 소위 승합자동차라는 것도 통과하지 않으니 도회의 소식을 무슨 방법으로 알랴? 오관이 모조리 박탈된 것이나 다름없다. 답답한 하늘 답답한 지평선 답답한 풍경 답답한 풍속 가운데서 나는 이리 디굴 저리 디굴 굴고 싶을 만치 답답해하고 지내야만 된다.[9]

위의 수필 「권태」(1937)에서도 읽을 수 있듯이 이상에게 서울은 존재의 거처이자 존재의 이유였다. 근대화 되고 있는 도시 서울은 그의 창작의 원천이었다. 하지만 서울은 그에게 긍정적인 공간일 수만은 없었다.

서울은 근대도시의 병리를 가지고 있는 공간이었다. 시 「더낫」(1932)은 근대 도시 속에서 일어나는 시적 화자의 소외를 형상화하고 있다.

어느 ESQUISSE//ELEVATER FOR AMERICA/ 세 마리의닭은蛇紋石의層階이다/룸펜과毛布//빌딩이吐해내는新聞配達夫의무리. 都市計劃의暗示//둘째번의正午사이렌//비누거품에씻기어가지고있는닭. 개아미집에모여콩크-리트를먹고있다.//男子를나반하는石頭//男子는石頭를白丁을

---

9 이상, 「권태」, 『한국현대시인연구』 6 이상, 문학세계사, 1996, 286쪽.

싫어하드키싫어한다.//얼룩고양이와같은꼴을하고서太陽群의틈사구니를 쏘다니는詩人.//꼬끼요――瞬間磁器와같은太陽이또한個솟아올랐다.[10]

시적 화자의 눈에는 사람들이 석두에게 나반(挪車般 : 휘어져 옮겨짐)을 당하고 시인은 얼룩고양이 꼴로 쏘다니고만 있는 어두운 도시적 삶이 포착된다. 근대적으로 산다는 것은 모순과 역설의 일상성을 수용하면서 살아간다는 것을 통찰하고 있는 것이다. 룸펜, 삘딩, 신문배달부, 도시계획, 정오 사이렌, 콩크리트 등 근대도시의 표상들 속에서 시인(정신)과 사기그릇 같은 태양(물질문명)이 대조되고 있다. 여기서 근대에 대한 의문부호를 읽을 수 있다. 이상에게 서울(경성)은 근대의 상징이었고 동경이나 뉴욕과 같은 도시들과 등가로 이해되었다. 하지만 '아메리카를 향한 승강기'에서와 같이 서구적 근대에 대한 콤플렉스가 발견된다. 서울의 근대화 속에는 식민지화라는 의미가 중첩되어 있기 때문이다. 이상은 단편 「날개」(1936)에서 다음과 같이 기술하고 있다.

여러 번 자동차에 치일 뻔하면서 나는 그래도 경성역을 찾아갔다. 빈자리와 마주 앉아서 이 쓰디쓴 입맛을 거두기 위하여 무엇으로나 입가심을 하고 싶었다. 커피―좋다. 그러나 경성역 홀에 한걸음을 들여놓았을 때 나는 내 주머니에는 돈이 한 푼도 없었던 것을 깨달았다. 또 아뜩했다. …(중략)… 나는 어디로어디로 디립다 쏘다녔는지 하나도 모른다. 다만 몇 시간 후에 내가 미쓰꼬시(지금의 신세계 백화점) 옥상에 있는 것을 깨달았을 때는 거의 대낮이었다. …(중략)… 이 때 뚜우하고 정오 사이렌이 울었다. 사람들은 모두 네 활개를 펴고 닭처럼 푸드덕거

---

10 이상, 「대낫」, 위의 책, 150~151쪽.

리는 것 같고 온갖 유리와 강철과 대리석과 지폐와 잉크가 부글부글 끓고 수선을 떨고 하는 것 같은 찰나, 그야말로 현란을 극한 정오다.[11]

「날개」의 후반부 장면이다. 주인공이 존재하는 시간은 '현란을 극한 정오'다. 1930년대 식민지 조선은 일제의 군국주의화에 의하여 '경기순환의 완충지대'이면서 동시에 '병참기지'로 재편되었다. 이 시기에 들어오면 일본 독점자본이 한반도에 들어와 광공업을 집중적으로 개발하게 되는데 이는 식민지 수탈구조를 영구적으로 확보, 유지하기 위해서였다. 그런데 이 와중에 식민지 조선의 자본주의도 미약하나마 후발적 이익을 얻게 되었다. 이러한 상황 변화에 의해서 일부 식민지 지식인들 사이에서 근대에 대한 낙관주의가 유행하기도 했다. 하지만 군국주의 일본의 야만적인 식민통치가 점점 가혹해지는 상황 속에서 근대에 대한 낙관주의는 친일親日로 귀착될 수밖에 없었다.

이 텍스트에서 '유리', '강철', '대리석', '지폐'로 표상되는 서울은 활달하면서 모던하다. 하지만 근대의 상징인 경성역 홀이나 벅화점 옥상에 있는 주인공은 '닭처럼 푸드덕거리는 시민들'과는 대조적으로 '빈 주머니'뿐인 룸펜이다. 아무리 쏘다녀도 커피 한 잔 마실 수 없는 서울 거리는 주인공을 이방인으로 내몰고 있다. 이러한 상황 속에서 주인공은 육신이 피로할 때만 정신이 은화처럼 맑아진다고 진술한다. 비정상적인 삶의 양상과 병리적인 정신구조를 보여주고 있는 것이다. 서울(경성)은 이러한 주인공의 성격에 직접적으로 영향을 주는 공간이다. 첫 장면에 등장하는 '박제가 되어버린 천재를 아시오?'라는 질문에서도 읽을 수 있듯이 「날개」는 식민지 룸펜 지식인의 내면풍경이 고스란히 드러난

---

11 이상, 「날개」, 『이상소설전집』, 민음사, 2012, 113~115쪽.

텍스트이다. "날개야 돋아라. 날자. 날자. 날자. 한 번만 더 날자꾸나. 한 번만 더 날아 보자꾸나"라는 주인공의 절규 속에는 근대 도시민의 소외의식과 식민지 지식인의 비애가 함축되어 있다.

수필「산촌여정」(1935)[12]에서 이상은 서울을 연상하며 '포로들의 사진처럼 늘어선 가난한 식구들'과 '걱정'을 떠올리는데 이는 작가의 개인사적인 측면이 반영된 것이지만 서울의 근대화에 가려진 모순을 간접화의 방식으로 드러내는 것이라고 볼 수 있다. 그는 이 수필에서 서울은 M백화점, 미소노 화장품, 스위트껄이 신은 양말, 빼뜨름히 붙인 초유선형 모자, 고양이 배에 화스너를 장치한 갑븟한 핸드빽 등이 흘러넘치는 공간이면서 동시에 '회충과 같은 손가락을 가진 창백한 공장소녀들이 새벽 아스팔트를 구르는 이중적인 공간으로 그리고 있다.

동시대 작가 박태원이 고현학적인 방법으로 서울의 풍속을 그렸다면 이상은 서울의 불연속적인 파편들을 건져 올렸다. 모더니스트 이상의 눈에 비친 1930년대 서울은 외적인 측면에서는 근대적 기표들이 보편화되는 공간이면서, 내적인 측면에서는 도시민들의 소외와 식민지인들의 비애가 중첩되어 일어나는 공간이었다.

6. 카메라의 눈으로 응시한 경성 : 박태원의 「천변풍경」

박태원朴泰遠(1910~1986)의 장편소설 「천변풍경」(1936, 1937)은 문제적이다. 발표 직후 '리얼리즘의 심화와 확대'라는 최재서의 극찬과 함께 '현상의 사진기적인 재현'이라는 한효의 부정적인 평가가 동시에 쏟아졌

---

12 이상, 「산촌여정」, 『매일신보』, 1935.9.27~10.11.

듯이 이 텍스트는 리얼리즘이 주류를 이루고 있었던 1930년대 문단에 신선한 충격을 준 소설이다.

「천변풍경」이 발표되었던 1930년대는 카프의 해산과 조선사상범 보호관찰령 제정, 내선일체 교육을 위한 조선교육령 개정, 창씨개명 강요 등 일제의 정치적 탄압과 이데올로기적인 통제정책이 단말마적으로 극단화되던 시기였다. 이러한 상황을 임화는 작가가 말하려는 것과 그리려는 것의 분열이 일어나고 있는 정국이라고 정리하였다. 핍진성을 추구하는 리얼리즘 문학행위가 어려워진 상황 속에서 새로운 모색이 필요했고 「천변풍경」

박태원(1910~1986)

은 이러한 시도로 볼 수 있다. 임화가 「천변풍경」을 '조선의 문학사적인 주선主線 위에 등장한 '파스보—트'이며 조선의 소설문학이 세태적인 시대로 들어선 것을 확인케 한 작품'이라고 정리한 것도 이 때문이었다.

「천변풍경」에서 형상화된 청계천변은 1930년대 서울의 구조를 보여주는 시공복합체적인 성격을 가지고 있다. 즉 경성을 가로 지르고 흐르고 있는 청계천의 주변세계는 식민지 조선의 자본주의화가 이루어지고 있는 공간적인 의미와, 그 근대성이 역사적인 단계로 구현되고 있다는 시간적인 의미로 중첩되어 있는 것이다. 소설의 주요 배경이 되고 있는 이발소, 포목점, 화평당 약국, 삼화 금은방, 광교와 배다리, 카페, 공애의원 등은 당대 실제로 존재했었다는 데서 이 소설의 의미를 재확인할 수 있다.

이 텍스트는 주로 이발소 소년 재봉이의 눈을 통하여 서사된다. 재봉은 이발소 창을 통하여 천변에서 일어나는 사건을 관찰한다. 그런데 창 바깥의 풍경이 결코 권태롭지 않다는 화자의 설명과 같이 천변 풍경은 근대와 전근대가 혼잡하게 어울린 역동적인 공간이다.

정이월에 대독 터진다는 말이 있다. 따는, 간간이 부는 천변바람이 제법 쌀쌀하기는 하다. 그래도 이곳, 빨래터에는, 대낮에 볕도 잘 들어, 물 속에 잠근 빨래꾼들의 손도 과히들 시립지는 않은 모양이다.[13]

텍스트는 청계천에 모여 빨래하는 아낙네들의 수다스런 대화 장면에서부터 시작된다. 비웃(생선) 값, 배추 값, 잘 찢어지는 국사 저고리, 남의 첩살이 문제 등 일상사의 자질구레한 이야기와 함께 은행에 넘어간 점방이나 고무신 때문에 파산한 경험 등 근대화의 뒤안길에서 발생한 씁쓸한 이야기가 계속 이어지며 텍스트는 청계천 변에서 일어나는 다양한 사건들을 카메라 기법으로 세밀하게 묘사한다.

그 곳에는 스물 안팎으로 대여섯까지의 젊은이들이 칠팔 명이나 동저고리 바람으로 모여들 앉아, 모래판에 깔아놓은 한 장 거적 우에서 윷들을 놀기에 정신이 팔려 있다. 한 달 전 정초의, 그 기분이 아직도 완전히 가시지 않은 그들은, 제 각기 가진 약간의 볼일은 결코 마음에 키우지 않는다.[14]

밤이 완전히 이르기 전, 이 '평화'라는 옥호를 가진 카페의 외관은, 대부분의 카페가 그러하듯이 보기에 언짢고, 또 불결하였다 그나마 안에서 내어비치는 전등불이 없을 때, 그 붉고 푸른 유리창은 더구나 속되었고, 창 밖 좁은 터전에다, 명색만으로 옹색하게 옮겨다 심은 두어 그루 침엽송은, 게으르게 먼지와 티끌을 그 우에 가졌다.[15]

---

13 박태원, 『천변풍경』, 문학과지성사, 2005, 9쪽.
14 위의 책, 23쪽.
15 위의 책, 34~35쪽.

윷놀이 도박판이 벌어진 천변 모래사장이나 불결한 카페는 당대 서울을 표상하던 화신백화점이나 경성역과는 다른 어두운 세계이다. 하지만 이러한 이중적인 모습이 서울의 맨얼굴이었다. 도박판에 빠진 '점룡이'는 이기영의 「서화」에 등장하는 '돌쇠'와 유사한 성격을 가지고 있다. 식민지 체제 하에서의 농민이나 도시빈민들의 삶은 현실을 타개할 수 있는 출구가 없기는 마찬가지였다. 근대의 산물인 평화 카페는 주위 환경과 전혀 어울리지 않고 불결한 외관을 가려 줄 밤만을 기다리고 있다. 여급 하나꼬와 메리는 인력거를 타고 거리를 질주하는 권번 기생과 비교해 보면 상당히 격이 떨어진다. 하지만 여급이나 권번 기생이나 근대적인 매매춘의 희생양일 뿐이다. 이들은 모두 당대 서울이 가지고 있는 도시병리의 한 부분일 수밖에 없다.

> 자정이나 되어 천변에는 행인이 드물다. 이따금 기생을 태운 인력거가 지나고 술 취한 이의 비틀걸음 주위의 정적을 깨뜨릴 뿐, 이기 늦은 길거리에, 집집이 문을 굳게 잠겨 있다. 다만, 광교 모퉁이, 종로 은방 이층에, 수일 전에 새로 생긴 동아구락부라는 다맛집과 마지막 손님을 보내고 난 뒤, 점 안을 치우기에 바쁜 이발소와, 그리고 때를 만난 평화 카페가 잠자지 않고 있을 뿐으로, 더욱이 한약국 집 함석 틴지는 외등 하나 달지 않은 처마 밑에 우중충하고 또 언짢게 쓸쓸하다.[16]

자정 무렵부터 활기를 띠기 시작한 당구장과 평화카페와 대조되는 한약국 집은 외등하나 없이 어둡다. 소비도시로 변모한 서울의 새로운 밤 풍경은 화자의 말처럼 언짢고 쓸쓸하다. 이러한 서울의 밤거리는 민주

---

16 위의 책, 108쪽.

사나 포목집 주인, 이쁜이 남편 강석주 등과 같이 세속적인 욕망에 매달리는 인물군들 때문에 더욱 더 어두워진다.

하지만 이러한 풍경 속에는 많은 인정세태들이 숨쉬고 있다. 금전꾼 남자의 꾀임으로 서울로 따라 온 금순을 받아들이는 평화 카페 마담 기미꼬, 가엾은 금순 누나를 먹여 살려야겠다고 다짐하는 당구장 께임도리 순동이, 이쁜이의 혹독한 시집살이를 동정하는 천변 사람들, 하나꼬에 대한 연민의 정을 가지고 있는 재봉과 같은 형상 속에서 당대 서울의 정신적 풍속도를 읽을 수 있다. 자본의 논리 속에서 재편되던 1930년대 서울에는 아직까지도 인간적인 정리가 남아 있었다. 이러한 측면에서 「천변풍경」의 가장 큰 매력이 정신 풍속의 아름다움에 있다는 임화의 평가는 탁견이었다고 할 수 있다.

7. 영등포 애가哀歌 : 채만식의 수필 「귀향도중」

채만식(1902~1950)

채만식蔡萬植(1902~1950)의 중편소설 「태평천하」(1938)속에 등장하는 주인공 윤직원 노인의 서울살이는 너무나 행복하다. 부재지주인 그가 서울로 이주하게 된 내력은 시골에서는 여러 가지 공과금이나 기부금을 내야하고, 빈곤한 일가붙이들에게 뜯기는 성가신 일과 함께 양복 입은 나그네들에게 돈을 강탈당하는 치안부재의 위험한 일을 당했기 때문이다. 나그네들이란 독립자금을 모으는 사람들이라는 것이 텍스트 속에서 암시되고 있지만 윤직원에게 시골은 험한 꼴만 당하는 못살 공간으로 인식되고 있다.

서울에 올라 온 윤직원은 인력거 삯을 깎는 등 온갖 구두쇠 짓과 수형(어음) 장사를 해서 더욱 재산을 불리고, 동기童妓 춘심이를 데리고 부민관에서 열리는 명창대회를 구경하러 가거나 본정통 진고개(명동)로 반지 선물을 사러 다니는 느긋한 생활을 즐기게 되었다.

> 대복이가 윤직원 영감의 머리맡 연상에 놓인 세트의 스위치를 누르는 대로 JODK의 풍류가 마침 기다렸다는 듯 좌악 흘러 나옵니다.
> 「따앙 찌찌 즈응 중지 따앙 증응 다앙…」
> 잔 영산입니다. 청승스런 단소의 둥근 청과 의뭉한 거문고의 콧소리가 서로 얽혔다 풀렸다 하는 사이를 가냘퍼도 양금이 야무지게 멕이고 나갑니다.
> 「다앙당동, 다앙동 다앙동, 증씨, 다앙 당동당, 다앙 따앙.」
> 이윽고 초장이, 끝을 흥 있이 몰아치는 바람에, 담뱃대를 물고 모로 따악 드러누워서 듣고 있던 윤직원 영감은, "좋다아!" 하면서 큼직한 엉덩판을 한번 칩니다.[17]

위의 인용에서 살필 수 있듯이 윤직원에게 서울 생활은 정말 태평천하 중의 태평천하라고 할 수 있다. 윤직원을 통하여 토지 수익을 상공업·고리대금업 등에 투자하여 점차 상공업자본가로 전환하는 식민지 부재지주의 전형적인 변모과정을 읽을 수 있다.

하지만 이 소설에서 윤직원은 부정적인 인물로 풍자의 대상이며 그

---

17 채만식, 『태평천하』, 문학과사상사, 1993, 158쪽.

의 서울생활 또한 풍자의 배경이라고 할 수 있다. 30년대 후반기 서울은 윤직원 같은 인물에게는 축재의 공간이자 놀이의 공간일지 몰라도 서울 시민들에게는 부익부 빈익빈의 구조적 모순이 심화되는 고통의 공간이었다.

작가 채만식은 수필 「귀향도중」(1941)에서 당시 서울의 어두운 삽화를 그리고 있다.

> …한 그저 열 사오 세 고 또래 고 또래의 소녀가 네 명이 따랐다. 얼굴엔 넷이 죄다가 깊은 병색이 질렸고 쓰러질 듯 원기들이 없었다. 제마다 가피假皮 트렁크는 하나씩 빠듯이 들고, 곳은 바로 유명한 공장지구 남경성…남경성에 있는 어떤 방직공장이나 방적공장의 여공 아이들일시 분명했다. 그리고 정녕코 병이 나서 재네들의 고향으로 돌아가는 길일시 또한 분명했다.…농촌에서 출생 성장하고 있는 아이들은 도시에서 출생 성장하고 있는 아이들보다 폐의 결핵에 대한 저항력이 대단히 약한 법이다. 이 소녀도 그러므로 저의 고향인 농촌에서 끝내 살았다면 혹은 그러한 불행한 병의 감염을 받지 않았을 지도 모른다.[18]

남경성南京城은 한강대교 건너편 노량진, 영등포를 말한다. 이 시기가 되면 서울은 도성을 벗어나 한강 이남까지 영역이 확장되게 된다. 서울의 채소공급지였던 영등포는 1919년 경성방적공장이 세워졌고, 30년대 초가 되면 피혁공장, 맥주공장, 기와공장, 방적공장 기계공장 등이 세워져 근대적 공단지대로 발전하였다. 경성방적을 뺀 나머지 공장들의 소유주들은 물론 모두 일본인들이었고 노동자들은 조선인들이었다.

---

18 채만식, 「귀향도중(歸鄕途中)」, 『채만식전집』 10, 창작과비평사, 1989, 4~8쪽.

일제 식민지 통치 기간 동안에 대다수 조선 농민들은 몰락하여 농촌을 떠나 도시로 올라와 도시빈민이 되거나 유이민으로 전락하였다. 도시로 올라온 이농민들은 산업예비군을 형성하여 공장에서의 노동조건을 더욱 악화시키는 계기가 되었다. 당시 영등포 지역은 가혹한 식민지 수탈이 자행되는 현장이었다.

작가는 이러한 사회 사정 속에서 병든 소녀들을 바라보고 있다. 소녀들의 모습과 강경애의 장편소설「인간문제」에서 폐결핵으로 비참하게 죽는 여주인공 '선비'의 모습이 중첩된다. 고향에서 살았으면 건강했을 소녀들이 서울로 올라와 치명적인 병에 걸려 귀향을 하고 있는 상황. 식민지 여성 노동자들의 비참한 삶. 소녀들이 서울 생활에서 받은 보수는 일급을 저축한 10원과 두 벌의 인조견 의복 그리고 한 개의 가퍼 트렁크와 얼마간의 도회적인 허영심뿐이었다고 간파한 작가의 마음은 어두울 수밖에 없었다.

> 소녀들은 중간에 셋은 떨어지고 TB(필자 : 폐결핵tuberculosis)의 소녀 하나만 아직껏 동행이었다. 차창 밖이 밝자 연해 내다보면서 김제까지 몇 정거장이냐고 묻고 또 묻고 하기를 마지않는다. 퍽도 즐거운 모양이나 그 즐거워하는 양이 미소로와질 수가 없었다. … 병이 나으면! TB가 나으면 시집을 가고 나는 속으로 이렇게 몇 번이고 뇌다가 필경 나도 모르게 쯧쯧 혀를 차고 말았다.[19]

1930년대 후반기 서울의 외양은 남경성 지역이 근대적인 공장지대로 발전하는 등 근대적인 대도시 모습을 갖추기 시작하였다. 하지만 이러한

---

19 위의 책, 453쪽.

서울의 겉모습과는 달리 서울시민들의 삶은 점점 더 어두운 그늘 속으로 빠져들고 있었다. 도시영세민들과도 구별되는 극빈상태의 토막민土幕民들이 후암동·신당동·아현동·용두동·신설동 등에 집단으로 거주하고 있다는 총독부 보고서를 보더라도 당시 서민들에게 서울살이가 얼마나 힘든 일이었는가를 알 수 있다.

8. 경성의 우울 : 백석의 수필「마포」

1930년대 서울의 외관은 근사하다. 뉴욕과 파리와 베를린과 비엔나와 밀접한 동경과 인접해 있었기 때문이다.

시인 백석白石(1912~1996)은 30년대 마포나루의 정경을 수필「마포」(1935)에서 이렇게 포착했다.

백석(1912~1996)

여의도에 비행기가 뜨는 날, 먼 시골 고장의 배가 들어서는 때가 있다. 돛대 꼭두마리의 팔랑개비를 바라보던 버릇으로 뱃사람들은 비행기를 쳐다본다. 그리고 돛대의 흰 깃발이 말하듯이 그렇게 하늘이 무서운 것이 아니라고 생각한다. 이럴 때에 영등포를 떠나오는 기차가 한강철교를 건넌다. 시골 운송점과 정미소에서 내는 신년 패력掛曆의 그림이 정말 되는 때다.[20]

---

[20] 백석,「마포」,『정본 백석 소설·수필』, 문학동네, 2019, 31쪽.

'마포는 참 좋은 곳이여!' 뱃사람의 입에서 저절로 감탄이 나오게 만드는 장면이다. 시대는 바뀌었고, 서울도 탈바꿈했다. 책력冊曆이 아니라 괘력 속의 풍경이 되어 버린 서울. 이제 서울의 시계는 음력이 아니라 양력으로 똑딱거린다. 서울 장안을 가로지르는 전차電車의 굉음에 놀라 달아나던 시민들은 이제 하늘을 치솟는 비행기를 완상할 줄 알게 되었다. 하늘은 이제 무서운 것이 아니라 통제가능하고 지배 가능한 대상으로 변했다. 근대적인 자각. 이성의 눈. 과학의 생활화. 엄청난 발견이었다. 이제 서울시민들은 근대 거리를 어슬렁거리는 산책자나 관찰자가 아니라 거리를 점유하고 있는 생활인들이 되었다. 경천동지驚天動地할 일이었으나 전혀 놀라는 사람이 없었다. 근대近代는 일상 속으로 그냥 스며들었다.

하지만 시인의 눈에는 서울의 풍경이 한 폭의 아름다운 정물화일 수는 없었다. 수필의 앞부분에 벌써 우울을 제시하고 있다.

> 개포에는 낮닭이 운다. 기슭 핥는 물결 소리가 닭의 소리보다 낮게 들린다. 저 아래 철교 아래 사는 모터보트가 돈 많은 집 서방님같이 은회색 양복을 잡숫고 호기 뻗친 노라리 걸음으로 내려오곤 한다. 빈 매생이가 발길을 채이고 못나게 출렁거리며 운다.[21]

슬픈 구도를 가진 그림이면 슬픈 표정으로 바라보면 된다. 하지만 슬픈 현실을 그린 그림은 바라보는 것으로 끝날 수 없다. '호기 뻗친 모터보트'의 물결에 못나게 출렁거리며 우는 '매생이'(거룻배, 쪽배, 마상이의 황해도 방언)는 바로 당대 서울의 현실이었다. 이러한 장면 속에서 근대와 전근대의 갈등을 읽을 수 있다. 하지만 시대적인 갈등보다 더욱 심각한

---

21 위의 책, 30쪽.

갈등이 먼저 눈에 들어온다. '돈 많은 집 서방님'에서 읽을 수 있는 근대의 구조적 모순. 아무나 근대를 만끽할 수 없었다. 식민지 자본주의는 서울시민들의 삶을 파편화 시켜버렸다. 마포나루는 '커다란 금휘장의 모자를 쓴 운전수'들은 '구멍나간 고의를 입은 사공들을' 돌아보지 않는 것이 예의가 되어 버린 공간으로 변질되었다. 시인은 비어 있는 '매생이'를 통하여 슬픈 구조를 더욱 첨예하게 만들고 있다.

이상李箱(1910~1937)은 장편소설「12월 12일」(1930)에서 당대 현실을 다음과 같이 정리한다. "세대와 풍정은 나날이 변한다. 그러나 그 변화는 그들을 점점 더 살 수 없는 가운데서 그들의 존재를 발견할 수밖에 없도록 하는 변화에 지나지 않았다."[22] 그리하여 박행薄幸에 울던 소설 속의 주인공은 한밤 중 경성 역두에서 눈물의 이별극을 벌이게 된다. 고난의 유이민 생활로 떠나는 주인공의 앞길은 정말 깜깜하다. 이농離農이 아니라 이경離京이 일어나고 있는 이상한 상황.

식민지 조선에서 유이민流移民문제는 농촌에만 국한되는 문제가 아니었다. 1931년 일제의 만주침략을 계기로 식민지 조선에 대한 일제의 경제수탈이 강화되고 민족 말살정책이 자행되기 시작한다. 조선의 전체 경제사회 구조가 식민지 수탈구조로 재편되면서 구조적 모순은 더욱 심화되었고, 농촌경제가 붕괴되기 시작하였다. 적빈赤貧에 허덕이던 서울시민들도 살기 위해 서울을 떠날 수밖에 없었다. 암행열차暗行列車를 타고 간도로 일본으로. 부조리한 현실이었다. 그래서 개포에는 새벽에 닭이 우는 것이 아니라 한 낮에 닭이 울고 있는 것이다.

시인에 눈에 비친 서울은 우울하다. '맑은 하늘 아래 뻘 사납게 서서 흰 구름과 눈 빨기를 하는 전기공장의 시커먼 굴뚝'이 우울하고 밉다.

---

22 이상,「12월 12일」,『이상 전집』3, 뿔, 2009, 21쪽.

당인리 화력 발전소에서 내뿜는 시커먼 연기는 식민지 수탈구조를 더욱 활성화시키는 암울한 기표로 보고 있는 것이다. 당대 현실 속에서 비행기, 열차, 한강 철교는 긍정적인 기표만으로 읽을 수 없다. 그래서 서울은 우울한 것이다. 백석의 마음은 "서울 거리가 좋다고 해요./서울 밤이 좋다고 해요/붉은 전등/푸른 전등/나의 가슴의 속모를 곳의/푸른 전등은 고적孤寂합니다/붉은 전등은 고적孤寂합니다"[23]라고 노래한 1920년대 소월素月의 슬픔과 이심전심以心傳心으로 통하고 있다고 볼 수 있다.

9. 해방된 서울과 친일 모리배 : 비판 혹은 풍자 텍스트

해방이 우리가 쟁취한 것이 아니라 연합국에 의해 주어진 것이라는 데 문제가 있었다. 일제라는 야만적인 권력이 한반도에서 퇴출 되자 미군이라는 새로운 권력이 한반도에 진주를 하였다. 해방이 되었어도 민족의 완전한 독립은 요원하였다. 미군정이라는 새로운 권력의 등장과 함께 한반도는 좌우익의 대립, 친일파들의 득세, 전재민 문제, 토지개혁 문제 등 제 모순들이 분출되어 사회적 아노미 상태로 빠져들었다. 이러한 사회적 상황이 응축되어 나타난 공간이 바로 서울이었다.

해방된 서울은 친일 모리배들의 주 활동무대가 되었다. 채만식의 단편소설 「맹순사」는 당시 상황을 잘 보여주고 있다. 일제 때 순사질을 하던 맹순사는 해방이 되자 으슥한 골목길에서 누가 몽둥이로 후려갈기거나 시퍼런 단도로 옆구리를 푹 찌를 것 같은 공포 때문에 옷을 벗었다. 하지만 미군정 치하에서 친일파들이 득세를 하는 상황이 연출되자 다시

---

23 김소월, 「서울 밤」, 『김소월』, 문학세계사, 1981, 43~44쪽.

해방을 기뻐하며 서울역으로 향하는 서울시민들(1945년 9월 9일) 출처 : 국사편찬위원회

해방조선의 새 순사로 복직한다. 팔 년의 순사경력으로 특채가 된 것이다. "모자도 정복도 패검도 다 옛것이요, 다만 완장 한 벌로써, 해방조선의 새순사가 된 맹순사"[24]를 통하여 해방이 얼마나 허위적인 담론이었나를 읽을 수 있다. 종로 **파출소에서 근무를 시작한 맹순사 앞에는 행랑아들 노마가 동료 순사로 등장하고, 급기야는 일제 때 살인강도 강봉세마저 순사가 되어 나타난다. 이러한 일련의 사건들을 통하여 친일파의 재등장과 더불어 사회적 가치기준이 전도된 해방직후의 상황을 읽을 수 있다. 여기서 알 수 있듯이 맹순사가 종로 **파출소에서 근무하는 것처럼 서울은 지방과는 다르게 친일파들의 활동이 자유로운 공간이었다.

24 채만식, 「맹순사」, 『해방공간의 문학』 1 소설, 돌베개, 1988, 45쪽.

최태응崔泰應(1917~1998)의 단편소설 「강변」에서는 서울이 친일파들의 피난처였음을 보여주고 있다. C면에서 면서기를 하던 A는 일제의 주구노릇을 하던 자였다. 그의 손에 걸려 "북해주나 구주로 끌려가 말없는 상자 속에 억울하게 도라온 사람들의 영혼"이 부지기수였다. A는 순박한 시골 청년의 시계를 공출을 보낸다는 협박으로 강탈하는 것과 같이 공출서기로 악명이 높았었다. 그러나 해방이 되자 어떤 면장은 자다 말고 뛰쳐나가 벌판에서 잠옷바람으로 골이 깨져 죽었고, 어떤 순사는 뒷돌을 뽑아 내리 찢는 서슬에 상환이 없어져서 죽는 상황이 연출되었다. 이러한 민중들에 의해서 자발적으로 전개된 친일 매국노 응징에 벗어나기 위해서 A는 38선을 넘어서 서울로 도망을 쳤다. 그런데 A가 서울에서 목격한 상황은 그를 어리둥절하고 슬프게 만들었다.

> 원체 일본의 종 노릇을 해도 종 값을 후이 바든 사람들은 언제까지 계속될 것인지는 모르나 서울에 백혀서도 호사를 하고 있는 것이다. 여전히 밀려가는 일본 것들과 팻 속이 맞고 동정이 생기고 그래서 그들의 가옥과, 일본 냄새와 일본의 때가 아직도 발려 있는 세간들을 눈알이 불쑤해서 사드리고, 마음대로 내일을 꿈꾸고 있다.
> 그런 계급에 대면 A는 스스로 자기가 불상하고 눈물겹다.[25]

얼어붙은 마포나루에서 A는 친일모리배들처럼 바뀐 현실에 적응을 하지 못하는 자신에 대해 "스스로 자기가 불상하고 눈물겹다"고 탄식을 하고 있다. 우두머리 친일파들은 득세를 하는데 자기와 같은 조무래기 친일파들은 아직까지 방황을 하고 있다는 것에 대한 한탄이다.

---

25 최태응, 「강변」, 『해방공간의 문학』 1 소설, 돌베개, 1988, 57쪽.

김송金松(1909~1988)의 단편소설 「무기 없는 민족」에서도 친일 모리배의 모습이 형상화되고 있다.

> 강주사내 뒷집 문간방에 세들어 있는 총독부 양정과에 근무하는 이모는 그 과내의 관리들과 은밀한 가운데 공급을 분배해 가지고 또한 창고의 양곡을 산매하여 한 사람의 몫에 오만원식이나 생겼다는 것이다. 찬가가 장서방네는 상점에다 고물상을 폐쳤다. 장차 쫓겨 가는 일본인들은 자기들이 쓰든 가장 즙기까지도 헐값으로 팔았다. 장서방은 역시 이 기회를 타서 일본집을 집집이 다니면서 오히려 굿찮게 팔라고 성화를 시켜서 매수해다간, 산떼미같이 장처 놓았다. 가엾은 조선 사람들은 선량한 양심조차 그들에게 유린당해 이성을 잃어버리고 오월에 쉬파리 글 듯 묶여 들어 엎치고 덮치고 사드렸다. …(중략)… 한심한 노릇이었다. 비양심적 고물상들은 장서방처럼 서울장안에 이리떼와같이 떼를 지어 눈이 빨개 도라다니였다.[26]

강주사의 눈에 비치는 해방정국과 서울의 모습은 온통 친일 모리배가 판치는 세상이었다. 미군정이 한반도를 점령군의 입장으로 들어왔고, 한반도 정책의 동반자로 친일파를 중용함으로써 해방 이후 민족 정체성은 끊임없이 산종 하였다. 이러한 현실 속에서 민족의 이익보다는 자신의 이익에 몰두하는 '맹순사'나 'A', 그리고 '장서방' 같은 인물이 탄생하였던 것이다.

하지만 서울은 이태준의 「해방전후」나 지하련의 「도정」에서 형상화되고 있듯이 새로운 역사를 만들기 위한 시민들의 도시이기도 했다. 「무

---

26 김송, 「무기 없는 민족」, 『해방공간의 문학』 1 소설, 돌베개, 1988, 124~125쪽.

기 없는 민족」에서 장서방이 일인의 집에서 고물을 흥정해 가지고 나오는 것을 목도한 전문학교 학생이 "이 죽일 놈 일본놈은 우리 조선을 착취하고 민족을 박해하는 원수다. 원수의 물건을 왜 사는 거냐? 그 놈들이 뉘 돈으로 사십년간 잘산 건지 아느냐? 우리 조선 사람의 살과 피를 긁어내서 거들거리고 산 놈들이야!"[27]하면서 장서방을 얼굴을 갈기는 장면에서도 읽을 수 있듯이 민족 독립국가를 희망하는 시민들의 도시였다.

해방 정국에서 친일파 청산 문제는 공허한 구호였다. 현실 정치논리는 민족의 정체성이니 민족의 정기를 이상적인 담론으로 내몰고 있었다. 이러한 상황 속에서 서울은 완전한 자주독립 국가의 수도라는 꿈을 가슴에 숨겨 둘 수밖에 없었다.

10. 특별 자유시 서울의 병리 : 오장환의 시 「병든 서울」

1945년 8월 15일, 히로히토 일본국왕의 항복과 함께 한반도는 36년간의 식민지 질곡에서 벗어나 새로운 역사시대로 들어섰다. 해방이후 3년간은 우리 현대사 속에서도 가장 문제적인 시공간이다. 부르스 커밍스가 통찰한 것처럼 해방은 일부 사람들에게 있어서 새로운 제도와 새로운 나라를 세우기 위한 건설적인 걱정을 불러왔고, 나머지 일부 사람들에게는 새 질서에 대한 두려움을 불러왔다. 해방에 대한 상이한 인식태도는 곧바로 사회적인 갈등으로 표출되었다.

하지만 해방은 변화의 시대였다. '청천벽력같이 히한한 보도'(김송 「만세」)로 찾아 온 해방은 수리수리 마수리 하는 마법사의 주문처럼 모든

---

27   위의 책, 124쪽.

해방 직후 미군 환영식장 출처:『해방』, 조선민중신문사, 昭和21년 8월 15일

것을 순식간에 바꾸어 놓았다. 경성은 서울로 바뀌고 서울은 이제 건설된 독립국가의 수도로 예정되어 있었다. 해방 1주년인 1946년 8월 15일에 발표된 서울시헌장은 '경성부를 서울시라 칭하고 이를 특별자유시'로 명시하고 있는데, 당시 서울이 가지고 있는 역사적 함의를 발견할 수 있다. 특별자유시 서울은 새로운 가능성이 꿈틀거리는 공간이었다.

그런데 당시 서울을 꼼꼼히 살펴보면 결코 긍정적인 의미로만 읽혀질 수 없었다. 서울은 친일파들이 다시 득세하고(채만식의 「맹순사」), 미군정에 야합하여 물질적 이득을 챙기는 모리배들이 활개 치며(염상섭의 「양과자갑」· 김영석의 「코」· 채만식의 「미스터 방」), 좌우의 적대적인 대결이 벌어지는(이동규의 「소춘」· 이근영의 「탁류 속을 가는 박교수」) 해방정국의 혼돈상이 응축된 곳이었다.

서울의 경제적 현실 또한 참혹했다. 김동리金東里(1913~1995)의 「혈거

부족穴居部族」에서 형상화된 서울은 인간적 체면도 염치도 지킬 수 없는 궁핍한 세계였다.

「혈거부족」의 주인공 '순녀'의 서울살이를 살펴보면 당시 서울의 궁핍상을 알 수 있다. 해방과 함께 만주에서 귀국하던 도중 남편과 사별한 '순녀'는 고향으로 가지 못하고 삼선교 근처의 토굴 속에 정착을 하게 된다. 당시 성북동이나 돈암동 등 서울 외곽의 산비탈에는 일제가 파놓은 방공호들이 백여개 정도가 있었는데 집 없는 사람들은 이러한 방공호를 임시거처로 삼았다. 젖먹이 '옥희'를 키우기 위해 양담배 장사를 하는 '순녀'의 삶은 비참 그 자체였다. 해방된 조국에서 새로운 삶을 시작하려던 '순녀'의 삶이 일제 식민지 치하보다 더 궁핍하다는 현실이 아이러니일 수밖에 없다.

시인 오장환吳章煥(1918~1951)은 시 「병든 서울」(1945)을 통해서 당시 서울이 가지고 있는 제모순을 직시하였다.

아, 저마다 손에 손에 깃발을 날리며/노래조차 없는 군중이 '만세'로 노래 부르며/이것도 하로 아츰의 가벼운 흥분이라면…/병든 서울아, 나는 보았다/언제나 눈물 없이 지날 수 없는 너의 거리마다/오늘은 더욱 짐승보다 더러운 심사에/눈깔에 불을 켜들고 날뛰는 장사치와/나다니는 사람에게/호기 있이 몬지를 씌워주는 무슨 본부, 무슨 본부/무슨 당, 무슨 당의 자동차.[28]

오장환(1918~1951)

---

28 오장환, 「병든 서울」, 『오장환 전집』, 국학자료원, 2003, 132쪽.

시인의 눈에 비친 서울은 해방의 만세소리가 채 사라지기도 전에 '눈깔에 불을 켜들고 날뛰는 장사치'나 먼지를 내뿜고 달리는 정상배들의 자동차들에 의해서 점거된 도시였다. 부익부 빈익빈의 걸서로 급속하게 재편되고 있는 서울. 오장환은 시 「깽」(1945)에서 이러한 서울의 변화를 다음과 같이 희화화한다.

> 깽이 있다/깽은 고도한 자본주의 국가의 첨단을 가는 직업이다/성미 급한 이 땅의 젊은이는 그리하야 이런 것을 받어드렸다./알콜에 물 탄 양주와 딴쓰로 정신이 없는/장안의 구석구석에/그들은 그들에게까지 이러한 사실을 알려주었다. …(중략)… 그리하여 점잖은 의상을 갖추운 자본가들은/새로이 이것을 기업한다/그리하야 그들은 그들의 번창해질 장사를 위하야/'한국'이니 '건설'이니 '청년'이니/'민주'니 하는 간판을 더욱 크게 내건다.[29]

시인에게 해방된 서울은 식민지 근대도시 경성京城이 가지고 있던 지병이 계속 악화되고 있는 것처럼 인식되고 있다. 물탄 양주와 딴쓰로 정신을 잃은 서울은 지병이 악화되는 것을 알지 못한다. 서울은 중병에 걸린 환자였다. 그러나 시인은 서울을 포기할 수 없었다. '돼지 구융같이 늘어 슨 끝끝내 더러운 거릴지라도' 서울은 시인의 '뼈와 살이 굵어진' 도시였기 때문이다.

그리하여 서정적 화자는 서울을 향하여 애증의 독설과 함께 바램들을 노래한다.

---

29 오장환, 「깽」, 위의 책, 141~142쪽.

병든 서울, 아름다운, 그리고 미칠 것 같은 서울아/ …(중략)… 나는 보고 싶으다/큰 물이 지나간 서울의 하늘이…/그때는 맑게 개인 하늘에/ 젊은이의 그리는 씩씩한 꿈들이 흰구름처럼 떠도는 것을…[30]

당시 우리 민족이 시급히 해결해야 할 과제는 자주적 민족국가의 건설, 토지개혁, 친일잔재 청산이었다. 그러나 좌우의 극심한 대결과 외세에 의한 민족 분단으로 인하여 역사가 부여한 과제해결의 전망은 요원하였다. 서정적 화자가 텍스트 속에서 보고 싶은 맑은 서울 하늘은 바로 이러한 역사적 과제가 해결된 그런 세상이라고 할 수 있다.

당시 서울은 무한한 가능성의 공간이었다. 하지만 36년간 앓고 있었던 지병을 떨쳐 버리고 새로운 도시로 나가기에는 현실적인 환경이 너무나 열악했다.

해방기 좌익 여학생들의 시위행진 출처:『해방』, 조선민중신문사, 昭和21년 8월 15일

---

30 오장환, 「병든 서울」, 위의 책, 133~134쪽.

11. 서정이자 서사인 서울 : 박노갑의 「역사」

갑자기 찾아 온 해방이었다. 일제 강점기 동안 부단히 계속되었던 민족해방운동의 결과가 아니라 미·소의 연합군에 의해 주어진 해방이었다. 이러한 해방의 성격은 나라 만들기의 주체를 모호하게 만들었다. 한반도는 어느새 38선을 경계로 미소의 분할 점령되었고, 민족의 구성원들 사이에는 이념적인 갈등이 심화되고 있었다. 자주적 독립 국가를 속히 건설해야 한다는 목소리들이 전국 방방곡곡에서 울려 퍼지고 있었지만 코앞도 분간할 수 없는 안개정국이 계속 되었다 이러한 해방공간 속에서 서울은 시적 공간이자 동시에 산문적 공간이었다.

세브란스 의학전문학교 학생들의 시가행진(1945) 출처 : 국가기록원[31]

---

31 http://theme.archives.go.kr/viewer/common/archWebViewer.do?singleData=Y&archiveEventId=0049271849

박노갑朴魯甲(1905~1951)의 단편 「역사」(1946)는 서울의 이러한 성격을 형상화하고 있는 텍스트다. 주인공 김만오는 일제 강점기 농민운동을 주도했던 인물이다. 만오는 해방이 되자 새로운 포부를 가지고 서울로 올라오게 되는데, 그가 상경한 이유 중에 하나는 "보아라 글세, 해방이라 내 세상이라 하여, 하늘로 머리 둔 사람은 제각기 한 몫을 보겠노라, 서울로 서울로 달려드는 판이 아니냔 말이다. 너는 언제든지 이러고, 벽항궁촌에 앉아서 하늘만 치어다볼 작정이냐"라고 자식의 영달을 바라는 아버지의 강요였다. "팔월 십오일 이전에 이미 명색 정치 생명 끊어진 자기가, 팔월 십오일 뒤에 갑자기 배당을 요구하는 듯 나서는 것이 꼭 일 벼 때리고 품삯 찾으려 가는 것 이상으로 열적은 일"인줄 알고 있는 만오였지만 결국은 서울로 올라오게 된다. 새로운 세상이 열리리란 기대감이 응축된 곳이 바로 서울이었기 때문이었다.

> 천구백사십오년 팔월 십오일 시골서는 부쩍, 서울이 그리워진 모양이었다. 오자고만 들으면 삼십 팔도를 넘을 수도 있고, 기차 용마루를 탈 수도 있는 모양이었다. 서울 정거장에 손 툭툭 떨고 나리어, 친구를 만나면 덮어놓고 좋았다. 덮어놓고 떠들었다. 대체 무엇 때문에 서울에 오느냐, 연유를 물을 사람이 없었다. 무엇 때문에 그처럼 바쁜 이유를 물을 사람이 없었다.[32]

시골에서 올려다 본 서울은 바로 시적인 공간 바로 그것이었다. 서울로 가는 길은 38선도 막을 수 없는 탄탄대로였으며, 서울은 말이 필요없이 이심전심이 통하는 서정적인 도시였다.

---

32   박노갑, 「역사」, 『해방공간의 문학』 1 소설, 돌베개, 1988, 28쪽.

서울이 올라온 만오는 면식이 있는 어느 정당의 수령의 집을 찾는다. 며칠 전만 하더라도 압박의 대상이요 증오의 표적이 되었던 반도인의 집이었던 수령의 집은 어느새 권세의 전당으로 변하였다. 해방을 다시 한 번 실감을 할 수 있는 장면이었다. 하지만 수령은 만오가 만나기에는 너무나 높은 곳에 있었다. 면담을 거절당한 만오는 숙사로 돌아오는 길에 거리가 갑자기 혼잡하다는 것을 발견하게 된다. 만오는 "그 몇십 분 동안 서울 인구 동태에 그렇듯 변화가 생겼다는 것보다는 갈 때와 올 때의 자기 일 개인의 마음속에 일어난 변화일지 모를 일"이라고 생각을 하지만 그의 눈은 이제 서정이라는 색안경이 걷혀 있었다.

> 아무렇든 서울에 사람이 너무 많이 모인 것만은 사실이었다. 여관 방값을 함부로 올려도, 차례 오는 것만 다행으로 아는 것만 보아도 가히 알 일이었다. … 정치를 좋아하여도 줄을 잡지 못하여 줄을 잡으려 다니는 정치 지망자뿐이 아니었다. 파산당한 일본인 세간사리 찌꺼 사러 다니는 신사 숙녀뿐이 아니었다. 일터 잃은 노동자가 높은 물가에 방황하는 것뿐이 아니었다. 일확천금, 돈 가진 사람의 꽁무니를 슬며시 노리는 소매치기뿐이 아니었다. 쌀가지고 온 시골 농부뿐이 아니었다.…티끌과 먼지는 잘 새가 없고 소음과 헌화는 해가 가는 줄을 몰랐다. 소개에 헐린 집터에는 비싼 물건이 쌓였고 대낮에 붉은 얼굴빛은 골목 안 값 높은 막걸리 광고판이었다.[33]

군중 속에 휩싸인 채 만오는 서울이란 도시가 가지고 산문성을 통찰하게 된다. 서울은 티끌과 먼지와 소음과 헌화의 도시였으며 악덕

---

33 위의 책, 35~36쪽.

상인들이 폭리를 취하고 있는 시장판이었다. 신문보다는 비라가 정통한 소식이 되는 그런 유언비어의 도시였다. 또한 만오가 서울에서 발견한 것은 민중들과의 삶과 하등 관련이 없는 또 권력 게임이었고 묵은 역사의 뒤풀이였다.

자기 앞에 표 있게 붙은 것은 턱없이 비싼 여관비였다. 온 서울 안에 자기는 끈 떨어진 뒹박이었다. 계통하나 잡지 못한 표류의 날을 계속하는 것뿐이었다. 그대신 자기와 나날이 멀어가는 것은 민중과의 거리였다. … 만오는 하루라도 빨리 제 마을에 돌아가 내 마을 농민들과 더부러 일하고 싶었다. 그것이 오히려 자기로서는 서울의 혼잡을 덜어주는 방도요 또한 의무를 이행하는 특수한 자기의 첩경이라 하였다.[34]

좌익 조선부녀총동맹의 시위 출처: 『해방』, 조선민중신문사, 昭和21년 8월 15일

---

34 위의 책, 38쪽.

결국 만오는 고향으로 돌아가게 된다. 그러나 만오는 낙향을 하는 것이 아니라 귀향을 하는 것이다. 만오의 눈이 비친 서울은 역사의 의미를 곡해하고 있는 공간이었다. 서울은 권력에 눈이 먼 정객들과 개인의 영달을 꾀하여 불나방처럼 모여드는 정치지망생들, 몰염치한 친일모리배와 모덕상인 등등 불순한 세력들이 지배하고 있었다.
　고향에 돌아 온 만오는 야학을 열고 농민들에게 옛날 어느 책에서도 찾을 수 없는 농민의 역사를 찾자고 역설을 하게 되는데 이 마지막 장면 속에서 우리 현대사 속에서 서울이 가지고 있는 의미망을 읽을 수가 있다.

12. 한국전쟁과 서울 : 종군 문학 텍스트

　해방과 동시에 작동하기 시작한 분단모순. 좌우 이데올로기의 극한적 대결은 결국 1950년 6.25 동란을 불러왔다. 6.25동란은 민족사 초유의 비극이었다.
　전쟁을 겪는 동안 이 땅의 문인들은 문학의 시공간과 현실의 시공간이 교차하는 실존적 상황을 직접 체험하였다. 인간의 울음소리가 가을밤 여치의 울음소리보다 연약한 울림으로 들려올 때 문학은 존재의미를 잃어버릴 수밖에 없다. 적을 죽이지 않으면 내가 죽는 상황 속에서 반성적 사유는 무의미하기 때문이다.

　　총아!/너는 네 몸이 불덩어리로 녹을 때까지/원수들의 피를 마셔라
　/검아!/너는 네 몸이 은가루로 부서질 때까지/원수들의 살을 삼켜라/
　오! 내 가슴에도 원수의 총알이 쏟아져 오면/내 사랑하는 조국의 제

서울로 진입하는 인민군 출처 : 국사편찬위원회

단에/몸소 방울방울 깨끗이 드리오리니.[35]

격정적이고 직설적인 장호강의 토로 속에서 읽을 수 있는 시적 진실성! "저 고운 별나라보다도/피아의 유탄이 밤에 베푸는/전장의 향연이 더욱 아름답다"라는 장호강張虎崗(1916~2009)의 노래를 역설로 읽을 수 없는 것도 한국전쟁이라는 배경 때문이었다. 전쟁이라는 극한 상황은 나와 조국을 하나로 만들었고, 조국을 침략한 원수를 물리치기 위해서 목숨을 초개草芥처럼 버릴 각오를 가지게 만들었다. 하지만 피를 나눈 형제이자 한 동포가 원수이자 적이었다는 것이 문제였다. 한국전쟁은 이렇게 참혹한 전쟁이었다.

---

35 장호강, 「총검부」, 『총검부(銃劍賦)』, 삼성출판사, 1952, 13~14쪽.

북한 인민군 탱크의 서울 시가 행진'(1950.6.28.) 출처 : 국가기록원[36]

이러한 전쟁 속에서 남과 북 모두에게 서울은 승리를 담보하는 상징적 공간이자 죽음이 흘러넘치는 전쟁터였다.

> 수풀로 나부끼는/서울거리는/나의 고향/잔등의 채찍을 맞으며/사랑한 우리들의 수도다.// 악독한 원수들이 비록/아름다운 산하를 더럽혀/그림 같던 낙산 마루 위에는/나무 하나이 없고 …(중략)… 여기는 슬기로운 조상들이/죽음으로 외적을 물리쳐/자랑스런 도시/용감한 우리 선지자와 전우들이/조국의 자유를 위하여/피 흘려 싸운 영광의 거리.[37]

---

36 http://theme.archives.go.kr/viewer/common/archWebViewer.do?singleData=Y&archiveEventId=0049271566
37 임화, 「서울」, 『임화 문학예술 전집』, 소명출판, 2009, 307~308쪽.

인민군 탱크를 타고 서울로 입성한 시인 임화林和(1908~1953). 도망치듯 월북한 지 2년여 만에 돌아온 고향, 서울이었다. 임화는 원수들이 점령했던 수도 서울을 탈환했다는 감격을 위와 같이 토로하고 있다. 임화에게 서울은 고향 이상의 의미가 있다. 서울은 「네거리의 순이」가 방황하던 현실의 공간이자 「네거리의 순이」가 행복을 찾아야 하는 시적 공간이었다. 서울은 그의 이상이 실현될 수 있는 공간이었다. 임화의 시에서 읽을 수 있는 감격과 대비하여 서울을 빼앗긴 대한민국 시인들의 심정은 어떠했을까? 이렇듯 서울은 남과 북 모두에게 자랑스런 도시이자 영광의 거리였다. 민족사적인 상징성 때문에 한국전쟁 동안 서울은 파괴와 살육의 도시가 될 수밖에 없었다.

> 적敵이 콩 볶는 듯한/방정맞은 다발총多發銃소리/금속성金屬性 음향을랑 남기고/뽀푸라 가로수街路樹에 낙렬落裂하는/칠오七五밀리의 순발탄瞬發彈//백오고지一O五高地를 점령占領한/우군友軍이 적소굴敵巢窟을 소탕掃蕩하는/화염방사기火焰放射器의 줄기찬 광채光彩/그리고 불똥이 만무萬舞하여/훤히 비치는 서대문 지구西大門地區의/거리거리와 큰 집 작은 집들 …(중략)… 때리고, 또 때리고/또 다시 때리는 데만 몸을 바쳐서/무념무상無念無想으로 총銃을 쏘다가/총銃 끝에 칼을 꽂고 백병전白兵戰으로!/살려는 애착愛着도 없고/죽는단 공포恐怖도 없이/다만 청춘靑春의 불꽃을 발산發散하면서/싸워 나갈뿐이다.[38]

서울을 수복한다는 의미는 전쟁의 승리와 직결되는 문제였다. 연희고지 탈환을 위한 치열한 시가전을 형상화하고 있는 이영순李永純(1921

---

38 이영순, 「연희고지·4」, 『연희고지』, 정음문화사, 단기 4284년(1951), 76~80쪽.

~1989)의 시를 통하여 파괴되고 있는 서울을 읽을 수 있다.

미처 피난하지 못하고 서울에 머물고 있었던 역사학자 김성칠金聖七 (1913~1951)의 일기 『역사 앞에서』(1950)는 당시 서울에서 벌어진 전투상황을 다음과 같이 기록하고 있다.

> 어제부터인가 시가전이 치열한 듯싶다. 이제는 포성뿐만 아니고 불길이 보이기 시작한다. 동대문에서 을지로 어름이 아닐까 싶은 곳에 검은 연기가 짚둥처럼 하늘 높이 길길이 오른다. 밤에는 그 연기 뭉텅이 속으로 빨간 불길이 올라서 처참하다. 비행기는 24시간 폭격이다. 얼마나 많은지 그 수효도 헤아릴 수 없을 만큼 번갈아 떠서 목적물을 하나하나씩 부숴나가는 모양이다. 정릉리 골짜기에도 새빨간 로켓포탄을 거듭거듭 쏟아 부었다.[39]

이영순(1921~1989) 초상, 구본웅 그림

일기에서도 살필 수 있듯이 당시 서울에서 벌어지는 전투는 말로 표현할 수 없이 참혹한 것이었다. 파괴와 살육의 도시. 서울을 휩쓸고 간 전쟁의 참화가 얼마나 가혹했는지는 휴전 직후 2층 이상의 건물이 서울 시내에 한 채도 남아있지 않았다는 증언을 통해서도 알 수 있다. 한국 전쟁 동안에 서울은 철저하게 유린되고 파괴되었다.

---

39 김성칠, 『역사앞에서 - 한 사학자의 6·25일기』, 창비, 2009, 244~245쪽.

전쟁의 참화가 지나간 서울(1950)　출처 : 국가기록원[40]

당시 문학 텍스트에서 발견할 수 있는 전쟁 속의 서울은 생활의 터전이 아니라 생존의 극한공간이었다. 전쟁은 사람들에게 거리감을 상실하게 만든다. 아군과 적군만 있을 뿐. 인간은 사라져 버린다. 전쟁 중에 서울시민들 또한 파괴된 거리만큼 피폐해지게 된다. "현기증 나는 활주로의/최후의 절정에서 흰나비는/돌진의 방향은 잊어버리고/피 묻은 육체의 파편들을 굽어본다."[41]라는 김규동金奎東(1925~2011)의 시에서처럼 방향상실과 참혹한 상처를 부여잡고 있을 수밖에 없었다.

---

[40] http://theme.archives.go.kr/viewer/common/archWebViewer.do?singleData=Y&archiveEventId=0049272354
[41] 김규동, 「나비와 광장」, 『길은 멀어도』, 미래사, 1991, 124쪽.

13. 번경의 텃밭 서울의 이면 - 박경리의 「불신시대」

박경리(1926~2008)

1953년! 참혹한 한국전쟁이 드디어 끝났다. 하지만 종전이 아니었다. 휴전이었다. 아직 완전히 끝나지 않은 전쟁. 이때부터 남과 북의 현대사는 기형적으로 전개된다.

휴전 후 서울에서는 새로운 전쟁이 시작되었다. 생명을 빼앗아가는 전쟁은 멈추었지만 생명의 존엄성을 무참하게 짓밟는 생활이라는 전쟁. 당대 서울을 규정한 것은 고전적인 의미로서의 하부 토대였다. 경제가 문제였다.

박경리朴景利(1926~2008)의 「불신시대」(1957) 속에는 전쟁 후 궁핍한 경제적 상황이 적나라하게 드러난다.

산은 게딱지만한 천막집이 군데군데 서 있었다. 들 꽃 한 송이 나무 한 뿌리 볼 수 없는 이곳에는 벌서 하나의 빈민굴이 형성되어 있어 말이 산이지 이미 산이 아니었다.

짜짜하게 괴인 샘터에서 물을 긷는 거미같이 가늘은 소녀의 팔, 천막집 손에서 내미는 누렇게 뜬 얼굴들-진영은 울고 싶고 외치고 싶은 마음에서 집을 나와 산으로 올라온 자기 자신이 여기서는 차라리 하나의 사치스런 존재였다는 것을 뉘우친다.[42]

---

42 박경리, 「불신시대」, 『20세기 한국소설』 15 김성한 외, 창비, 2005, 213~214쪽.

재건되는 서울 도심(1956) 출처 : 국가기록원[43]

당시 서울 산들은 시인 이성복이 노래한 정결한 나무가 자라고 있는 산이 아니었다(이성복 「산」). 아들 잃은 어미의 슬픔조차 끼어들 수 없는 궁핍한 산. 남산은 거대한 빈민촌으로 변하고 있었다. 궁핍은 모든 가치를 속물화시켰다. 생존만을 목적으로 하는 생활은 아름다운 가치들을 대부분 투기해 버린다.

박경리의 「불신시대」는 속물화된 서울의 모습을 적나라하게 형상화하고 있다. 전쟁 통에 남편과 사별한 진영. 악몽 같은 전쟁이 끝난 후 서울로 돌아왔으나 아들 문수마저 저 세상으로 보내게 된다. 진영은

---

43 http://theme.archives.go.kr/viewer/common/archWebViewer.do?singleData=Y&archiveEventId=0049273701

아들을 여읜 슬픔보다도 엑스레이도 찍어보지 않고 마취도 하지 않은 채 뇌수술을 감행하는 병원의 부조리 상황에 끔찍한 고통을 느꼈다. 아들 문수는 도수장의 망아지처럼 그렇게 덧없이 죽어간 것이다.

전쟁의 상흔이 곳곳에 남아 있는 서울은 재빠르게 속물주의로 구조화되고 있었다. 같은 성당 신자라고 믿고 다니던 Y병원에서 주사 한 대 분량의 스트렙트 마이신을 3분의 1만 놓아주는 파렴치한 짓을 하는 것을 목도했고, 새로 찾아간 S병원에서 동네 건달꾼이 의사 까운을 입고 진료를 하는 말도 안 되는 상황이 진영의 눈앞에 펼쳐지고 있었다. 진영은 눈에 보이는 세상은 온통 협잡과 부정이 가득 찬 세상이었다. 아들의 영혼을 달래려고 찾아간 성당에서는 잠자리채 같은 연금 주머니가 당연하게 돌아다니고, 백중 날 찾아 간 절의 중들은 염불보다는 잿밥에만 관심을 가진다. 종교조차 인간적 가치를 외면하고 물질적 가치에 집중하는 상황. 신용보증으로 종교보다 더 실한 게 없다는 진영의 비꼬는 말 속에는 당대의 부조리한 상황을 읽을 수 있다.

시인 우정柳呈(1922~)이 「최후의 꽃」에서 노래한 '최후파멸의 그날'을 생각할 수밖에 없는 시대였다.

> 우리는 원자전쟁의 최후파멸의 그날을 생각하지 않을 수 없다.//그날 나 떨어진 팔다리를 이끌고/땅을 핥어 기어든 산골짜기 거기/호젓이 피어있던 꽃/가녈피 이파리를 흔들며/헐떡이는 내 어깨를/지키고 가만히 서 있던 꽃//죽은 애의 버린 애의 멍든 눈이냐/희뜩거니 멀거니 열려 있던 꽃![44]

---

44 유정, 「최후의 꽃」, 『한국 전후 문제시집』, 신구문화사, 단기 4294년(1961), 216쪽.

이 시에서 형상화된 서울은 전쟁이라는 부조리한 상황이 끝나자 자본이 생산한 속물주의라는 새로운 부조리가 엄습한 공간이다. 거리는 환멸만이 흘러넘칠 뿐이었다. 더욱 심각한 것은 '죽은 애의 버린 애의 멍든 눈과 같은 최후의 꽃' 속에는 구원의 빛이 없다는 것이다. 종말론 속에 윤리와 구원의 메시지가 없다는 것은 비극이다.

하지만 구원은 받는 것이 아니라 찾는 것이다. 진영은 이러한 사실을 깨닫는다.

> 산등성이에서 바라다 보이는 시가는 너절했다. 구릉을 지운 곳마다 집들이 마치 진딧물 모양으로 따닥따닥 붙어 있었다. 그 속에는 절이 있고, 예배당이 있고, 그리고 서양적인 것, 동양적인 것이 과도기처럼 있고, 조화를 깨뜨린 잡다한 생활이 그 속에 있었다. 이러한 도시 속에 꿈이 있다면 그것은 가로수라고나 할까! 보랏빛이 서린 먼 산을 스쳐 지나가는 구름이라고나 할까.[45]

서울 시가를 내려다보면서 불신의 끝과 만나는 진영. 너절한 시가지, 위선의 종교 공간들, 서양적인 것과 동양적인 것의 무원칙한 결합 속에 사라져간 정체성, 인간적인 가치가 속물주의 속에 무너져버리는 시대 속에서 가로수를 발견한다. 흘러가는 구름을 주목한다. 그리고 진영은 "내게는 아직 생명이 남아 있었지. 항거할 수 있는 생명이" 있다는 것을 깨닫게 되는 것이다. 빅터 플레밍 감독의 영화 〈바람과 함께 사라지다〉(1939)의 스칼렛 오하라의 독백과 같이 진영의 이러한 다짐은 미래에 대한 밝은 전망을 보여준다. 불신의 시대에 새 생명의 씨앗은 믿음직스럽

---

45 박경리, 「불신시대」, 앞의 책, 214쪽.

게 발아를 하는 것이다. 서울은 생명의 씨앗이 자라날 튼튼한 텃밭인 것이다. 무참히 죽어버린 추억은 기름진 거름이 될 수 있다. 궁핍한 서울은 번영을 꿈꾸고 있었던 것이다.

14. 로스트 파라다이스 명동 : 최상규의 「포인트」

50년대 서울은 수리수리 마술을 부리던 공간이었다. 「불신시대」의 '진영'에게 서울은 현재가 아니라 미래였다. 파괴와 폐허의 세월 속에서 서울은 재건의 잠재력을 가지고 있었기 때문에.

또한 이 시기 서울은 과거의 공간이기도 했다. "지금 그 사람 이름은 잊었지만/그의 눈동자 입술은/내 가슴에 있어//바람이 불고/비가 올 때도/나는 저 유리창 밖/가로등 불을 잊지 못하지"[46]라는 박인환朴寅煥(1926~1956)의 시 「세월이 가면」(1956)이 당시 서울의 또 다른 성격을 보여주고 있다.

서울의 중심은 예나 지금이나 명동이었다. 명동은 경제의 중심이자 문화의 중심이었다. 서울시민들은 명동에서 일종의 낭만을 만날 수 있었다. 황폐한 현실을 잠시 잊게 해주는 명동. 명동을 낭만의 거리로 변화시킨 사람들은 이봉구나 박인환으로 대표되는 모더니스트 문인들과 예술가들이었다. 아니 명동의 낭만적 분위기를 만든 주체는 서울시민 전체였다.

최상규崔翔圭(1934~1994)의 단편소설 「포인트」(『문학예술』, 1956.5)는 서울이 가지고 있는 낭만성을 잘 보여주는 텍스트다.

혹독한 진짜 겨울. 어느 날 아침. 어수선한 소리에 잠이 깬 주인공

---

46 박인환, 「세월이 가면」, 『박인환전집』, 실천문학, 2008, 220쪽.

앞으로 아내는 물 묻은 빨간 손으로 영장을 들고 들어온다. 휴전이 되었지만 아직 끝나지 않은 전쟁. 영장은 저승사자와 같았다. 주인공은 겨울, 눈, 영장, 아내라는 단어를 떠올리며 시를 생각했다. 부조리한 장면이다. 영장을 불쏘시개로 태워버리는 대실책을 저지르고도 태연한 주인공. 어쩔 수 없는 일이었다. 선택이 사라진 시대. 모든 사람들에게 주어

1952년 징병 입대 장면 출처 : 국가기록원[47]

진 길은 하나 뿐이 없었고 그 길은 무거운 안개가 덮여 앞이 보이지 않는 외줄기 길이였다.

전쟁은 한순간에 모든 이들의 삶을 단순하게 만들어 버렸다. 사지로 떠날 주인공의 뇌리에 갑자기 서울이 떠오른다. 서울에는 과거가 있었다.

> 서울이 보얗다. 명동 호떡집 생각이 어쩌다 났다. 그리고 생각하니 또 어떻게 서울역 대합실 냄새도 났다. 그는 서울이 그립다. 그 '문안' 에를 가고 싶다. 그는 방으로 들어갔다. 아내는 다름이 없다. 난들 다름이야 있나. 그는 아내를 안았다. 꼭 안았다.[48]

---

[47] http://theme.archives.go.kr/viewer/common/archWebViewer.do?singleData=Y&archiveEventId=0049273949

[48] 최상규, 「포인트」, 『한국소설문학대계』 34 선우휘·최상규, 동아출판사, 1995,

죽어라고 달음박질을 쳐도 막다른 골목이란 없을 것 같은 겨울. 왜 오늘인가? 왜 지금이 겨울인가 반문하고 있는 주인공이 그리워하는 곳이 명동의 호떡집이라니! 얼마나 어이없는 그리움인가? 죽음과 대면한 주인공의 내면세계를 이런 일상적이고 사소한 것이 자리 잡을 수 있다니! 하지만 우리 삶속에서 사소함은 객체가 아니라 주체이다. 황동규가 "내 그대를 생각함은/항상 그대가 앉아있는/배경에서/해가 지고 바람이 부는 일처럼/사소한 일일 것이나/언젠가 그대가 한없이 괴로움 속을/헤매일 때에 오랫동안 전해오던/그 사소함으로 그대를 불러 보리라"[49]라고 노래를 한 이유도 여기에 있다. 사소함에는 인간의 허위의식이 개입할 수 없는 초나라한 현실이 담겨 있다.

주인공은 그리움을 충족하기 위해 3000환을 받고 책을 판다. 군밤장수를 하면서 책을 읽던 아버지에게서 전수받은 독서의 일시 중단이다. 아니 영원한 중단일 수 있다. 영장은 그의 삶을 극한상황으로 몰고 갈 것이다. 그러니 독서는 사치이고 그리움을 위해서 책을 팔수밖에 없는 것이다.

그런데 왜 호떡집인가? 명동의 호떡집에는 주인공과 아내의 연애가 남아 있었다. 초라한 남자대학생과 조촐한 여자대학생이 자주 만났던 호떡집. 아내의 어머니가 반대했던 두 사람의 관계. 그래서 두 사람은 주인공의 추운 방에서 만날 수밖에 없었다. 이불을 덮고 있어도 추운 방안에서 나오면 아내는 항상 호떡집에 가자고 했다. 꿀들은 호떡은 따뜻했다. 호떡은 추운 겨울 속에서 봄의 씨를 보듬고 있었다 주인공과 아내는 그렇게 연애를 했다. 책을 판돈을 가지고 두 사람이 명동에 가야

362쪽.
49 황동규, 「즐거운 편지」, 『황동규 시전집』 1, 문학과지성사, 1998, 40쪽.

할 이유가 여기에 있다.

> 그러나 얼마 뒤 그들은 기껏 차려입고 대문을 나섰다. 먼 서울을 향해서 출발하는 것이다. 특히 명동 호떡집을 향해서였는지도 모른다. 겨울이 그들 앞에 무사히 뻗쳐 있었다. 아무리 헤어 나가도 끝이 없을 것만 같았다. 이렇게 해서 그들에게 그날의 '오늘'은 무럭무럭 효력을 내어주기 시작했다.[50]

소설 속의 서울—명동—호떡집은 두 사람에게는 로스트 파라다이스였다. 이런 이미지가 "이 황막한 년대여/거품과 같은 허영이여/그것의 깨어진 거울의 여원 인상"[51] 일지 모르지만 두 사람에게 명동 호떡집 행차는 불길한 운명의 찰나적 회피였고 추억을 다시 확인하며 미래를 다짐하는 의례였다.

전후 완전히 복구 되지 않은 명동이지만 문인들과 예술인들이 배회하고 오페라나 무용발표회가 공연되는 등 벌써 문화의 중심이었다. 그런데 두 사람의 목적지가 호떡집이라는 것에서 중의적인 의미를 찾을 수 있다.

「포인트」에서 만들어 낸 서울의 낭만적 이미지는 일종의 허위의식일지 모른다. 근대도시 서울은 항상 무정한 공간이었다. 하지만 전후라는 분위기, 혹독한 겨울, 곧 사지로 끌려갈 주인공, 홀로 남아 있을 아내 등 소설적 상황은 서울을 낭만적인 공간으로 변신시킬 개연성을 충분히 가지고 있다. 책을 팔아 떠나는 명동의 호떡집 행차가 우스꽝스런

---

50 위의 책, 376쪽.
51 박인환, 「1953년 여자에게」, 『박인환전집』, 앞의 책, 92쪽.

김쾌봉 무용발표회(1956.4.12.) 출처 : 국가기록원[52]

장면이 아니라 감동적인 장면일 수 있는 것이 여기에 있다. 서울은 항상 우리의 과거를 간직하고 있는 의미 있는 공간이었다.

---

52 http://theme.archives.go.kr/viewer/common/archWebViewer.do?bsid=2C020005
    9056&dsid=0000000C0001&gubun=search

참고문헌

감심호, 『대중적 감수성의 탄생―도박 백화점 유행』, 살림, 2005.
강내희, 『한국의 문화의 변동과 문화정치』, 문학과학사, 2003.
강진호, 「한국 문학전집의 흐름과 특성」, 『돈암어문학』 제 16집, 2003.12.
고미숙, 『한국의 근대성, 그 기원을 찾아서―민속, 섹슈얼리티, 병리학』, 책세상, 2004.
권보드래, 『연애의 시대』, 현실문화연구, 2003.
김대호, 「일제하 영화운동의 전개와 영화운동론」, 『창작과 비평』, 57호, 1985.
김려실, 『일본영화와 내셔날리즘』, 책세상, 2005.
_____, 『투사하는 제국 투영하는 식민지』, 삼인, 2006.
김미지, 『누가 하이카라 여성을 데리고 사누―여학생과 연애』, 살림, 2005.
김미현 외, 『한국영화사』, 커뮤니케이션 북스, 2006.
김봉희, 「일제시대의 출판문화―종합잡지를 중심으로」, 『일제 시기 근대적 일상과 식민지 문화』, 이화여대출판부, 2008.
김성연, 「한성도서주식회사 출간 번역 전기물 연구―출판 정황을 중심으로」, 『상허학보』 30집, 2010.10.
김영민, 『한국근대소설사』, 솔, 1997.
김외곤, 『한국근대리얼리즘 비판』, 태학사, 1995.
김윤식, 『임화연구』, 문학사상사, 1989.
김정옥 외, 『영화론의 전개와 제 3의 영화』, 시각과 언어, 1997.
김종수, 「일제강점기 경성의 출판문화 동향과 문화서적의 근대적 위상―한성도서주식회사 漢城圖書株式會社의 활동을 중심으로」, 『서울학연구』 제 35호, 2009.5.
김지영, 『연애라는 표상』, 소명출판, 2000.
김진량, 「근대 잡지 『별건곤』의 "취미담론"과 글쓰기의 특성」, 『어문학』, 2005.6.
김창록, 「일제강점기 언론·출판법제」, 『한국문학연구』 30집, 2006.6.

김현숙 외, 『식민지 근대의 내면과 매체표상』, 깊은샘, 2006.
깊은샘 편집부 엮음, 『신문연재소설전집』, 깊은샘, 1987.
노승현, 『지금에서야 알 수 있는 것들』, 시공사, 2011.
단국대학교 부설 동양학연구소 편, 『일상생활과 근대영상매체 영화』 1·2, 민속원, 2008.
_____, 『일상생활과 근대 결혼제도』 신문편·잡지편, 민속원, 2010.
데이비드 보드웰·크리스틴 톰슨, 주진숙 역, 『영화예술』, 이론과 실천, 1992.
롤랑 바르트, 김희영 역, 『사랑의 단상』, 문학과 지성사 1991.
맹문재·유진월·허동현·이화형·이정희·윤선자, 『한국근대여성의 일상문화』 1권, 5권, 국학자료원, 2004.
민족문학사연구소 기초학문연구단, 『한국근대문학의 형성과 문학장의 발견』, 소명출판, 2004.
박노자, 「개화기 국민담론과 그 속의 타자들」, 『근대계몽기 지식개념의 수용과 그 변용』, 소명출판, 2004.
박성봉, 『대중예술의 미학』, 동연, 1995.
방효순, 「일제시대 민간서적발행활동의 구조적 특성에 관한 연구」, 이화여대 박사논문, 2001.
변재란, 「1930년대 전후 프롤레타리아 영화 활동 연구」, 중앙대 연극영화학과 석사논문, 1989.
서정자 편, 『한국여성소설선』 1, 갑인출판사, 1991.
스티븐 코헨·린다 샤이어스, 임병권·이호 역, 『이야기하기의 이론—소설과 영화의 문화기호학』, 한나래, 1996.
연구공간수유+근대매체연구팀, 『신여성—매체로 본 근대여성 풍속사』 한겨레, 2005.
영화진흥공사 편, 『한국영화자료편람』, 1977.
오종환 외, 『매체의 철학』, 나남출판, 1998.
오진석, 「한국근대 전력산업의 발전과 경성전기(주)」, 연세대 대학원 박사논문, 2006.
유길준, 허경진 역, 『서유견문—조선 지식인 유길준, 서양을 번역하다』, 서해문집, 2004.
유민영, 『한국근대연극사』, 단국대학교 출판부, 1996.
유선영, 「극장구경과 활동사진 보기 : 충격의 근대 그리고 즐거움의 훈육」, 『역사비평』, 역사비평사, 2003. 가을.
_____, 「황색식민지의 서양영화관람과 소비 실천 1934~1942 : 제국에 대한 문화적 부인의 실천성과 정상화 과정」, 『언론과 사회』, 성곡언론문화재단, 2005. 봄.
유현목, 『한국영화발달사』, 책누리, 1997.
윤홍로, 『이광수 문학과 삶』, 한국연구원, 1992.
이거용 외, 『한국영화의 이해』, 예니, 1992.

이경돈, 「별건곤과 근대 취미독물」, 『대동문화연구』, 2004.6.
이광수, 『이광수전집』 1, 삼중당, 1971.
이덕화, 『김남천연구』, 청하, 1991.
이사벨라 버드 비숍, 이인화 역, 『한국과 그 이웃나라들』, 살림, 1994.
이상갑 편, 『金南天』, 새미, 1995.
이영일, 『한국영화전사(韓國映畵前史)』, 한국영화인 협회, 1969.
_____, 『한국영화전사(개정증보판)』, 소도, 2004.
이주헌, 『미술로 보는 20세기』, 학고재, 1998.
이태준, 『화관』, 삼문사, 1938.
이화진, 『조선영화―소리의 도입에서 친일영화까지』, 책세상, 2005.
임 화, 『문학의 논리』, 학예사, 1940.
_____, 『신문학사』, 한길사, 1993.
임경석·차혜영, 『〈개벽〉에 비친 식민지 조선의 얼굴』, 모시는 사람들, 2007.
임석진, 『철학사전』, 중원문화, 2009.
임형택 외, 『동아시아 서사학의 전통과 근대』, 성균관대출판부, 2005.
장두식, 「일상 속의 영화―2,30년대 영화와 일상생활의 관련 양상 연구」, 『동양학』 44집, 2008.8.
전우용, 『서울은 깊다』, 돌베개, 2008.
정재형 편, 『한국 초창기의 영화이론』, 집문당, 1997.
정호근, 「의사소통과 매체―매체의 기능과 역기능」, 『매체의 철학』, 나남출판, 1998.
제이콥 로버트 무스, 문무홍 역, 『1900, 조선에 살다 Village Life in Korea』, 푸른역사, 2006.
제프리 노엘―스미스 편, 이순호 역, 『옥스포드 세계영화사』, 열린책들, 2005.
조영규, 『바로잡는 협률사와 원각사』, 민속원, 2008.
조형근, 「식민지체제와 의료적 규율화」, 『근대주체와 식민지 규율권력』, 문화과학사, 2003.
_____, 『나운규―위대한 한국인』 4, 한길사, 1997.
조희문, 『한국영화의 쟁점』, 집문당, 2002.
주영하, 「일제시대 경성의 조선요리옥과 조선음식의 근대성」, 『개화기에서 일제강점기까지 한국 문화전통의 지속과 변용』 VI, 제 14회 단국대 동양학연구소, 중점연구소 연구과제 학술회의, 2011.
주창규, 「역사의 프리즘으로서 '영화란 하오': 충무로 영화의 문화적 근대성 연구」, 중앙대 첨단영상대학원 박사논문, 2004.
진재영 외, 『문예공론장의 형성과 동아시아』, 성균관대 출판부, 2008.
채만식, 『탁류』, 서울대출판부, 1997.
천정환, 「한국근대 소설독자와 소설 수용 양상에 대한 연구」, 서울대 박사논문, 2002.
초머 모세, 『한반도를 방문한 헝가리인들의 기억 비망록』, 집문당, 2009.

최경봉, 『우리말의 탄생』, 책과함께, 2005.
최공호, 「근대는 우리에게 어떻게 다가왔나」, 『대한제국-잊혀진 100년전의 황제국』, 민속원, 2011, 229~257쪽.
최남선, 『조선상식문답속편』, 동명사, 1947.
최수일, 「잡지 〈조광朝光〉을 통해 본 광고의 위상 변화」, 『상허학보』 32집, 2011.6.
최이안, 「한국 최초의 수필잡지 〈박문〉」, 『수필학』 13집, 2005.
최재석, 『한국가족연구』, 일지사, 1982.
최혜실, 「개화기 신분제 붕괴와 남녀평등, 자유연애 결혼의 관련 양상」, 『현대소설연구』, 한국현대소설학회, 1998.
_____, 『신여성들은 무엇을 꿈꾸었는가』, 생각의 나무, 2000.
크리스틴 글레드힐 편, 조혜정 외 역, 『스타덤:욕망의 산업』 1, 시각과 언어, 1999.
키타다 아키히로, 「유혹하는 소리/영화(관)의유혹-전전기 일본 영화에서 소리의 편성」, 『확장하는 모더니티』, 소명출판, 2007.
페터 지마, 허창운 역, 『문예미학』, 을유문화사, 1993.
한국영상자료원 편, 『고려영화협회와 영화신체제』, 한국영상자료원, 2007.
한국영화사연구소 편, 『신문기사로 본 조선영화 1911~1917』, 한국영상자료원, 2008.
혼다 슈오고, 「전향문학론」, 『1930년대 문학연구』, 평민사, 1993.
G. 조엣·J. 린톤, 김훈술 역, 『영화 커뮤니케이션』, 나남출판, 1994.
Nick Morgan, 안명희 역, 『파워 오브 스피치(Working the Room:How to Move People to Action through Audience-Centered Speaking)』, 세종서적, 2004.
Paul Krieger·Hans-Jurgen Hantschel, 백미숙 역, 『스피치 핸드북』, 일빛, 2000.
Raymond Williams, *Problems in Materialism and Culture : Selected Essays*. London : Verso, 1980.
S. I. Hayakawa, 김영준 역, 『의미론』, 민중서관, 1974.

찾아보기

ㄱ

가자봉인 206
갈보 롬바드 114
강경애 217, 266
「강변」 272
강복신 63
강의영姜義永 222
『개벽』 201~204, 210
「개척자開拓者」 54, 152, 195
「경부철도가」 245
경성고등연예관京城高等演藝館 91, 141~146, 149, 167
「경희」 54
고영란 186
「고향故鄕」 217
『공도公道』 221, 223
관민공동회官民共同會 32~36
〈군용열차〉 169
「권태」 256
「귀향도중歸鄕途中」 263, 265
그레타 가르보Greta Garbo 84, 115, 120
「기생 산월이」 208
김규동金奎東 288
김규원 206
김남천 71, 203, 217

김덕경金德經 150, 151, 162
김도산金陶山 94, 167, 179, 180
김동인金東仁 60, 64, 202, 208, 245, 246, 248
김동진金東縉 222
김동환金東煥 112, 113
김무삼金武森 150
김성칠金聖七 287
김소영金素英 85
김송金松 273, 274
김신재 85
김연실金蓮實 85, 114, 185
김우영 57, 58, 60
김운명 209
김유영金幽影 83, 114, 175, 184, 185
김준원 66
김채란 157, 158
「깽」 277

ㄴ

〈나그네〉 97, 169, 186, 187, 197
나도향 55
나운규羅雲奎 85, 96, 97, 101, 102, 112~114, 118, 168~170, 175, 182, 184, 197

302　　근대를 읽다

나혜석　54, 57, 58, 60, 64
낙철생　66
「날개」　166, 255, 257, 258
노익형盧益亨　219, 220, 222~224, 237
노천명　106

다

단성사團成社　89, 92, 96, 119, 142, 146, 150~153, 160, 162, 167, 180, 186
대정관大正館　142, 143, 145, 146, 148, 150
대조선인 일본유학생 친목회大朝鮮人日本留學生親睦會　25
「대하大河」　217
〈도생록〉　169
독립협회獨立協會　16, 20, 21, 23, 25, 30~32, 34
독은기　85
〈들쥐〉　96
「땅 속으로」　248, 249, 251

라

레니 리펜스탈Leni Riefenstahl　167
롤랑 바르트　56
루돌프 발렌티노Rudolph Valentino　84, 86, 87, 119, 120
뤼미에르Lumière 형제　79, 174
르네 클레르René Clair　114

마

마르탱　89, 140
마를레네 디트리히Marlene Dietrich　109, 114, 155
「마포」　267
만민공동회萬民共同會　21, 24, 28, 31~33,
35, 36
『만세보』　129
「맹순사」　270, 275
〈먼동이 틀 때〉　96, 168
〈멍텅구리〉　96, 168
메리 픽포드Mary Pickford　84
명월관明月館　63
〈모로코〉　109
「무기 없는 민족」　273
무동연희장舞童演戲場　132, 133
〈무정無情〉　169
「무정無情」　40, 52, 53, 93, 195, 202, 225, 229
문상우文尙宇　45
문세영文世榮　220, 222, 226
문예봉文藝峰　84, 85, 114, 186
미타연설회三田演說會　19, 26

바

〈바람과 함께 사라지다〉　105, 292
바바라 스탄윅　105
박경리朴景利　289, 290
박기채朴基采　85, 114, 169
박노갑朴魯甲　279, 280
『박문博文』　215~217, 219, 223~225, 227, 229, 236, 237
박문서관博文書館　215~218, 220~228, 232, 234~238
박상엽朴祥燁　113
박성춘朴成春　32, 33
박승필　96, 142, 167
박응년　162
박인환朴寅煥　293
박정현朴晶鉉　96, 152, 167
박제행　186
박태원朴泰遠　235, 253, 259
방정환方定煥　91, 109, 139, 141, 145,

230~232
방한준 169
배재학당 19, 22, 24, 25
백석白石 267, 270
백하로 185
버이 페테르 242
〈벙어리 삼룡이〉 96, 169
「벨지엄의 용사」 57
『별건곤別乾坤』 103, 109, 121, 201~211
「별을 안거든 우지나 말걸」 55
「병든 서울」 274, 276
「병조와 영복이」 209
보스트윅Bostwick 88, 130
「보월步月」 58
복혜숙 85
〈봉황의 면류관〉 96, 168
북웅北熊 104
「불신시대」 289, 290, 293
〈비련의 곡〉 181
빅터 플레밍 292

사
〈사나이〉 96, 169
『사랑』 228, 229, 235
「사랑」 229
〈사랑을 찾아서〉 96, 169
「사랑의 수족관」 71
〈산채왕〉 96, 168
『삼천리』 112, 151
샤를르 브와이에 115
서광제徐光霽 169, 184, 185
〈서반아광상곡西班牙狂想曲〉 114
서상호徐相昊 147~149, 155~157, 162, 163
『서유견문西遊見聞』 41, 42, 44
서재필 20, 22~24, 30, 35
석문양 206

석일량 185
「세월이 가면」 293
「소설가 구보씨의 일일」 235, 253
소제부掃除夫 100~103
『소파전집小波全集』 230~232, 234, 235
손기정 63, 216
송진우 49
〈수업료〉 169
식도원食道園 63
신경순 206
『신시대新時代』 224
신월선 85
신흥우申興雨 23, 221
〈심청전〉 96, 168
「심청전沈淸傳」 221, 222
심훈沈熏 96, 131
〈쌍옥루雙玉淚〉 96

아
아리 뽀우르 115
〈아리랑〉 96, 102, 113, 118, 152, 168, 170, 182, 183, 185~187, 197
〈아리랑 후편〉 97, 169
아리스토텔레스 19
안국선 36
안석영 169, 185
안창묵安昌黙 89
안철영 169
〈암광〉 96
야나기 무네요시柳宗悅 243
「약한 자의 슬픔」 245
양기탁 220
〈어화〉 169
엘렌 케이 53
「역사」 279, 280
『역사 앞에서』 287
「연설가演說歌」 30, 31

『연설법방演說法方』 36
연흥사演興社 92, 127, 142, 177
『연희고시』 286
영미연초회사英米煙草會社 127~130, 139, 176
영창서관永昌書館 221, 222
〈오몽녀〉 97, 169
오장환吳章煥 274, 276, 277
〈옥녀〉 96, 169
왕평 186
왕필렬 96, 168
요세프 폰 스탄버그Josef von Sternberg 114
우미관優美館 92, 93, 142, 145, 146, 148~151, 155~157, 163, 167
〈운영전〉 96, 168, 184
원각사圓覺社 127, 130, 136, 142, 145, 176, 177
『월남망국사』 220
〈월하月下의 맹서盟誓〉 94, 167, 179, 180
유길준 41, 44
〈유랑流浪〉 175, 184
유정柳呈 291
윤기정 175
윤백남尹白南 94~96, 167, 179, 180
윤봉춘 169
윤치호 20, 22, 23, 35
〈의리적義理的 구토仇討〉 94, 167, 180
이갑수 66
이경손李慶孫 96, 168, 184
이광수李光洙 40, 50~52, 54, 60, 70, 93, 195, 202, 222, 225, 228, 229
이구영 96
이규환 97, 102, 113, 169, 170, 186, 197
이기세李基世 94, 98, 99
이기영 202, 217, 262
이명우李明雨 113, 114, 153, 169, 186, 195, 197
이병조李丙祚 148, 149, 157, 158

이사벨라-비숍Isabella Bird Bishop 241~243, 245
이상李箱 166, 255~257, 259, 269
이성복 290
이영순李永純 286
이인직 27
이장선李長善 89
이준 220
이태준李泰俊 68, 208, 225, 235, 252, 273
이필우 96, 97, 168, 169, 186
이헌구李軒求 64, 106, 108
이효석 185
「인간문제人間問題」 217, 266
임병길林炳吉 35
임성구 94
〈임자 없는 나룻배〉 97, 102, 113, 169, 170, 185, 188
임화林和 72, 127~130, 132, 174~197, 260, 263, 286

ㅈ
〈잘 있거라〉 96, 169
「장마」 252
장안사長安社 92, 127, 142, 177
장용남張龍男 33
장정일 4
〈장한몽長恨夢〉 96, 152, 168
장호강 284
〈장화홍련전〉 96, 213, 167
전택이 85
정기탁鄭基鐸 96, 101, 168
정현웅鄭玄雄 67, 235
제갈범諸葛範 121
제이 대정관第二大正館 150, 151
제이콥 로버트 무스 46
〈제칠천국第七天國〉 103, 104

『조광朝光』 104, 222, 236, 237
조명희趙明熙 248
조선극장朝鮮劇場 95, 103, 104, 119, 142, 146, 150~153, 180
「조선 신문학사」 185
『조선어사전朝鮮語辭典』 220, 222, 226
「조선영화론朝鮮映畵論」 174, 176, 191, 197
「조선영화발달소사朝鮮映畵發達小史」 127, 174, 176, 190, 191, 197
조선영화예술협회朝鮮映畵藝術協會 175, 184
조일제 96, 168
조풍연 105
존 바리모아(죤 바리모아) 119
주시경 220
〈지원병〉 169
「지하인간」 4

ㅊ
찰리 채플린Charles Chaplin 84, 143, 149
채만식蔡萬植 66, 104, 166, 208, 210, 225, 263, 265, 270, 275
「천변풍경」 259, 260, 263
〈촌의 영웅〉 96, 181
「총검부」 284
최병룡崔炳龍 150, 151
최상규崔翔圭 293
최승구 57, 58
최영주崔泳柱 224
최태응崔泰應 272
「최후의 꽃」 291
〈춘향전春香傳〉 96, 97, 105, 106, 153, 167, 169, 180, 181, 195, 197, 221
「춘향전春香傳」 95, 186, 195, 230
「치숙痴叔」 166
『친목회회보親睦會會報』 27

ㅋ
〈카츄사〉 150
캐롤 롬바드 115
케이오의숙慶應義塾 18, 20, 25, 26
콜브란Colbran 88, 130
클라크 케이블 105

ㅌ
「탁류」 66
「태평천하」 263

ㅍ
파영波影 91
「포인트」 293, 296
〈풍운아〉 96
플로렌스 로렌스Florence Lawrence 84

ㅎ
하소夏蘇 105
하야카와 고슈早川孤舟 95, 167, 180, 181
하야카와 마사다로早川增太郎 95
『학지광學之光』 49, 57
〈한강〉 169
한성전기회사漢城電氣會社, Seoul Electric Co. 88, 128, 130~132, 136, 173, 177
〈해해의 비곡秘曲〉 96, 168, 181
허영숙 60
현덕호 31
「혈血의 누淚」 27
협률사協律社 89, 130, 132~136, 138, 142
협성회協成會 20~25, 28, 30
협성회연설회協成會演說會 19
〈호열자〉 180
〈혼가婚街〉 175
홍석현洪奭鉉 26, 29
「화관花冠」 68

306 근대를 읽다

〈화륜火輪〉 184, 185
황금관黃金館 142, 180
황동규 295
『황성신문皇城新聞』 45, 47, 88~90, 130, 132, 135, 136, 140, 141, 173, 177
후쿠자와 유키치福澤諭吉 19, 20, 22, 25
홍덕서림德興書林 222
〈흥부와 놀부〉 181

근대를 읽다
Reading the Korean Modernity

초판1쇄 발행 2020년 11월 20일

지은이 장두식
펴낸이 홍종화

편집·디자인 오경희·조정화·오성현·신나래
             박선주·이효진·최지혜·석수연
관리 박정대·임재필

펴낸곳 민속원
창업 홍기원
출판등록 제1990-000045호
주소 서울 마포구 토정로 25길 41(대흥동 337-25)
전화 02) 804-3320, 805-3320, 806-3320(代)
팩스 02) 802-3346
이메일 minsok1@chollian.net, minsokwon@naver.com
홈페이지 www.minsokwon.com

ISBN 978-89-285-1499-1
SET   978-89-285-1054-2   04380

ⓒ 장두식, 2020
ⓒ 민속원, 2020, Printed in Seoul, Korea

저작권법에 의해 한국 내에서 보호를 받는 저작물이므로 무단전재와 복제를 금합니다.
이 책 내용의 전부 또는 일부를 이용하려면 반드시 저작권자와 민속원의 서면동의를 받아야 합니다.

※ 책 값은 뒤표지에 있습니다.
※ 잘못된 책은 바꾸어 드립니다.